21世纪经济管理精品教材·公共管理系列

公共政策学

朱春奎　主编

清华大学出版社
北京

内 容 简 介

本书提供了一个易于清晰而又系统把握公共政策学的理论框架。全书主要包括公共政策概论、政策过程、议程设置、政策规划、政策决策、政策执行、政策评估、政策变迁、政策终结与政策分析等内容。

本书适合作为经济管理与公共管理类专业的本科教材或者成人高等教育以及干部教育培训相关专业学生的自学读物，也适合作为MPA、经济管理与公共管理类研究生公共政策课程的教材或辅助教材。

图书在版编目(CIP)数据

公共政策学 / 朱春奎主编. —北京：清华大学出版社，2016（2024.3重印）
（21世纪经济管理精品教材·公共管理系列）
ISBN 978-7-302-43309-5

Ⅰ. ①公… Ⅱ. ①朱… Ⅲ. ①政策科学—高等学校—教材 Ⅳ. ①D0

中国版本图书馆CIP数据核字(2016)第051236号

责任编辑：陆浥晨
封面设计：汉风唐韵
责任校对：宋玉莲
责任印制：丛怀宇
出版发行：清华大学出版社
网　　址：https://www.tup.com.cn, https://www.wqxuetang.com
地　　址：北京清华大学学研大厦A座　　邮　　编：100084
社 总 机：010-83470000　　邮　　购：010-62786544
投稿与读者服务：010-62776969，c-service@tup.tsinghua.edu.cn
质量反馈：010-62772015，zhiliang@tup.tsinghua.edu.cn
课件下载：https://www.tup.com.cn，010-62770175-4506
印 装 者：三河市君旺印务有限公司
经　　销：全国新华书店
开　　本：185mm×260mm　　**印　　张**：14.25　　**字　　数**：329千字
版　　次：2016年8月第1版　　**印　　次**：2024年3月第6次印刷
定　　价：39.00元

产品编号：052814-02

20世纪50年代，美国政治学界发生了一个革命性的变化，即政策科学在传统政治学中开始脱离出来，并逐渐生长成为一门新的科学。从20世纪80年代起，中国学术界也以公共政策为研究对象，开展了对公共政策过程的分析与探索。

1986年7月，时任中共中央政治局委员、国务院副总理的万里，在首届全国软科学研究工作座谈会上作了“加强软科学研究，实现决策的科学化和民主化”的报告，将决策民主化和科学化看成是政治体制改革的重要课题。后来，万里将讲话稿送给邓小平和陈云审阅。邓小平阅后，一字不改，批示：“很好，全文发表！”陈云也做出批示：“这个讲话，解决了我们党多少年以来没有解决的一个重要问题。”1986年8月15日，《人民日报》全文发表了万里的讲话《决策民主化和科学化是政治体制改革的一个重要课题》。

应该说，改革开放30多年来，我国在决策民主化和科学化方面已有了长足的实践与进步。加强公共政策教育与研究，探讨和总结中国政策过程中的特点、规律和模式，推动中国政策过程研究与当代政策过程研究相接轨，以更好地服务于决策民主化和科学化水平的提高，是当代中国公共管理学术界的重要责任。

正是基于上述考虑，在清华大学出版社的支持下，我们推出了这本教材。本教材是复旦大学公共政策教学改革与教材建设的一项阶段性成果。根据多年来讲授公共政策课程的经验与体会，我设计了本书的编写大纲，并主持了教材的编写工作。各章的撰写人员为：第一章，朱春奎；第二章，朱春奎、李燕；第三章，吴辰、朱春奎；第四章，李燕、严敏；第五章，朱春奎、宦天雯；第六章，朱春奎、张瑞平、李燕；第七章，马佳铮、吴辰；第八章，严敏；第九章，朱春奎、刘伟伟、余飞；第十章，毛万磊、李燕。全书初稿完成后，严敏、吴辰、李燕作为副主编，协助我做了大量的文献核对与统稿工作。最后由我对全部书稿进行审定。

本书在写作过程中，得到了复旦大学竺乾威和桑玉成教授、中山大学岳经纶和朱亚鹏教授、武汉大学丁煌教授、厦门大学陈振明教授、清华大学朱旭峰教授、郑州大学郑志龙教授等人的支持和帮助，在此一并表示感谢。本书在写作过程中参考了国内外学者的大量相关研究成果，对此亦表示由衷的感谢！

由于时间仓促、水平有限，书中缺点和错误在所难免，恳请广大读者和专家批评指正。

朱春奎

2016年6月于复旦大学文科楼

目
录

第1章

公共政策概论

现代社会,公共政策可以说是无处不在,如影相随。它们有时对你有利,有时对你不利,不仅能引起愉快和欢乐,也会带来烦恼和痛苦,对我们大家的日常生活有着重要影响。对公共政策的系统研究有助于加深我们对公共政策本质的认识,增进我们对政治行为和政府治理的理解。

1.1 公共政策的性质

1.1.1 公共政策的含义

据考证,在古汉语中,“政”与“策”是分开的,“政者,正也”,本义为规范、控制;“策,谋术也”,本义为计谋、谋略。在英文中,“policy”最初并不存在,它是随资本主义国家和政党的发展而从“politics”一词派生而来的。当它第一次在英语中出现时,倾向于指代治理的整体模式,后来才逐渐用来表示政治家们想要做的。明治维新后,日本学者从流传到日本的汉字中选了“政”和“策”两字,从而创造出了新的“政策”一词,以对应于“policy”。中国人中较早使用“政策”一词的是梁启超,在他的《戊戌政变记》中就有“中国之大患在于教育不兴,人才不足,皇上政策首注重于学校教育之中,可谓得其本矣”。后来,孙中山也在文章中使用“政策”这一概念。此后,“政策”一词便在中国社会上流传开来。政策可以宽泛地指各类社团和组织为完成特定目标而决定采取的行动,而我们关注的是政府部门制定的公共政策。

何为公共政策?这个概念看似简单,但当对其进行严格考察时,却变得十分复杂。一般而言,公共政策是政府用来解决在其职责范围内出现的各种社会问题的手段或行动纲领,广泛应用于社会各个领域,如经济政策、社会福利政策、环保政策等。同时,公共政策也具有明显的跨学科特征,不同的研究者会从不同的分析角度,应用不同的理论和方法研究不同的政策现象。因此,对公共政策的理解无论是在实务界,还是学术界,均难以形成统一的定义。不同视角下的定义不胜枚举,按照概念界定侧重点的不同,可归纳为政策过程型定义、管理职能型定义、行为选择型定义和行为准则型定义四个主要类别。

以拉斯韦尔(Lasswell)、卡普兰(Caplan)、安德森(Anderson)和詹金斯(Jenkins)为代表,提出了以政策过程为中心内容的界定。拉斯韦尔和卡普兰认为,公共政策是包含了目标、价值观和战略的、经过设计的规划,政策过程包括对各种共识、需求和期望的规划、宣传与执行(Lasswell & Kaplan,1963)。安德森则认为公共政策具有明确的活动方向,是政府有目的的活动,并且建立在法律的基础之上,具有相当的权威性(Anderson,1979)。詹金斯则将公共政策定义为由政治行动主体在特定情境中制定的一组相关联的决策,包括目标选择、实现目标的手段,这些政策原则上应在行动主体力所能及的范围内(Jenkins,1978)。此类定义强调了公共政策由不同要素、内容构成的系统性,既包含以目标和价值为中心的价值理性,又体现出以过程和策略为中心的工具理性。公共政策是一种具有连续性的活动过程,包括决定、实施等多个环节。但是,这类界定过于宽泛、笼统,全过程的视角往往无法将公共政策与公共管理、政治学的研究区别开来,从而难以突出公共政策研究的独特性。

以威尔逊(Wilson)、彼得斯(Peters)和伊斯顿(Easton)为代表,提出了以管理职能为中心内容的界定。威尔逊将公共政策界定为具有立法权的政治家制定的,由行政人员执行的法律和法规。彼得斯认为公共政策作为政府活动的总和,无论行为是直接的还是通过代理的,其行为会对公民的生活产生影响(Peters,1993)。伊斯顿则提出,公共政策就是对整体社会价值作权威性分配(Easton,1953)。这里所隐含的基本假设是,利益及利益关系是人类社会活动的基础,政府的基本职能就是对利益进行社会性的分配,而公共政策就是政府实现这一职能的主要形式。此类定义强调了公共政策是政府为解决社会问题而实施的一系列规范、控制手段,是政府从自身利益和公众利益出发进行的具体管理。与威尔逊和彼得斯宽泛地将公共政策界定为一系列法律法规或政府行为总和不同的是,伊斯顿的定义更具有针对性地指出了公共政策的价值分配功能。但是,这种理解却忽视了公共政策所具有的其他的重要功能,比如对社会价值的创造,对社会问题的规范、引导和调控等,并且忽略了政府进行价值分配的标准和方法。

以戴伊(Dye)为代表,提出了以政府行为选择为中心内容的界定。戴伊认为公共政策是政府的一种选择行为,既包括政府选择作为的事项,也包括政府的不作为(Dye,1992)。此类定义强调行为主体的行为选择,关注政府做什么、为什么这样做,以及会产生什么样的效果。而除了政府所采取的行动,政府决定停止的行动和根本不去做的事情也作为一种公共政策的表现形式。但也有研究者对此提出异议,认为它扩大了公共政策的外延,显得过于宽泛,因为在实际中,政府的某些行为只是一种习惯性或非正式的做法,而不一定构成具体的某种政策。

以国内多数学者为代表,提出了以行为准则为中心内容的界定。如张金马(1992)提出,公共政策是党和政府用以规范、引导本国或本地有关机构团体和个人行动的准则或指南。陈振明(1998)认为公共政策是在特定时期中,以实现或服务于一定社会政治、经济、文化目标的行为或准则,表现形式包括谋略、法令、措施、办法、方法、条例等。陈庆云(2011)则强调了公共政策是政府、非政府公共组织和民众,为实现特定时期的目标,对社会公共事务实施共同管理过程中所制定的行为准则。此类定义中,公共政策作为引导个人和团体行为的准则,为管理部门保证社会朝正确方向发展,提供了行动的计划或方案。

上述四类公共政策的定义,分别从不同视角强调了公共政策及其形成过程的某个环节。尽管他们之间存在较为明显的差异,我们仍可从中归纳出公共政策的共同点。公共政策由一个政治体制中的当权者,如政党、立法者、法官、行政官员和管理人员来制定、实施和评估,其目的是为了解决公共问题,或以实现公共目标、公共利益为取向。公共政策是一种动态的采取行动或决策的过程。综上所述,我们认为,公共政策是公共权力机关经由政治过程所选择和制定的,为解决公共问题、达成公共目标、实现公共利益的行为准则或价值规范。

公共政策通常包含人、事、时、地、物、如何以及为何七个方面。其中,“人”指的是谁将受到一项政策的影响,谁将负责制定、执行、评估此政策。“事”指的是一项政策所要解决的问题为何。“时”指的是在执行政策过程中须完成任务的时间点。当公共问题发生后,政府主动或被动地感知其存在,并觉得有必要寻求解决之道时,公共政策才能得以出现。“地”指的是一项政策适用的地区。公共问题发生的地点或其影响之所及大多数在国家和政府所统领的自然空间内,但有时其发生的地点或其影响所及是在国家和政府所统领的自然空间之外,如涉外事务、外交政策、地方政策间的关系等。“物”指的是政策过程中须投注人力、物力和财力,但不一定会用到物力和财力,尤其当政府选择消极不作为的对策时。“如何”指的是完成此政策目标所需经过的程序、步骤及所使用的工具。“为何”指的是政策目的、目标的叙述语句(翰羽,2004)。

1.1.2 公共政策的形式

在现代经济社会中,人们的生产生活受形形色色公共政策的约束和影响。一般而言,公共政策包括立法决策、行政决策、政府预算、司法决策、执政党决策、国际公法条约以及关键决策者的意图和宣示等。这些都是决策和方案的正式形式与表现形式,也都是政府意图的陈述,以引导将该意图实现的活动和行为。

1. 立法决策

立法机关在西方指国会、议会、代表会议之类的国家权力机构,在中国则是指全国及地方各级的人民代表大会及其常委会。立法是人大的首要职权。人大决策主要采取宪法、基本法律、其他法律、人大决定四种形式。在中国,宪法被认为是人民意志和党的主张的统一和融合,一方面集中体现了全国各族人民的意志和利益,另一方面又是党的路线和总政策被赋予法的形态。宪法是所有国家政策的原则性依据,也是政府政策制定过程的指导和规范。

基本法律即全国人大有权制定和修改刑事、民事、国家机构和其他方面的规范性文件。其他法律不是一般意义上的法律,而是指特定意义即现行宪法所界定的意义上的法律,其确切含义是指由全国人大及其常委会制定的行为规范。全国人大常委会有权制定不属于基本法律的其他法律。其他法律涉及外交、社会治安、环境保护、统计、土地管理、工商行政管理、专利等各个领域的各个方面。全国人大常委会还有权解释法律。这种权力,全国人大常委会可以根据现实的需要主动行使,也可以应司法机关和行政机关的请求而行使。立法解释是立法工作的延伸,解释内容与被解释的法律一样,具有法律约束力。

人大具有立法权、决定权、任免权和监督权四大职权。人大决定权行使的结果,就是决议、决定、命令、条例等的制定和颁行。虽然全国人大及其常委所作决议和决定在含义上存在差别:凡是批准性的文件都采用决议的形式,它一般不具有实体的规定性和行为规范性,而是针对已有的文件形式;而决定则是一种对事实做出实体性规定和对行为做出规范的法律文件形式。但就政策科学而言,不仅命令、条例等都属于决定的范畴,而且决议、决定的区别也不具有实质意义。在一定意义上,人大行使决定权,行使任免权、监督权,都属于作决定(宁骚,2011)。

2. 行政决策

行政决策是指国家行政机关在法定的权力和职能范围内，按照一定的程序和方法做出的决定，是当代中国公共政策的一个基本的组成部分。行政决策是国家行政机关的职能的体现，其内容随国家职能的扩大而扩大。当代中国的行政决策主要包括行政法规、行政措施、决定和命令、部门规章三种形式。

我国现行宪法规定国务院有权根据宪法和法律，规定行政措施，制定行政法规，发布决定和命令。另外，国务院还可以根据全国人大授权制定行政法规。从国务院立法的情况来看，行政法规和行政措施、决定和命令在实质构成要件上尚未作出明确规定，而在其形式上则做了区分，即行政措施、决定和命令以国务院文件或国务院办公厅文件的形式发布。两者被统称作“国家政令”，具有相同的法律效力。但是，中共中央和国务院共同发布的文件则被认为是政策性文件，而不是法规（宁骚，2011）。

部门规章是指现行宪法规定国务院各部、委有权根据法律和国务院的行政法规、决定、命令，在部门的权限内，发布命令、指示和规章。这些命令、指示和规章是行政决策的基本组成部分，其中部门规章具有较强的规范性，外部形式也与法律和行政法规相似，是法律和行政法规的进一步具体化。部门规章大都以部长令的形式发布，并须报国务院备案，国务院有权予以改变或撤销。部门规章与行政法规在制定内容上的划分原则是：凡法律未作规定且国务院也未发布过决定、命令的，凡全国性的和涉及几个部门的关系的；凡调整内容是否属于部门职权范围尚不明确的，均须采取行政法规的形式加以规范。在立法实践中，主管各项专业业务的国务院直属机构也行使国务院各部、委发布命令、指示和规章的类似权力。

3. 政府预算

政府预算是政府财政的收支计划，是以收支平衡表形式表现的、具有法律地位的文件。作为政府的公共收支计划，政府预算的功能首先是反映一定时期内政府的活动范围和公共收支状况。通过政府预算，人们可以清楚地了解政府的财政活动。从实际经济内容上看，政府预算的编制是政府对财政收支的计划安排，预算的执行是财政收支的筹措和使用过程，国家决算则是政府预算执行的总结，所以，政府预算反映政府活动的范围、方向和政策。由于政府预算要经过国家权力机关的审批才能生效，因而它又是国家的重要立法文件，体现国家权力机构和全体公民对政府活动的制约和监督。与其他预算相比，政府预算最为正规，要通过严格的程序，经立法机构通过，并正式予以公布。政府预算以法律形式，一经制定，便不能随意更改，没有特殊原因，还必须不折不扣地执行。在我国，每年3月份政府做出预算方案，经人大讨论通过，予以实施。

4. 司法决策

作为国家政权组成部分的司法机关，在公共决策过程中也占有重要的一席之地。我国的司法机关是政策执行和政策监督的重要主体，而作为政策制定的主体，其作用是不大显著的。在当代中国的政策过程中，各级法院和检察院的功能主要在于政策执行，其政策制定的功能则相当弱。中国的司法决策产生于国家最高司法机关的司法解释中。根据法律规定，我国的司法解释是指国家最高司法机关在使用法律的过程中对具体应用法律问题所作出的解释，这类解释分为审判解释和检察解释两种，解释权分别归全国最高人民法院和最高人民检察院。这类解释是指导性的，对各级司法机关具有普遍的约束力，是办案的依据。全国最高人民法院和最高人民检察院对如何具体应用法律问题，也常常采取联合解释的形式，共同发布法律文件。司法解释的形式是多种多样的，如批复、解答、规定、通知等。司法解释不能任意改变法律的规定，不得与宪法和法律相违背(宁骚，2011)。

5. 执政党决策

政党尤其是执政党是政策主体中的一种核心力量。公共政策在很大程度上可以视为执政党的政策。在我国，中国共产党是全国人民的领导核心，在公共政策制定与执行的过程中起着主导作用。中国共产党制定的政策是在一定的历史时期为实现一定的任务而规定的调整国家之间和国家内部各社会群体之间的行为依据和准则。党的决策以直接和间接两种形式成为公共政策。直接的形式体现在党的历次代表大会和中央全会通过的政策性文件，以及党的主要领导人发表过的一些重要讲话，都是直接采取政府行为而贯彻于社会生活各个领域之中的。间接的形式体现在从党的十三大开始，开始强调党的领导是政治领导，即政策原则、政治方向、重大决策的领导和向国家政权推荐重要干部。

党对国家事务实行政治领导的主要方式是党的主张通过法定程序，变成国家意志。将党的政策变成国家意志的法定程序有三种类型：中共中央与国家机构联合发布政策方案；中共中央提出政策创议，国家机构据此制定具体的政策方案，并按照法定程序通过；政府决策以党提出的政策原则为依据。总体而言，赋予党的政策以国家政策、政府政策的形式，使之定型化、规范化、法制化，是党更有效地实现其对国家和政府各机构的领导以及在社会生活各领域贯彻其主张的基本途径(宁骚，2011)。从社会主义法治国家的目标来看，党的政策成为公共政策的间接形式应是唯一的形式。但这是一个发展过程，而且可能还是一个比较长的过程。从今天的现实情况来看，党是制定公共政策的重要主体。

6. 国际公法条约

公共政策的另一个关键来源是国家关系，有些政策跨越国界，以国与国条约或协议的方式呈现，而这些条约或协议往往影响一国国民的生活、行为，如劳资关系和环境、生态保护等。在现今交通发达、世界各地人民接触频繁的时代，国与国之间的关系或协定也直接或间接影响国内民众，而成为政策形式之一。如国际的环境保护公约规范着我国人民与自然生态有关的行为。同时，如欲加入国际社团组织，国内须采取相关政策以符合成为会员资格。因此国家组织的行为与决策或多或少决定国内相关政策的制定与推行。

7. 关键决策者的意图和宣示

政策并不限定在政府官员所作的决定，也应包括政府或官员的行为、方案、支出等政府介入环境的意图，代表了政府欲实现的特定政策。同时在广义的界定中，政府中关键人物的个人意愿、其正式或非正式的宣示也是政府政策的一种形态。关键人物常具有较大影响力，其发言可视为政府政策的方向，而成为行政单位的目标。

1.1.3 公共政策的类型

现代社会生活的各个领域都存在着多种多样的公共政策，其数量巨大、性质复杂、内容丰富、形式多样，因此，需要将公共政策分类以进行系统和科学的研究。当前对于公共政策的类型划分并无定式。在学界所发展出来的诸多复杂的公共政策分类体系中，颇具代表性的观点包括洛维(Lowi)从利益分配的角度，将公共政策划分为监管型政策、分配型政策、再分配型政策(Lowi,1964)，后来的研究者萨利斯伯瑞(Salisbury,1968)在此基础上增加了自我监管型政策。

洛维的分类是公共政策研究最有用的概念工具，在过去一直被人们颇有创造性地加以应用。分配型政策是指政府将利益、服务和成本、义务分配给不同的政府机关和社会团体的政策。所有人都可以从这类政策中获得利益，不具有利益和义务上的排他性，如社会福利政策、教育政策、财政补助政策等。因此，对这类政策的研究主要关注不同的配置方式、配置规模对社会总产出的影响程度，从而运用具体、科学、有效的分配标准和方法。

再分配型政策是指政府将某一群体的利益或义务转移给另一群体的政策，使财富、收入、财产和权利在社会各阶层和团体中进行转移性分配。再分配型政策制定的目的是保持最低水平的均等、社会稳定，避免贫富差距拉大。比如个人收入累进所得税就是对富有阶层的财产通过累进税率的征收，转移给贫困阶层，以缩小贫富差距。

监管型政策是指政府针对某些活动的方式、程度及性质等内容所制定的统一的管制规划和规范。此类政策通常具有行业的性质，不同的行业具有不同的行为准则和方式。从政策的功能来看，监管型政策又可分为经济性监管和社会性监管政策两类。其中，经济性监管政策的主要目的是保护生产者和消费者的利益、维护市场及经济发展的秩序和稳定，主要监管方式包括通过许可、认可等手段，对企业的准入、退出、产品或服务的价格或质量、交易方法和条件等进行规制。同时，还包括对垄断和不公平交易的监管。社会性监管政策以保障公众的安全、健康、卫生、福利以及防治灾害、保护环境等为目的，对危害社会安全和秩序的行为实行管制，从而确保公众的基本权利和生活质量，其实质上是以提高社会的福利水平为核心。社会型监管能有效避免生产或消费过程中的各种伤害，如产品质量的安全监管、食品安全监管、交通安全监管、生产场所的安全监管、排污监管、犯罪监管与政策等。

自我监管型政策是指政府未设定严格的、一致性的管制规划和规范，而仅设定原则性规则，由各政府机关和相关团体自行决定采取何种行为，而政府不加干预的政策类型。与管制型政策的执行通常会以一方的获利带来另一方的失利不同的是，此类政策并不会产生利益上的排他性，政策的执行不会以牺牲其他团体的利益为代价。比如一些专业和职业执照的发放，通常由政府制定相关法律法规和标准，将实施权授予相关行业委员会，由专业或职业团体主动提出申请。

总体来看，洛维在对公共政策的分类中，关注到了不同政策类型独特的政治结构、政治过程、精英和团体关系等。其主要贡献在于，他提出不应以能够适应整个公共政策领域为标准的模式对政策进行宽泛的归纳，而应当具有针对性地考察某一类型的政策，并按照政策的类型进行归纳，深入研究其形成和发展的过程或模式。但是，他的分类受到了多方面的批评和质疑。比如，监管型政策与分配型和再分配型政策的区分十分困难(Greenberg et al.,1977)。此外，由于政策是个动态发展变化的过程，往往开始时是一种类型但后来又变成了另外一种类型，实际运作的政策要比洛维所提出的简单分类更为复杂。然而另一方面，针对这些质疑，也有研究者提出，一些政策比其他政策相比是更纯粹的管制型政策，比如刑事犯罪政策；而一些政策则是更纯粹的再分配型政策，如累进所得税。同时，如果将洛维的分类视为连续性的而非独立的范畴，那么他的分类仍然能够解释动态的政策过程(Stewart, Hedge & Lester , 2008)。

埃德尔曼(Edelman,1964)根据政策效果或所分配利益的种类，将公共政策划分为物质性政策和象征性政策。其中物质性政策向受益人提供具体的资源或实质性的权力，或将真正的不利条件强加给那些受相反影响的人，如确立最低工资标准、公共住宅计划拨款、农民收入补贴等政策都具有物质性政策的特征。象征性政策主要依靠的是价值观而不是有形的利益，如爱国主义和社会公平、公正等。

奥尔森(Olson,1965)根据政策的公私性质，将公共政策区分为公共产品和私人产品。公共产品指的是那些不能只给一些人而将另外一些人排斥在外的利益，体现了公共物品最重要的非排他性，如国防、公共安全、环境和卫生事务等；私人产品指那些可以分割成单位，可阻止其他人的使用或向消费者收取费用的产品。

费尔曼(Froman,1967)根据政策影响范围，将公共政策分为地区性政策和局部性政策。地区性政策指的是那些能够影响一个地理区域内所有人口的政策；局部性政策则指那些在不同时期、不同人口区域内，影响不同人群的政策。

分类是分析公共政策的基本途径，是一种将各种现象组织成独立的范畴，以进行系统分析的方法。基于不同的研究目的及研究方法，不同研究者对公共政策的分类也不尽相同，形成了复杂的公共政策分类体系。为了更好地判断一种分类是否有用，费尔曼(Froman,1968)就此提出了评估政策分类的标准，主要包括包容性、相互排斥性、有效性、可靠性、测定层面、操作性和区别对待七项标准。其中，包容性包括体系的分类是否涵盖所有可能的现象，分类是否涵盖了现象的所有层面，分类是否全面；相互排斥性包括分类后的政策是否明确清晰，能否避免重叠，各类是否可相互区别，有助于判断所属类型；有效性包括分类使用的概念能否说明其应指代的事项，分类与其要说明的经验的世界是否非常吻合；可靠性包括其他人是否可以用统一的方法来使用这种分类，是否所有人都可以相同或基本相同的方法使用分类；测定的层面包括分类是否使用了恰当的测定层面，比如名义层面的测定用于对案例进行分类，顺序层面的测定用于为案例排序，间距层面的数据用于按照某种测定尺度具体区分测定对象之间的差异；操作性包括一个现象是否能用一套属性来测定，分类是否适合测定，分类中使用的概念能否测定，区别对待包括分类中使用的范畴是否具有意义？是否具有理论意义。

1.1.4 公共政策的特征

公共政策的制定主体是拥有管理国家、社会公共事务权力的组织，包括立法部门、司法部门、行政部门，以及法律赋予公共权力的组织。同时公共政策所关注和解决的问题是那些对社会发展和人民生活产生影响，甚至构成威胁的，带有普遍性的公共社会问题。因此，公共政策具有公共性、普遍性、权威性与强制性等特征(吴琼恩,2004)。

公共政策的公共性体现在：公共政策重在解决广大民众最关心的公共问题，代表和实现民众的公共利益。从政策的内容来看，政策所要解决的问题是根据公众的意愿，通过政府工作程序所认定的公共问题，政策目标和具体实施步骤需要符合公众的要求。从政策制定的程序来看，从问题的认定、方案规划到政策的合法化，所有方向性的重大问题都需要经由法定的民主政治程序。

公共政策的普遍性体现在：公共政策的影响范围涵盖社会所有的组织与个人，其影响的普遍性是由政府权力行使范围，以及所处理的公共事务范围的广泛性所决定。公共政策是针对多数人和普遍性问题制定的，而非针对特定范围内的个别人和个别事，是要求社会成员普遍遵循的行为规范。

公共政策的权威性体现在：由法律赋予政府组织的权力是其权威性的主要依据。政府公共政策的影响力和影响的权威性是区别于以个人、社会组织或团体为主体的一般性政策的重要特征。公共政策一旦制定和执行，便成为一种对全社会具有约束力的行动准则和行为规范，政策相关领域要维护政策的权威，按照政策规定来约束、引导和规范自己的行为；而违反政策规定，必要受到相应的处罚。

公共政策的强制性体现在：政府通过公共政策的制定和执行，对社会组织与社会成员的行为进行限制。这种强制力由政府所实施的强制性行为或制裁措施而实现，其目的是要求社会成员遵守或接受政府的管理意愿。这是由公共政策的权威性所决定的。

1.2 政策科学的兴起与发展

1.2.1 政策科学运动的兴起

虽然古今中外都曾经有过许多专门负责为统治者出谋划策的智囊人物，还先后出现过大量的政策主张、观念和思想，但现代意义上的政策科学是第二次世界大战之后才在西方逐渐发展起来的一门专门的学科。1951 年，在纽约卡内基基金会的资助下，美国斯坦福大学主办了一场“关于国际关系理论革命性、发展性学术研讨会”，这次会议云集了包括政治学家丹尼尔·勒纳(Daniel Lerne)和哈罗德·拉斯韦尔、人类学家玛格丽特·米德(Margaret Mead)、社会学家罗伯特·默顿(Robert C. Merton)、经济学家肯尼斯·阿罗(Kenneth J. Arrow)、心理学家爱德华·希尔斯(Edward Shils)等在内的美国社会科学界的众多泰斗。作为这次会议的主要成果之一的论文集，由拉纳和拉斯韦尔主编的、被视为公共政策学开山之作的《政策科学：范围和方法的最近发展》一书由斯坦福大学出版社出版。拉斯韦尔在书中首次对政策的对象、性质和发展方向作出规定，并就政策研究方法、政策顾问在政策研究中的意义等议题作了比较深入的探讨，奠定了政策科学的学科基础。自此以后，在美国兴起了一场旷日持久的“政策科学运动”，并形成了这个研究领域的一个主导范式，即拉斯韦尔—德洛尔的政策科学传统。

拉斯韦尔提倡政策科学的一个基本原因是他对当时社会科学的零碎的专门化的不满和担忧。他认为，政策科学或社会科学中的政策方向可以超越社会科学的零碎的专门化，确立起一种全新的、统一的社会科学。政策科学将致力于一般选择理论的研究，时下局部的问题并不是政策科学主要关心的问题。这种以理论为方向的政策科学与在第二次世界大战期间流行起来的实际政策分析的传统是不同的。尽管这种实际的分析是政策科学的组成部分,但是拉斯韦尔基本上把政策科学看作某种不同于应用社会科学的东西。他认为,政策科学将关心社会中人的基本问题,它将采取一种全球观点,强调政策的历史脉络,强调对变化、创新和革命的研究。在拉斯韦尔看来,政策科学是关于民主主义的学问,它涉及个人的选择,必须以民主体制作为前提;政策科学的目标是追求政策的"合理性",它必须使用数学公式和实证数据建立起可检验的经验理论;政策科学是一门对于时间和空间都非常敏感的学问,即它所选择的政策分析模型必须在时间和空间上加以明确的记录;政策科学具有跨学科的特性,它要依靠政治学、社会学、心理学等学科的知识来确立自己崭新的学术体系;政策科学是一门需要学者和政府官员共同研究的学问,后者的实践经验对于政策科学的发展具有重大意义;政策科学以社会变迁与发展为研究对象,必须建立起动态模型。

在后来的著作中,拉斯韦尔继续致力于政策科学的研究。在《政治科学的未来》(1963)一书中,他将政策科学看作重建政治科学的主要方向,呼吁政治科学家致力于这方面的研究,特别是集中关注政策制定中选择理论的研究,更多地关注政策和社会问题。在《政策科学展望》一书中,他对政策科学作了进一步的讨论,将政策科学定义为对政策制定过程的知识和政策制定过程中的知识的研究,而将政策科学家定义为那些关注掌握公共和市政秩序的脉络中开明决策相关技巧的人。在这里,他强调了政策分析中技巧的重要性,而关于历史的、跨文化的、多元方法的脉络等论述则体现出他对过去的政策科学概念的更深刻的承诺。在《决策过程》等论著中,拉斯韦尔对政策过程进行探索,并把注意力集中在政策过程中的各种功能活动上,提出了包含七个因素,即情报、建议、规定、行使、运用、评价和终止在内的功能过程理论。

自公共政策诞生之日起,由拉斯韦尔等人倡导的行为主义就是这个学科的主导范式。与此同时,主要由西蒙创立的、自管理科学(主要是公共管理学)领域成长起来的决策科学,行为主义也同样是其主导范式。公共政策学与决策科学一开始就形成了你中有我、我中有你的难分难解之势。公共政策学是属于政治科学的一个分支学科还是属于管理科学的一个分支学科的争论,至今没有停止(宁骚,2011)。

整体来看,处于萌芽兴起阶段的政策研究往往围绕着政策制定问题。政策分析人员使用精英论、多元主义、影子政府等解释性模型,试图解释政策制定的起因。后来,学者们又设计出其他模型来解释政策制定的起因,如理性模型和渐进模型等。在这一时期内使用的主要是案例研究,即对影响公共政策制定的所有因素进行详尽分析。通行的主要是定性的或者前行为主义的方法,很少使用严密的统计分析。证据主要来自详细的描述或者含有奇闻逸事的真人真事。

从20世纪60年代中期开始,学者们开始使用定量统计学手段来评估不同因素对政策制定的影响。他们使用的新方法体现了行为主义和实证主义的观点,认为可以运用科学的方法来研究公共政策,可以构建关于这些现象的假设,再通过严密的统计分析进行测试。在这一时期,学者们开始研究政策周期的其他方面,包括政策实施、议程设置、政策评估和政策终止。虽然这一时期见证了政策研究领域的蓬勃发展,但是,就学科建设的角度而言,政策科学在20世纪60年代中期之前并没有太突出的理论成果。

这一时期的公共政策学重视效果取向的量化分析,以经济学家为主力军的政策分析家将丰富生动的政策现实简化为枯燥的数字，因而是“一门‘冰冷’‘生硬’的学科”。如果将研究动态的人类活动、承认有不确定性的科学比喻为是研究天上“云霞”的科学，将承认机械的因果关系的科学称之为“报时钟”的科学，那么拉斯韦尔所创立的公共政策学不但没有描绘出“云霞”，反而助长了只描绘“报时钟”的风气。这种粗鲁的公共政策学不可能对推动社会前进、执行具体政策的人产生任何冲击。公共政策学的第一个分水岭就这样脆弱地崩溃了(药师寺泰藏，1991)。

1.2.2 政策科学的发展期

20世纪七八十年代可被视为公共政策学的发展时期，政策学者对政策科学形成时期的政策研究进行了反思与自我批判，并对政策科学的研究范围进行了拓展，在此基础上，形成了若干新的政策研究取向，主要包括德洛尔的“政策科学的基本范式”、20世纪60年代末至70年代初关注政策评估与知识应用的“趋前倾向”，以及20世纪70年代中期至80年代初聚焦政策执行与政策终结的“趋后倾向”。

1. 德洛尔的“政策科学的基本范式”

以美国为代表的西方公共政策学正式进入发展阶段的标志是被称为“政策科学三部曲”的《公共政策制定检讨》(1968)、《政策科学构想》(1971)与《政策科学进展》(1971)的出版。三本著作均由以色列耶路撒冷希伯来大学教授叶海卡·德洛尔(Yehezkel Dror)在1968年至1971年旅居美国期间完成。作为现代政策科学发展上的另一个关键人物，德洛尔继承和发展了拉斯韦尔的政策科学理论，对政策科学的对象、性质、理论和方法等问题做出了进一步具体而详尽的论证，使政策科学的“范式”趋于完善，从而形成了拉斯韦尔—德洛尔的政策科学传统。德洛尔将政策科学的出现看作是一场“科学革命”，认为与传统的常规科学相比，政策科学有一系列的创新，并提出了政策科学的基本范式：

(1) 政策科学的研究重点是理解和完善社会的发展方向，政策科学并不直接关注某些具体政策问题，而是关注于政策制定系统的改善以及运用有效的方法和知识处理政策过程。

(2) 政策科学关注的政策制定系统是宏观层次的公共政策制定系统，包括地方的、全国性的和跨国的政策制定系统。

(3) 政策科学打破了许多学科间的传统界限。政策科学不仅需要行为科学、管理科学，还需要吸取其他学科的知识。

(4) 政策科学在纯理论研究与应用科学研究之间架起了一道桥梁。政策科学把改进政策制定视为终极目标，从而将纯理论研究和应用研究整合在一起。

(5) 政策科学区别于传统学科的重要学术特性是，它不但运用一般的研究方法发现知识，而且把个人的经验与社会常识也纳入自己的知识系统。努力提炼政策实务工作者的隐性知识，并将高水平的政策制定人员吸收进来，作为政策科学建设的合作者，这是政策科学区别于当代常规科学，包括行为科学、管理科学的一项重要学术特征。

(6) 政策科学突破了当代科学与关于价值的伦理学和哲学的严格界限，力图建立起一套实用的价值理论作为政策科学的一部分。政策科学把价值观问题引入科学研究之中，试图通过探讨价值的含义、价值的协调、价值的代价和信奉价值的行为基础，进一步帮助决策者进行价值观的选择。

(7) 鼓励和激发有组织的创造性是政策科学研究的一个研究主题，也是它的一个重要方法。

(8) 政策科学对时间很敏感，它认为现在是过去和未来之间的桥梁。政策科学既强调历史的发展，也强调未来的方面，并认为这是改进政策制定工作的中心环节。

(9) 政策科学对变化的过程和动态的情境十分敏感。密切关注社会变革的条件，以及定向变化的政策制定，这构成了政策科学的基本模型、概念与方法论的前提条件。

(10) 政策科学关注知识的系统性和结构的合理性。在政策制定过程中，不仅要重视创造性、直觉和价值判断等超理性的作用，而且还不可忽视像深层动机之类的非理性过程的作用。

(11) 政策科学修正已被接受的科学原则和基本方法论。鼓励触类旁通，对社会实验，对所谓的随机现象和非典型情境的深切关注，努力去发明管理社会和政治行为的新制度和新法律，所有这一切都表明了政策科学的假说与方法论的革新方向。

(12) 政策科学试图成为一门自觉的科学，将其范式、假说、潜在理论、结构和应用视为研究和塑造共识的主题。政策科学以实证哲学为基础，政策科学必须依赖理性信念，不断地研究政策科学的学科界限，阐明自己的应用范围。

(13) 政策科学不接受在多数当代行为科学"取之不然就舍之"的态度，也不把请愿签名和类似的"直接行为"作为政策科学对改进政策制定工作的一种贡献。政策科学努力使自己在实际政策制定中逐渐发挥作用，并随时准备对公共政策制定系统进行专业的服务。

(14) 政策科学尽管在范式上具有创新性，但它仍是对科学的追求，政策科学必须符合各类科学工作共同追求的基本标准，不能把政策科学范式中的新奇之处作为放宽科学基本标准的依据。

显然，德洛尔的政策科学"范式"是拉斯韦尔的政策科学理论的发展和完善，构成政策科学发展史上又一里程碑。

2. 政策研究的"趋前倾向"与"趋后倾向"

20 世纪 60 年代末到 70 年代初，所谓的"趋前倾向"，即聚焦政策制定中政策咨询和知识运用的趋势，在美国政策科学研究中占据主流地位。社会公众普遍认为应改变传统的凭经验决策的方法，借助拥有专业理性和科学知识的专家弥补政府决策知识和信息的欠缺。凭借着细致、全面的政策分析以及卓有成效的咨询研究，以兰德公司为代表的一批负有盛名的公共决策咨询机构纷纷成立，并得到政府决策部门的重视和信赖，被称之为政府决策的智库、智囊团或外脑。这些机构广泛运用运筹学、数学、心理学、统计学的技术和方法来帮助政府改进决策制定，规划政策方案、提供政策建议。政府部门在实际决策过程中也十分依赖这些研究报告，日益复杂的社会问题更为政策分析家的工作提供了机遇和挑战。

20 世纪 60 年代美国联邦政府社会改革政策失败，推动着政策研究者转向对政策执行的关注。20 世纪 70 年代中期以后，公共政策研究中出现了"趋后倾向"，即对政策制度后的政策执行、政策评估和政策终结的关注。加州大学的雷普斯曼和威尔达夫斯基在其经典著作《执行：华盛顿的宏大期望是如何在奥克兰落空》中，以联邦政府旨在创造就业机会的“奥克兰计划”为例，令人信服地证明了：政策科学要想成为行动科学，就应当在政策制定与政策执行之间建立起紧密的联系，若没有正确的执行，政策仍然会导致失败。政策评估也是这时期的重要研究领域。美国联邦政府机构开展的政策评估研究数量由20世纪70年代初的300多项增至70年代末的1000多项，研究经费由原先的3000万美元增至后来的1.7亿美元。此外，60年代“大政府”理念的盛行，使政府成为了无所不能的“保姆”，推行了大量的社会政策项目，政府支出居高不下。然而，大量政策项目以失败告终，在能源危机与经济萧条之际，“小政府”的意识形态逐渐占据上风。这促使政策学者开始反思：失败的公共政策难道不可终止吗？如何终止公共政策，才能减少公众反对？于是一些学者尝试提出一些政策终止策略，如有学者提出缩减管理(cutback management)的概念，意在削弱政府职能、减少不必要的冗员与降低政府的预算赤字。也有学者提出“日落法”的(sunset legislation)理念在行政组织法中增加机构自动终止的条款，或者经由政策评估与考核的程序，若评估结果未达到特定标准，则该政策必须终止，以此加强立法机关的监督，终止不必要的行政机关与不成功的公共政策。

3. 政策科学家的反思

进入20世纪80年代，政策科学家发现，政策研究在提供分析技术，解决人类问题方面的能力是有限的。政策研究并非是万灵药，它只能促成政策的形成，但永远不可能取代政策的决定。政策分析固然可以为政策制定提供必要的信息，但是，公共政策绝不仅仅是信息获取、筛选与理论设计的结果，政治与行政方面的公共政策涉及政党、行政机构、利益集团之间的复杂的利益关系，一项公共决策往往是各种利益冲突及妥协的结果。与此同时，政策研究者的角色定位也正悄然改变，政策分析家逐渐跨越了美国政治界与科学界长久以来完全分离的价值标准与规范，不再扮演价值中立的知识供给者，而是主要在政治领域中发展政策科学规范。强调科学的政策分析家与追逐权力的政治家之间保持合作而非冲突的关系，政策分析家必须融入政策制定过程，与政策制定者成为知识伙伴。

拉斯韦尔—德洛尔的政策科学传统是美国政策科学运动的主导范式之一，为许多政策科学研究者所赞同和遵守。但是，另一方面，由于拉斯韦尔和德洛尔提倡跨学科、综合性的全新的政策科学过于宏伟博大，没有明确的边界条件，几乎成为一个凌驾于所有社会科学之上的科学，这是一种需要长期奋斗的理想，难以在短期内取得全面突破，它遭到一些社会科学家的批评。例如，有学者批评政策科学不是科学，而是意识形态。另一些研究者则吸收拉斯韦尔和德洛尔的政策科学理论的因素，朝着作为一门应用的社会科学学科的政策分析的方向前进，这种政策分析的趋势在20世纪六七十年代政策科学运动中广为流行，大有超越政策科学之势。

针对这一情况，德洛尔在1986年出版的著作《逆境中的政策制定》中总结了政策科学距离当时近二三十年的发展，提出政策科学需要在为政策制定和政策科学提供哲学与思想基础，加强历史和比较的观点，现实主义地处理政策制定实际，寻求宏观理论，开展政策范式批判，探讨宏观政策创新，探讨元政策制定乃至统治方式的重建，考虑改善政策制定的途径，探讨政策制定的输入方式，扩大学科基础，发展多维的方法、方法论和技术，避免过于分散，加强和提高教育与培训，采取坚韧的态度等方面加以突破。德洛尔对公共政策学的发展无疑做出了许多努力，但其构建的总体政策是一种元政策或“超政策”，这种总体政策由于过于理论化，很难为人们所理解。虽然德洛尔竭尽全力“像走残棋一样，将拉斯韦尔的错误一个个地加以纠正。但是他的这张残棋谱极其抽象，对于那些决心学习公共政策学的人来说，甚至连规则本身都搞不清楚。”（药师寺泰藏，1991）当然，也就无法为政策科学的发展做出实质性的贡献。

1.2.3 政策科学的拓展期

20 世纪 90 年代是美国和西方公共政策科学取得突破性进展的时期，政策研究的后实证主义特征更加明显，政策执行和议程设置的研究继续进行，政策变迁的概念和理论得以发展，以金登(John Kingdon)、奥斯特罗姆(Elinor Ostrom)、萨巴蒂尔(Pual Sabatier)为代表的一批学者，在批判阶段论模型的基础上，深化和拓展了政策过程研究。总体而言，90 年代西方公共政策的研究表现出两种主要趋势，一是修正和深化既有研究主题，二是拓展新的研究方向。对既有研究主题的修正包括两个方面，一是公共政策的伦理与价值研究，二是公共政策与公共管理的关系。

关于公共政策的伦理与价值问题，自公共政策研究兴起以来，人们就从未否认过伦理价值的重要性，因为政策科学是以选择为基础的，政策问题的形成、政策目标的确定、政策方案的制度等政策行动都必然涉及选择，而选择恰恰是以价值为导向的。自 20 世纪 80 年代以来，逐渐形成了三种途径探索公共政策伦理与价值问题，包括罗尔斯(Rawls)在《正义论》中提出的社会哲学与政治伦理，布坎南(Beaucham)在《伦理与公共政策》中提出的社会道德伦理，以及高斯罗博(Gawthrop)在《公共管理部门、系统与伦理》中提出的专业行政伦理。

在公共政策与公共管理的关系问题上，多数学者们达成了共识，即认为公共政策与公共管理相伴相生，公共政策是公共管理的重要环节，而有组织的公共管理是公共政策付诸执行的必要条件。关于拓展新的研究方向，也集中在两个方面：一是注重增强公共政策研究的相关性与应用性；二是关注政治、法律理性，由政策决策研究转向政策调查研究（严强，2008）。

1990 年至今，这个政策研究历史上最近的时期，是发展和渐进的另一个突然活跃期。在此期间，关于政策实施和议程设置的研究继续进行，学者们试图完善和拓展更早的研究，同时发展政策变化的概念。研究方式和方法也发生了变化。后实证主义对实证主义模式形成挑战，根据后实证主义理论，许多政策现象是无法用科学方法和严密的统计手段来研究的。后实证主义学派的学者主张，政策实施等概念需要更多依靠直觉的方法。这种对定量方法的批评，以及对定性方法的推崇，导致了良性的妥协。政策学者们现在进行公共政策分析时依靠的是混合方法，或者说是定量和定性手段相结合的方法。

经过半个多世纪的发展，以美国政策科学为代表的西方公共政策学如今已成长为一个独立而又颇具影响力的学术领域。尽管不同国家的政策研究各有所长，但整体上呈现出两个共同特点：一是方法论上逐渐超越实证主义，进入后实证主义，并能够综合运用定量和定性分析方法研究政策过程，兼顾工具理性与价值理性的平衡。二是研究注重实用性和应用性，从现实的、具体的政策问题出发，强调政策研究对政策制定者的实际效用，关注研究结果对政策现实的解释能力和预测能力。

1.2.4 当代中国公共政策学的发展

中国政策科学有着悠久的历史渊源，主要思想散见于古代的谋略中，而没有独立成为一个知识系统。我国古代有所谓的策、论，便是属于公共政策的著述。历史上，中国尽管没有形成专门的政策科学门类，但文化传统中有着丰富的政策思想和政策经验。主要包括：形成了“民为邦本，本固邦宁”的政策思想；建立了中央集权、恩威并施的施政原则；形成了重政策辩论、政策分析的传统，中国古代留下了许多政策辩论与政策分析的文献，如《盐铁论》、《论积贮疏》、《论贵粟疏》、《智囊计》等文献；形成了以《孙子兵法》为代表的完整的谋略体系和管理策略。

真正意义上的中国公共政策学是改革开放以后兴起的。在20世纪80年代初，邓小平提出，在学科发展上要赶快补课，要重新恢复政治学、社会学、法学和行政学，这为公共政策学科的发展提供了条件。邓小平还在许多领域提出了一系列新政策，如“一个国家、两种制度”政策、科技是第一生产力的政策等。公共政策的丰富实践为政策科学门类的创立提供了条件，同时，社会转型时期的大量政策问题向公共政策研究也提出了要求。随着政治学、社会学、行政学等学科的恢复，包含在行政学和政治学这两门学科之中的公共政策学开始受到学者重视，为公共政策学科的发展提供了条件。1983年，《理论探讨》杂志刊登了孟繁森的《需要建立一门研究党和国家生命的科学——政策学》，这是国内较早倡议建立政策科学的文章。1986年，万里同志在全国软科学工作座谈会上作了题为《决策民主化、科学化是政治体制改革的一个重要课题》的讲话，明确提出要加强政策研究。

自20世纪90年代以来，中国公共政策开始从政治学和公共行政学中分离出来，成为一个独立的研究领域。以1991年中国行政管理学会下设“政策科学研究会”为标志，建立了全国性的公共政策科学研究会，政策科学开始被作为一门分支学科提上学科建设日程。成立了从事政策研究的机构，同时在全国高等院校纷纷设立行政学院系的基础上，“政策科学”、“公共政策”被一些大学作为本科学生的基础课程，行政学研究生培养计划中设立政策分析研究方向等。一些高校也在其他专业的名录下招收了以公共政策、政策科学或政策分析为研究方向的硕士与博士研究生。进入21世纪，中国政策科学发展更为迅速。一些高等学校广泛建立公共管理学院系，甚至成立公共政策学系，并同时出版了大量有关政策科学的翻译作品、专著、论文。随着我国公共政策相关知识的普及、公共政策研究整体水平的提升，我国公共政策学的著作明显向分析型、应用型理论过渡。政策科学的学科建设、政策分析的方法研究以及具体部门政策研究日益深入，并开始影响政府决策和社会发展。

然而从总体而言，虽然我国公共政策学科地位有所提升，但依然没有得到学术界和相关部门的足够重视。公共政策是一门以解决现实问题为导向的应用型的社会科学，但由于历史原因，政府把公共政策研究作为引导、控制社会的工具，或单纯作为提高行政管理效率的工具，没有从根本上对这一学科予以重视。受此影响，我国公共政策学科地位偏低，政策科学研究也处在缓慢发展状态（朱亚鹏，2013）。与发达国家相比，众多发达国家的公共政策研究者往往是政府公共政策的参与者、制定者，甚至是公共资源分配的参与者，然而我国公共政策研究者在重大公共问题上仅有有限的影响力和参与度。因此，提升社会和政府部门对公共政策研究者的重视，也是学科发展的重要基础。

1.3 公共政策的研究范围

在20世纪60年代，作为政治科学的一个分支领域，公共政策开始崛起，其兴起的原因与许多刺激公共行政脱离政治科学领域的动机相同。公共政策从一开始就是尝试着把政治科学运用于公共事务；公共政策对身处实务领域的公共行政学科不但由衷支持，而且许多自许为公共政策这一分支领域的学者，也在政治科学与公共行政之间找到了一片可供发展的空间。在过去几十年当中，政策研究的性质发生了显著 变化（见表1-1）。这些变化涉及研究的对象、研究人员如何研究公共政策以及他们进行分析的方法。如表1-2所示，美国开始出现政策分析活动的20世纪60年代与当今政策分析活动在政策分析功能的范围与地点、与政治环境的关系、政策分析的方法与途径、信息的可获得性与使用、政策决定的面向与形态等方面也发生了明显的变化。

表1-1 政策研究的演进（1950—2000年）

	50年代	60—80年代	90年代至今
涉及的政策周期阶段	政策制定	政策实施 议程设置 政策评估 政策终止	政策变化 政策实施 议程设置
主要挑战	前行为主义	行为主义（实证主义）	后实证主义
分析方法	案例研究	定量分析手段	混合方法

资料来源：小约瑟夫·斯图尔特、戴维·M. 赫奇、詹姆斯·P. 莱斯特，2011：11。

表1-2 20世纪60年代与现代政策分析活动的比较

比较重点面向	初期的政策分析	今天的政策分析
政策分析功能的范围与地点	政策分析专家服务于政府高层单位：被认为是立场中立的专家。	政策分析专家分布于政府各层级以及非政府部门；有其忠心服务的客户，并经常成为特定政策的倡议者。
与政治环境的关系	政策分析专家相信其能以客观、与政治无关的方式工作。	政治与意识形态对于政策分析活动的设计与结果之影响越来越大。
政策分析的方法与途径	学者被邀请来做政策分析，强调的是其学有专精的方法和技术，而所使用的方法与技术主要来自于实证主义的社会科学以及规范性的经济学模式。	各机构单位自身有从事分析工作的员工，更有许多分析活动是由如“智库”之类的机构所进行；政策分析的方法、途径、与人员背景趋向多元化。
信息的可获得性与使用	假定实施（分析使用的资料与信息）与价值是可以分开的。	了解到实施的搜集与诠释乃形塑于分析者的信念和价值观。

续表

比较重点面向	初期的政策分析	今天的政策分析
政策决定的面向与形态	对政策与行动的有效性是乐观的,重点在扩大预算以设计、验证全新的方案。	分析的工作室在预算缩减的情况下进行,重点在改善现行的方案;政策分析专家的影响力已不如从前。

资料来源:作者根据 Radin(1997)整理所得。

凡是探讨政策研究与政策分析的学科就称为政策科学。最先提出政策科学的学者是拉斯韦尔,他将政策科学定义为关注政策过程本身与内部的知识(Lasswell,1971),由此可见,政策科学的研究范围包括政策过程本身的知识和政策过程内部的知识两类:前者属于政策研究的范围,其目的是为了政策本身的性质而进行研究,关注政策形成过程;后者则是属于政策分析的范围,目的在于制定一项周全的政策而研究,关注达成上级交付的使命,解决社会问题。

政策研究指的是为政策本身的研究,而政策分析则指为了政策而研究。前者对于公共政策的研究比较重视政策理论的建构,研究者多出身于学术界的教授与研究人员;而后者则是政府部门、民间"智库"或其他非营利政策研究机构的政策专家,为政策制定者服务,提供政策建言或规划政策蓝图。因此,政策研究主要是由学术社群所发动,目的在于了解公共政策过程与公共政策本身,最终目标是建构政策理论,呈现政策的描述性与诠释性趋向;政策分析则是政府部门或民间"智库"所发动,目的在于设计实际的政策蓝图,最终目标是解决社会问题,呈现出政策的规范性与理想性的倾向(丘昌泰,2010)。政策研究者是独立的政策科学家,在学术领域中从事自己所感兴趣的政策问题分析;政策分析师则是专业的实务者,在政府机关中,基于职责所在,从事政策咨询的工作。政策研究者可自由选择一项价值问题加以研究;政策分析师则必须根据上级所交付的任务、自己的职责或道德标准选择政策问题。政策研究者关切广泛的政策问题,政策分析师则关注具体的政策议题。

霍格伍德和冈恩(Hogwood & Gunn,1981)进一步提出了公共政策研究的分类(见图 1-1)。政策研究的范围主要包括政策内容研究、政策过程研究和政策产出研究三项。

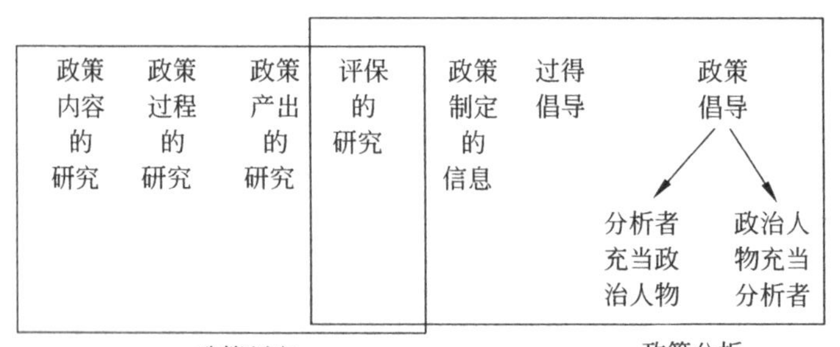

图 1-1 公共政策研究的类型

资料来源:Ham & Hill,1993:8。

其中，政策内容的研究主要描述并解释特定政策的起因和发展，常采用个案研究法，以了解政策如何出现、如何执行、结果如何。政策过程的研究中，重点则在于议题所经过的阶段，以及何种因素影响不同议题的不同发展情况，亦即影响政策形成的因素。政策产出的研究主要探讨不同地区或国家的公共经费或公共服务水平等政策产出受哪些因素的影响，亦即政策决定因素的研究，将政策视作因变量，以研究社会、经济、科技和其他因素如何影响不同政策的发生，例如，为何不同国家有不同的社会福利政策。

政策分析的范围主要包括政策倡导、过程倡导和政策制定的信息三项。政策倡导是指政策分析师提出特定的政策方案和构想，并向社会大众或政策制定者推销其政策主张的活动。这一过程又可分为两种角度进行探讨：政治行动者可扮演政策分析家的角色，向大众或政策制定者推销其公共政策；政策分析师可扮演政治行动者的角色，通过某种游说或活动争取社会大众对于其所主张的政策的支持和认同。过程倡导亦是政策分析的一种，其目的在于通过政府功能与任务的重新配置，以改进政府决策的机制；通过发展好计划系统以及评价政策选项的方式，强化政策选择的基础。政策制定的信息是指分析者整理各种有关政策问题、政策目标、政策方案、政策后果与政策评估的信息，以协助、提供决策者完成决策。这些政策相关信息可从政府内部机关常规性活动中获取，或从关心政策走向的学术机构的研究者获取。

政策评估的研究探讨政策对其他对象所造成的改变和影响也可称为影响研究，是政策分析与政策研究所重叠的部分。评估的研究因此也介于描述性研究与规范性分析之中，既可以是描述性的，又可以是规范性的。

与霍格伍德和冈恩将政策倡导视为政策分析领域中的重要组成不同的是，许多学者将政策分析与政策倡导作为相互关联，但性质各异的两个平行对等的名词。政策分析是一种事实的描述性活动，用以解释公共政策的前因后果关系或系统地探讨某项政策的提出、制定、执行和结果的过程，更关注实然问题，即回答为什么与是什么的问题。例如，福利政策是如何被提出的，其具体的政策方案或内容是什么。而政策倡导则是一种价值的规范性活动，目的在于指出政府应当追求怎样的政策或体现何种价值，更关注应然的问题。政策倡导重视政策本身的价值、理想与愿景，通过在某项公共政策上采取某种价值论理原则，如自由、公道、正义等，或采取意识形态观点，如自由主义、保守主义、社会主义等，向政策制定者提出未来最佳的政策方向。例如，妇女福利政策的走向应当是维护女性尊严的福利政策。因此，政策倡导者必须具备纯熟精练的政治游说技巧，与传播媒体沟通的能力，以及对倡导政策的热情。

戴伊对政策分析与政策倡导进行比较，提出政策分析所具备的三项特性都不是政策倡导研究的内涵(Dye，1992)：政策分析关注对政策的诠释，政策分析师需要回答何以然与实然的解释问题，而不是应然的规范问题；对公共政策的因果关系进行研究的探索，需要政策分析师必须具备科学的冷静头脑，而不是血气之勇；对政策的因果关系找到通则性的命题，以累积可靠的政策分析知识。

政策分析和政策倡导虽然存在性质上的不同，但两者是不可分割的。没有政策分析结果的政策倡导是盲目的，而欠缺伦理意识与意识形态的政策分析也是盲目的(Cochran，Mayer，Carr & Cayer，1993)。理想的政策分析其最终目的正是受到政策制定者或社会大众的采纳。因此，需要通过政策倡导的技巧，宣传政策的意图与方向，以推动未来社会的政策走向。政策倡导更具说服力的基础，也来自科学和深思熟虑的政策分析。

根据豪利特和拉米什(Howlett & Ramesh，1995)的观点，公共政策研究与其文献可分为以下四种类别：

第一类文献通过考察政治体制的性质以了解公共政策。这种观点认为，公共政策随着政治体制性质及其与社会的联结的不同而有所改变。以此为基础，一些分析家的关注范围较为狭窄，其在理解公共政策制定的研究中，仅仅把焦点放在国家自身的组织上。然而在公共政策分析中，区分体制类型仅仅是一个起点，因为它无法分析体制特征如何体现于具体的个别政策之中，而是告诉我们到何处寻求政府决策影响的因素，以及在研究政府行为中的一般关系。

第二类文献重在探求公共政策制定中的偶然变量，或称探求那些对政策起决定作用的因素。此类研究要解决的主要问题是，公共政策是由宏观社会经济因素还是由微观层面的行为因素所决定的，同时也关注公共政策与国内社会及国际制度的各种特征之间的关系。这类文献以经验研究为主，且常以数量分析为导向。虽然实证的方法有助于研究者厘清关于政策过程性质的迷思和不正确的假定，提高对公共政策的理解，但由于其趋向于依赖一般性的宏观解释，经常无法应用于大多数政策决策和制定等部门，以及特定的时间背景之中，忽略了对特定时间和空间系统中政策现象的探究。

第三类文献聚焦于政策内容。洛伊(Lowi，1972)认为政策问题及其解决方案的性质通常决定了政治系统处理此政策的方式和过程。政策主要是规制的、分配的、再分配的或构成的，这些特征决定了其将被如何处理。因此，政策可能决定政治学，而非逆向而行的。威尔逊(Wilson，1974)认为某一政策的成本与收益的集中程度决定了其相关的政治过程的类型。萨拉蒙(Salamon，1981)也认为理解公共政策的最佳分析方式在于研究政府所制定和执行的政策工具的性质。虽然没有否定问题的性质将决定问题解决的方式，但理解政策问题的性质和其多种可能解决方案的成本收益模式通常是困难的。

第四类文献着重考察政策影响或政策结果。此类文献往往对特定政策的直接和间接效果进行评估，而忽略了政府采取政策工具的原因和政策工具的特点。其分析聚焦于特定政府计划之间关系的数量分析，并运用统计推断技术来归纳不同类型的政府行为之间的因果关系。这样的研究在易于量化的领域已经被广泛用于分析问题，包括财政、产业政策制定以及诸如政府支出与企业投资行为或劳动力迁移之间的关系等主题。然而，此类方法仅仅关注政策结果，而较少了解导致这些结果的政策过程。

公共政策作为一门经世致用的学科，从它诞生之日起，就是以解决现实问题为导向的应用型的社会科学。过去由于历史原因，我国的公共政策研究得不到相关政府的重视。政府仅仅把公共政策研究纯粹作为引导、控制社会的工具或单纯作为提高行政管理效率的工具，没有从根本上予以重视。因此，我国的公共政策学科地位一直偏低，政策科学发展一直处于缓慢状态。随着我国经济高速增长，社会贫富分化等问题日益激化，公民意识提高，公共问题日益成为社会的焦点问题。住房、教育、医疗、廉政、就业、农民工等公共问题日益成为建构社会主义和谐社会主旋律中较不和谐的音符，强烈的现实需要让公共政策研究迅速成为学术界的焦点(岳经纶、朱亚鹏,2009)。我国政策科学理论本土化程度低是一个不争的事实,这一方面是因为我国公共政策研究起步较晚、基础较差,相关学科研究能力(尤其是创造能力)低下,另一方面则源于我们对西方社会科学理论体系的完备和强大的沉湎与盲从。我国要推进政策科学的本土化进程和学科理论创新,就必须在三个层面有所突破(徐湘林,2004,岳经纶、朱亚鹏,2009):第一层面是政策研究的价值伦理层面,即研究者对客观事物进行分析是选择的价值取向和价值定位标准所遵循的伦理基础。简单说来就是树立正确的主体意识、本土意识和学术价值批判意识。第二层面是指本土研究层面,即对本土政策实践进行原创式的经验性研究。通俗地说就是扎根本土,多作经验性研究和实证调查。第三层面是理论本土化研究层面,即对政策科学有关概念、假设、范畴、理论解说、方法论等作本土化的创新。同时,要建构中国本土化的、原创性的公共政策理论,就要得到各方的重视与支持:社会各界在公共政策研究过程中要对公共政策研究者给予积极的支持和配合;政府部门在公共政策研究过程中要给予足够的政策参与机会和充足的研究资金支持;学术界要为公共政策提供一个良好的学术大环境,建立一套良好的激励—约束机制。只有真正树立政策研究者的主体意识,端正研究者的治学态度,创造良好研究氛围和环境,中国的公共政策研究才有本土化的希望。

复习与思考

1. 什么是公共政策?公共政策有哪些特点?
2. 公共政策包括哪些类型?评估政策分类的标准有哪些?
3. 公共政策的表现形式有哪些?
4. 试举例说明监管性政策、自我监管性政策、分配性政策和再分配性政策。
5. 试对政策研究与政策分析进行比较研究。
6. 试对政策内容研究、政策过程研究和政策产出研究进行比较分析。
7. 试对政策分析与政策倡导进行比较研究。
8. 论述政策科学的兴起与发展趋势。

参考文献

1. Anderson, James E. (1979). *Public Policy-Making*, Florida: Holt, Rinehart and Winston.
2. Cochran, Clarke E., Mayer, Lawrence C., Carr, T. R. & Cayer, N. Joseph. (1993). *American Public Policy: An Introduction*. New York: St. Martins' Press.
3. Dror, Yehezkel (1968). *Public Plicymaking Reexamined*. San Francisco, CO: Chandler Publishing Co.
4. Dror, Yehezkel (1971). *Design for Policy Sciences*, New York: American Elsevier.
5. Dye, Thomas R. (1992). *Understanding Public Policy*. New York: Prentice Hall.
6. Edelman, Murray (1964). *The Symbolic Use of Politics*. University of Illinois Press.
7. Easton, David. (1953). *The Political System: An Inquiry into the State of Political Science*. New York: Alfred A. Knopt, Inc.

8. Froman, Lewis (1967). An Analysis of Public Policy in Cities. *Journal of Politics*, 29(1): 94-108.
9. Froman, Lewis (1968). The Categorization of Policy Contents. In Austin Ranney (Ed), *Political Science and Public Policy*. Chicago: Markham.
10. Greenberg, G. D., Miller, J. A., Mohr, L. B. & Vladeck, B. C. (1977). Developing Public Policy Theory: Perspectives from Empirical Research. *American Political Science Review*, 71(4): 1532-1543.
11. Ham, Chritopher & Michael Hill (1993). *The Policy Process in the Modern Capitalist State*, New York: Harvester Wheatsheaf.
12. Hogwood, Brian W. & Lewis, A. Gunn (1981). *The Policy Orientation*, *Centre for the Study of Public Policy*, University of Strathclyde.
13. Howlett, Michael & Ramesh, M. (1995). *Studying Public Policy: Policy Cycles and Policy Subsystems*. Toronto: Oxford University Press.
14. Jenkins, William (1978). *Policy Analysis: A Political and Organizational Perspective*. London: Martin Robertson.
15. Lasswell, H. D. & A. Kaplan (1963). *Power and Society*. New York: McGraw-Hill Book Co.
16. Lasswell, H. D. (1971). *A Preview of Policy Science*. New York: Elsevier.
17. Lowi, Theodore J. (1964). American Business, Public Policy, Case Studies, and Political Theory. *World Politics*, 16(4): 677-715.
18. Lowi, T. J. (1972). Four Systems of Policy, Politics, and Choice. *Public Administration Review*, 32(4): 298-310.
19. Olson, Mancur (1965). *The Logic of Collective Action*. Cambridge, MA: Havard University Press.
20. Peters, B. Guy (1993). *American Public: Promise and Performance, 3d ed.* NJ: Chatham House.
21. Radin, Beryl A. (1997). Presidential Address: The Evolution of the Policy Analysis Field: From Conversation to Conversation. *Journal of Policy Analysis and Management*, 16(2): 204-218.
22. Salisbury, Robert H. (1968). The Analysis of Public Policy. In Austin Ranny (Ed), *Political Science and Public Policy*. Chicago: Markham Publishing Co.
23. Salamon, Lester M. (1981). Rethinking Public Management: Third-party Government and the Changing Forms of Government Action. *Public Policy*, 29(3): 255-275.
24. Stewart, Joseph Jr., Hedge, David M. & Lester, James P. (2008). *Public Policy: An Evolutionary Approach*. Cengage Learning.
25. Wilson, James Q. (1974). The Politics of Regulation. In J. W. McKie (Ed), *Social Responsibility and the Business Predicament*. Washington: Brookings Institution.
26. 陈庆云.公共政策分析. 北京：北京大学出版社，2011.
27. 陈振明.政策科学. 北京：中国人民大学出版社，1998.
28. 翰羽.公共政策：理论、实务与分析. 台北：高点文化事业有限公司，2004.
29. 宁骚.公共政策学. 北京：高等教育出版社，2011.
30. 丘昌泰.公共政策：当代政策科学理论之研究. 台北：巨流图书公司，1995.
31. 丘昌泰.公共政策：基础篇. 台北：巨流图书公司，2010.
32. 吴琼恩.公共行政学. 台北：智胜文化，2004.
33. 徐湘林. 中国政策科学的理论困境及其本土化出路.公共管理学报，2004，1.

34. 小约瑟夫·斯图尔特、戴维·M. 赫奇、詹姆斯·P. 莱斯特. 公共政策导论. 北京：中国人民大学出版社，2011。
35. 严强. 公共政策学. 北京：社会科学文献出版社，2008.
36. 叶海卡·德洛尔. 逆境中的政策制定. 上海：上海远东出版社，1996.
37. 药师寺泰藏. 公共政策：政治过程. 北京：经济日报出版社，1991.
38. 岳经纶、朱亚鹏. 公共政策研究：繁荣景象下的忧患，载马骏、张成福、何艳玲主编，反思中国公共行政学危机与重建，北京：中央编译出版社，2009.
39. 张金马. 政策科学导论. 北京：中国人民大学出版社，1992.
40. 朱亚鹏. 公共政策过程研究：理论与实践. 北京：中央编译出版社，2013.

第2章 政策过程

政策过程就是政策的生命过程，是一项政策从问题认定到政策终结的整个运行过程。政策过程理论作为一种中层理论或称为中观理论在整个政策科学中占有重要地位。从20世纪80年代起，作为最早的政策过程理论(拉斯韦尔的阶段启发法)受到了猛烈的抨击，政策过程理论也成为学术界一个一直争论不休的主题。

2.1 政策过程的含义与特征

2.1.1 政策过程的含义

政策过程研究通常集中于政策的制定过程，回答"政策是如何制定出来的"这类问题，而不是特别关注政策的内容及其形成的原因和产生的结果。研究政策如何制定，通常要考虑在政治体系内发生的一系列政治活动或行为过程(Dye，2008)。学者对政策过程的界定可分为三类(宁骚，2011)：

第一类将政策制定过程作广义的理解，同时将政策过程等同于政策制定过程，认为政策过程是从问题出现、问题界定、议程设置、政策建议、政策采纳、政策执行到政策评估的所有阶段。克鲁斯克(Kruschke)等编的《公共政策词典》将政策过程界定为：政策制定过程所包含的一系列事件，从最初对某个问题的看法和定义到对该问题作出反应的政策规划、执行和评估。一般来说，政策过程是将目标和优先考虑的事项实际转化为政策的过程。并且认为政策过程是由问题界定、政策制定、政策执行、政策终结等环节组成的。这本词典反映的是公共政策学发展的早期阶段过于强调政策制定在政策全过程中的作用，以至于将政策制定过程泛化的学术认识。持有这种认识的学者很多，寇克朗等(Cochran，et al.，1993)认为政策制定过程是一个包括前政策阶段、政策采纳、政策执行和政策评估四个阶段的政策发展过程，这个过程也就是政策过程。

第二类将政策制定过程作狭义的理解，将政策过程等同于政策制定过程，认为政策制定只包括问题认定和政策规划，而不涵盖政策执行及其以后的阶段，而这个过程也就是政策过程。例如，汉姆等认为政策过程是指形成某项公共政策的政治过程。这些政策过程都只与政策规划有关，而不涵盖政策执行和政策评估等环节。

第三类将政策过程界定为政策运作的全过程，把政策制定过程界定为政策过程的一个阶段。这一类界定认为政策过程包括从问题出现到问题解决的所有阶段。拉谢夫斯基认为，公共政策是许多步骤或阶段的产物，至少包括问题界定、议程设置、政策规划、政策采纳、预算配置、政策执行、政策评估与政策接续等程序。吴定编《公共政策辞典》对政策过程的解释是，政策过程亦即政策运作过程之谓。它通常包括从政策问题认定、政策方案规划、政策方案合法化、政策执行、政策评估等各个阶段，同时也涉及政策环境与政策参与者的互动。政策运作过程充满着政治性、技术性与艺术性，因此也就深受政策环境因素，如政治、经济、社会、文化、教育等方面的影响和制约。

我们认为，所谓政策过程是指政策问题提上议程、形成政策选择、做出政策决定、实施政策内容、评估和反馈政策效果、继而修正等一系列政策循环周期的总和。政策过程的本质在于它既是认识世界和改造世界的过程，又是进行社会资源的配置和社会资源的分配过程。上述三类界定，最为可取的是第三类。事实上，第一类概念如果不将政策制定过程泛化，而是明确地把它定位为政策过程的一个阶段，那么它们也就与第三类概念合为一体了。

2.1.2 政策过程的特征

现代国家中，与公共政策相关联的个人和机构复杂且众多，都对公共政策的形成和实施有着不同的影响。因此，德洛尔(Dror，1989)指出，现代的公共政策过程具有以下12项基本特征：

(1) 复杂性。公共政策过程中涉及众多政策参与者，不论是政府内部或政府外部的行动者或机构，不论中央或地方政府官员，都在政策领域中彼此互动，并以不同的方式相互影响，从而形成一个纵横交互的政策网络关系。因此，政策的制定往往是由一连串个别、单独的决定累积而成，决策者很少能够全盘了解整个政策的全过程。

(2) 动态过程。公共政策是一种过程，是在机关、组织或制度的架构内连续发生的相关活动。政策过程的动力机制在于政策行为之间，以及政策系统与政策环境之间的互动安排。同时，政策过程中有许多政策行为者，政策行为者之间的互动，环境因素与政策参与者的运作，造成了政策过程本身的动态性。

(3) 构成部分的多样性。政策过程的复杂性来自其多重的构成部分，几乎所有的政策过程都有众多次级结构的参与，这些次级结构的角色和参与程度都将随着不同的议题、时间和空间而有所差异。在社会系统中，参与政策过程的次级结构包括社会中的政治性机构或政治系统。

(4) 次级结构各有不同贡献。每一个政策过程中的次级结构都会对政策做出不同，甚至是独特的贡献或影响。而次级结构影响力和贡献力的高低则取决于其各自的特性。

(5) 决策。政策制定是决策的一种，在政策过程的研究中常使用决策的模式。但是公共政策决策过程与一般决策理论中所论述的决策有所不同，一般决策理论中的决策多属于独立的决策，但是公共政策过程则是集多个不同的决策而成的。

(6) 基本原则。公共政策决策的产物是行动的基本原则和方向，并在此基础上建立一套实施细则或次级政策，以有效实现政策。但有时也是先出现复杂且相互关联的次级政策，再出现行动的基本原则与方向。因此，决策通常分自上而下和自下而上两个方向进行，两者可以并行或部分的决策相互重叠。

(7) 决策是为了行动。决策的结果常引起决策系统外的行为，也可能导致决策系统本身的改变。大多数有关重大问题的决策，都是希望能够引起或允许外界行为产生；而一些政策则是针对政策制定机构本身，例如，行政改革与政府再造就是为了提高政府机构的效率。

(8) 未来取向。政策过程中需考虑许多不确定因素,并预测政策实施后可能遭受的批评和质疑。由于未来的不确定性,政策制定者通常会以含糊且弹性的词汇作为政策的内容;保持连续性,以适应新的情境和现实的发展;为求安全,不制定无法预测后果的政策;不以单一政策来解决问题。

(9) 以政府机构为主体,也体现了公共性。公共政策过程是指公共部门所形成的政策过程,主要针对政府机关。公共政策所处理的问题为公共问题,私人问题必须凸显充分的公共性,才能纳入政策议程加以处理。

(10) 正式目的在实现公共利益。现代国家政治系统的特征之一就是以实现公共利益为目标。然而也存在政府公共政策的目的仅仅是为执政的少数人谋求利益的现象,或为扩张权力而采取合法程序,假借公共利益之名,以获得民众支持和同意。

(11) 公共利益定义不清。虽然公共利益的真正含义难以具体说明,但因其具有一般性的意义,公共利益的概念在公共政策过程中具有显著的影响力,是制定公共政策的主要目的。

(12) 以可能的最佳方式达成目标。公共政策正式目的不仅在达成公共利益,也在以可能的最佳方式达成目标。

2.2 政策过程阶段论的提出与发展

政策过程阶段论是目前国内的政策科学研究者普遍采用的政策过程理论,政策过程阶段论将政策过程划分为一系列阶段或环节,通常包括政策议程、政策规划与合法化、执行、评估和终结等阶段,并在每一阶段讨论影响政策过程的各种基本因素。这种途径发源于拉斯韦尔,经过琼斯、安德森、布鲁尔和德利翁等人的论述,在20世纪七八十年代逐渐成熟起来,成为西方政策科学界居主流地位的理论模型。

最早尝试对政策过程进行阶段划分的是拉斯韦尔,他把注意力特别集中于“政策过程”,或者是某个给定政府政策(或项目)在其整个政策生命中将经历的功能性的时期或阶段。拉斯韦尔构建了一个概念图系以便指导人们在总体上了解任何集体行动的主要阶段,并且命名了他随后称作决策过程的七个阶段:情报、提议、规定、要求、执行、终止、评估。这个流程反映了有争议但已被广泛接受的政策科学概念的由来,即政策过程,某一既定政策被提议、检验、执行以及最后被终止的程序。

随后,拉斯韦尔在耶鲁大学的学生加里·布鲁尔(Brewer,1974)提出了一个派生的流程,这一流程得到了拉斯韦尔的明确赞成,从而形成了自20世纪70年代中期以来,在重要而实际的意义上被政策科学家们所采用的大部分的研究日程:创始、预评、选择、执行、评估、终止。这些阶段从概念角度和操作角度为思考公共政策提供了一种方法,并且每一个阶段都有着与众不同的特点、风格和过程。这些都表明了每一个阶段有着单独存在的价值。只要不否认阶段之间能够共享信息和程序,就极少会把界定项目评估问题的一系列显著行为与那些处理政策终止问题的行为混同起来。

大量的学者都曾经或多或少地从这个框架中获益。查尔斯·琼斯(Charles Jones)的

《公共政策研究导论》(*Introduction to the Study of Public Policy*,1970、1977,1984)和詹姆斯·安德森(James Anderson)的《公共政策制定》(*Public Policy making*,1975、1979)是首批"政策过程"书籍。两本著作在很大程度上都源自拉斯韦尔和伊斯顿的理论,明确区分了确定问题、设置议程、选定方案、实施政策和评估政策等不同的政策阶段。两本著作都是在一个更加广泛的环境下对政策的各个阶段进行分析,这些环境因素包括:联邦制、政治制度、公众观点、政治文化,以及其他限制因素。

琼斯依据系统分析的概念,将政策分析的过程分成问题设定、政策发展、政策执行、政策评估和政策终结五个阶段(见表 2-1)。问题设定是指人们一般透过认知、界定、集结、组织与代议等系列的功能活动,突出政策问题,以便引起政府的注意,考虑是否将该问题列入相关议程,希望政府采取行动解决该问题。如果按照政府对公共问题所采取的措施而言,这阶段是由问题走到政府的阶段。政策发展是指政府认定公共问题的严重性,必须采取行动予以解决时,要历经方案规划、方案合法化与拨款等功能活动,发展解决问题的政策。因此,这属于政府为处理公共问题而采取的行动阶段。政策执行是指一项公共政策经发展后,政府为了解决所认定的问题,执行拟定的计划,要组织必要的执行人员,解释计划的内容,执行各项措施,预期公共问题得到解决。因此,这是政府解决问题的阶段。政策评估是指政策一旦执行,政府有关机关对政策的施行,加以说明、检讨与批评、测量与分析。其功能不但认定政策正确与否,而且可以提出不同的见解,作为改进政策的参考。因此,这一阶段政策又回到政府。政策终结是指政策在评估之后,评估政府认定的问题已经获得解决或已经发生变迁,使得原政策得以终结或需要改变以应对新问题。因此,这属于问题解决或变更阶段。

表 2-1　政策过程:分析框架

功能活动	政府回应过程	系统概念	产　出
认知、界定集结、组织代议	政府接近问题	问题设定	需求
规划、立法拨款	政府采取行动	政策发展	预算计划建议
组织、解释执行	政府解决问题	政策执行	服务、付款、设备、监督等
说明、测量计划	政府检讨政策	政策评估	合法化推介等
解决终结	问题解决或变更	政策终结	解决或变迁

资料来源:Jones,1997:12。

安德森将政策过程分为问题界定、政策形成、政策采纳、政策实施和政策评估五个阶段(见表 2-2)。问题界定和议程设立阶段探讨的问题包括,那些能够成为公共政策目标的问题如何确认、怎样区分,为什么只有一些问题能够从现有的问题中脱颖而出,得到政策制定者的关注,从而设立相关的议程;政策形成包括对可供选择的行动方式的创建、区分和采用;政策采纳是指哪一个备选方案会被选择用来解决问题;政策实施包括采用了哪些具体的行动措施;政策评估包括谁来评估、政策使谁受益、谁受损、有没有改变或废止政策的要求等内容。

表 2-2 政策过程

政策术语	第一阶段 问题界定	第二阶段 政策形成	第三阶段 政策采纳	第四阶段 政策实施	第五阶段 政策评估
定义	在众多问题中，这些问题得到了公共官员的高度关注。	提出与解决公共问题有关的、可被接受的行动方案。	对某一具体建议的支持，这样能使政策合法化和权威化。	通过政府的行政机器将政策应用于实际。	政府为确定政策是否有效和分析具体原因所进行的努力。
常识	使政府考虑解决问题的行动。	提出解决问题的措施。	使政府接受一项解决特定问题的方案。	将政府的政策用于解决问题。	政策起作用了吗?

资料来源：詹姆斯·E.安德森，2009：33。

1983年，布鲁尔和德利翁在其《政策分析基础》(*Foundations of Policy Analysis*, 1983)一书中完整地提出了政策过程的阶段和基本原理。布鲁尔和德利翁将政策过程分为发起与兴起、方案估计、方案选择、方案执行、政策评估、政策终结六个阶段(表 2-3)。他们将政策过程阶段的涵盖面延伸到了行政机关之外的范围，并改进了某些词语的用法。更重要的是，他们指出，政策阶段并非一成不变、自始至终推进的，有时会在中途停止，并回到前一阶段进行修正。这打破了政策各阶段是线性关系的传统观念，强调各阶段与其他阶段的联结关系。

表 2-3 政策过程六阶段

阶段名称	阶段活动内容
发现与兴起	问题的发现与感知；问题解决方案的发起；目标定义。
方案估计	问题解决方案的妥当性、风险、成本、影响、效应之计算；依估计结果排列方案的优先次序；方案表现标准设立。
方案选择	方案的辩论；融合非理性或意识形态考量；选择方案作为最后决策；交付行政机关责任。
方案执行	执行既定的政策、方案；规划规则、法令；执行做法的改变以回应外来的压力与限制；设立目标；制定时间表。
政策评估	评价政策执行的结果；比较预期与实际执行结果；追究执行不力的责任。
政策终结	政策执行完毕；或政策内容有所修正，原有的方案停止施行；指出新的问题。

资料来源：作者根据 Brewer &DeLeon(1983：17-21)整理所得。

这些作品及其对政策过程模型的主张指导着政策学者们研究的整个过程，由于这些学者的倡导和努力，政策过程阶段论被广为接受，出现了一批政策研究的经典性论著。与此同时，无论是学术会议的主题还是图书馆的图书分类都接受了这种政策过程阶段论的主张。政策过程阶段论的影响还渗透到大学的课程设置以及政策制定者对自身角色的认知。斯图尔特等人将政策周期划分为六个阶段，实际上也是一种循环型的政策过程。公共政策的决策通常被看作是一条传送带，在这条传送带上，问题首先被认定是需要解决的问题，然后考虑不同的行动过程，采纳政策，由机构人员实施、评估、修改政策，最后，根据政策取得了或者没有取得成效而终止之。尽管政策过程的现实非常复杂，但是，如果把这一过程理解为一系列独立的阶段，就会得出对公共政策决策中发生的许多行为进行分类的框架(见图 2-1)。

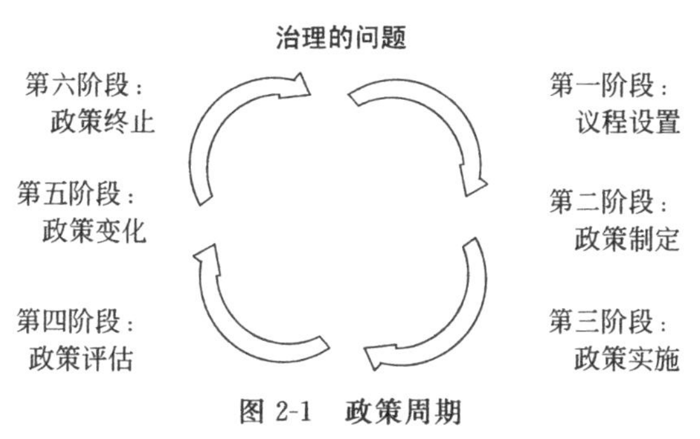

图 2-1　政策周期

资料来源：小约瑟夫·斯图尔特、戴维·M.赫奇、詹姆斯·P.莱斯特，2011：8。

邓恩将政策过程分为八个阶段，包括议程建立、政策形成、政策采纳、政策执行、政策评价、政策调整、政策延续和政策终结(见表 2-4)。政策过程由复杂的圆或周期组成，在循环中，政策周期中的每一个阶段都和下一阶段相连接，作为一个整体，这一过程并没有确切的起点和终点。个人、利益团体、政府各级机构、部门等都通过合作、竞争和冲突参与到政策周期中。

表 2-4　政策制定过程的各个阶段

阶　段	特　　征	举 例 说 明
议程建立	当选和被任命的官员把问题列入公众议程。一些问题根本不会被提上议事日程，而其他一些问题只有在拖延了很长时间后才会被提上议事日程。	一名州议员同其支持者一起准备了一份议案，提交给健康与福利委员会研究和表决，这个议案压在委员会那里，没有进行投票表决。
政策形成	官员提出了解决问题的多种政策。这些政策表现为行政命令、法院判决和立法法令。	州法院考虑禁止使用诸如 SAT 这样的标准成绩测试，理由是这样的测试对妇女和少数族裔有偏见。
政策采纳	由于立法机构大多数人的支持、机构负责人的一致同意或法院决定，政策被采纳。	在罗诉韦德(Roe v. Wade)中，最高法院做出了一个以多数票通过的决定，即妇女有权通过堕胎中止妊娠。
政策执行	所采纳的政策由行政机构根据政策需要调动资金和人力来执行。	市财政主管雇用了更多的职员，来确保新法律的贯彻执行。这项新法令要对那些不再具有税收免除资格的医院课以税收。
政策评价	政府的审计和财务部门对行政机构、立法机构和法院是否符合政策的法定要求和是否达成了目标做出决定。	财务部对有子女家庭援助计划(AFDC)这种社会福利项目进行监控，用以确定福利欺诈的范围。
政策调整	审计和评估机构向负责提出、采纳和执行政策的机构报告说，由于蹩脚的书面规则、资源有限、训练不足等，需要对政策进行调整。	劳动和工业部评估了积极行动训练项目，发现雇员们错误地认为对歧视的投诉将会送交很少顾及这些歧视的直接主管，而不是送交积极行动的主管。

续表

阶　段	特　　征	举 例 说 明
政策延续	负责政策评估的机构和政策制定者本人都认识到政策不再需要了，因为问题结束了。政策没有被终结，而是被延续下来，用以解决新的问题和达成新的目标。	国家高速公路安全管理部门（NHTSA）在说服国会保留 55 英里/小时时速限制，因为它正在实现减少交通伤亡和财产损失这一新目标。
政策终结	负责评估和失察的机构决定（正确或错误地）某项政策或整个机构应被终结，因为已经不再需要它了。	国会终结了技术评估办公室（OTA）及其项目，理由是其他机构和私人部门能够评价技术上的经济和社会影响。终结这一问题在政治上是有争议的。

资料来源：威廉・N. 邓恩，2011：31。

学者们十分欢迎这种对政策进行阶段分析的方法，因为它与政策科学自认为不错的理性方法十分契合。官僚们也认为这种阶段分析模型很有吸引力，这种理论对政府行政机关和立法机关的工作做了明确划分，因而使官僚机构在代表制体系中的角色地位得到合法化。对于政策制定者而言，政策阶段分析模型说明了政策过程与民主理论的一致性。根据这一模型，政策制定者从社会广泛吸取建议，制定政策，然后把制定的政策交给其他政府部门加以实施。

2.3　政策过程阶段论的贡献与争议

2.3.1　政策过程阶段论的贡献

尽管政策过程阶段论在随后受到了许多质疑与批评，然而，大多数人仍然认为，政策过程框架和它划分的不同阶段在 20 世纪 70 年代和 80 年代至少是较好的框架，因而占据中心地位。作为一种盛行 20 年之久的理论，政策过程阶段论对政策科学发展的贡献是不容置疑的。

纳卡穆尔（Nakamure，1987）从三个方面分析了政策过程阶段论被广为接受的原因。对于社会科学家来说，是因为这一模型与政策科学中的理性主义要素相吻合：政策形成类似于形成假设，政策执行类似于对假设的试验，而评估类似于对假设的验证；对于官僚和其他政策制定者来说，它既适应了官僚对权力的需求，也说明了公共行政中一系列做法的历史合理性；同时这一模型也与民主的规范相一致，即政治与行政相分离，政策评估则代表了监督。

德利翁（DeLeon，1988）认为政策过程阶段论是一个更具概念化倾向的模型，而不是针对某个具体的政策领域的，因此它可以用于各个不同的政策领域。这一范式有助于政策科学从一个纯学术的方向走向一个更具判断性的艺术、行业。因为把一个政策周期区分为若干阶段的思想意味着不同的概念、途径和方法适用于不同的政策阶段，这需要人们判断的艺术。与此同时，这种细分的研究也极大地丰富了政策科学的知识体系。对政策过程的强调使政策研究摆脱了对公共行政和制度研究的严重依附，并有助于与先前截然不同的问题导向的研究趋向合理化。

豪利特与拉米什(Howlette and Ramesh,1995)认为政策过程阶段论的最重要贡献在于,它通过将政策过程的复杂性划分为有限的各个阶段和子阶段,对这些阶段可单独考察,或者根据与其他阶段和政策循环的关系来考察,从而使得理解公共政策的制定更为容易。通过多个案例研究和对不同阶段的比较研究有助于理论建设。这一模型的另一贡献是,它使人们得以考察与一项政策相关的所有行动主体和机构的角色,而不仅局限于正式承担任务的政府机构。

安德森(Anderson,2003)认为政策过程阶段论的贡献主要表现在以下五个方面:第一,也是最重要的,它能让我们把注意力放在制定政策的官员和机构以及影响和制约他们行动的要素上。政策过程的研究方法不仅帮助我们了解政策制定和公共政策,还让我们用一个更全面的视角审视政府的运作。第二,政策制定通常包括了我们所介绍的各个阶段的活动。这种有序的性质可以帮助我们掌握和理解实际政策过程的活动流程。第三,政策过程的分析方法是灵活的,它提供了改变和修正的空间。它可被用来研究一个单独的政策,也可被用来比较几项人权立法的制定和实施。此外,团体、制度和其他的政策研究方法也都适用于政策过程。第四,政策过程的分析方法是动态的和发展的,而不是静态的和平面的。它关注政策的演进并要求我们思考政策活动阶段转化的动因,强调政策制定参与者之间的关系和互动。第五,政策过程的分析方法并没有"文化界限",它可被用于研究国外政治系统的政策制定。同时,它还很容易进行有效的比较,比如,在不同的国家,问题是怎样进入政府政策议程的?政策是怎样被各国政府采纳的?

萨巴蒂尔与史密斯认为政策的阶段分析模型引入的新概念使我们得以对过去在制度性框架中较难察觉的议题进行有用的分析,其中最有用的议题就是政策的影响,也就是政府部门在实际生活中实现政策目标的能力。另外,公共政策的阶段分析模型提供了一个有用的概念框架,把复杂多样的政策过程分解成能够加以分析的环节。随之产生一系列很有用的"致力于阶段分析"的研究,特别是有关议程设定和政策实施的研究。

综合上述学者的观点,我们可以把政策过程阶段论的贡献概括为:为人们理解复杂的政策过程提供了一个简化的模型;把复杂、抽象的政策过程分解为若干简单具体的阶段,为开展大量的经验研究、比较研究提供了可能性,从而在丰富政策科学知识体系的同时,为进一步理论建构打下基础;帮助政策科学尽快地从政治学、公共行政学中脱离出来,成为一个相对独立的学科;由于具有高度的抽象、概括性,因此这一模型不仅适用于不同的政策领域,而且可以适用于不同的文化(魏姝,2002)。

2.3.2 政策过程阶段论的争议

1. 政策过程阶段论受到的质疑

20世纪80年代后期,政策过程阶段论开始受到严重的质疑和批评。公共政策学者盲目接受和教条式运用阶段路径的状况开始得到纠正,他们指出了阶段论的缺陷或不足之处,其中以纳卡穆拉、德利翁、帕隆伯、萨巴蒂尔、古门森、米诺古、豪利特与拉米什以及詹金斯-史密斯与萨巴蒂尔等人的批评比较有代表性。

纳卡穆拉(Nakamure,1987)在论文《教科书上的政策过程与政策执行研究》中提出了自己的质疑,认为尽管政策过程模型被广为接受,但是,由于其核心概括,如政策形成、政策执行、政策评估等不仅对于不同的使用者有不同的意义，而且在不同的时间也有不同的意义，因此它不能作为一个范式来使用。政策过程模型在理论上未能清楚地描述现实发生的政策过程，并由此产生了实践中的错误应用。

德利翁(Deleon，1988)认为，政策过程阶段论使学者每次只看一个阶段，而忽视整个过程。很多政策研究者及政策制定者开始把政策过程看作一系列截然不同的活动，他们描绘了一个不连贯的、分成碎片的过程，而不是一个不间断的、连续的过程，同时一个政策现象看起来发生在很短的时期内。对很多人来说，政策过程阶段意味着一种线性过程，而不是一系列的反馈和循环过程。

古门森(Gummesson，1991)指出：以实证论为基础的政策过程通常将政策过程视为逻辑的、理性的、步骤的活动，从问题的认定到最后的结果都必须依据客观法则，近年来此种决策模式在企业管理上已经受到挑战。

豪利特与拉米什(Howlette and Ramesh，1995)分析了政策过程阶段论的三大缺陷：首先，它可能会被误解为建议政策制定者解决公共问题时需要遵循系统的，或多或少地遵循线性的模式。现实显然并非如此，问题界定与解决方案的开发执行通常是一个专门的、个别化的过程。决策者通常根据环境作出简单的反应，并根据兴趣和事先的意图部署行动。其次，尽管政策循环的逻辑在抽象层面可能是完善的，在实践中这些阶段则通常会被压缩或跳过，或者并非按照应用性解决问题的逻辑次序展开。这样，循环可能并非是简单的往复循环，而是一系列小小的循环。简而言之，通常不存在模型中所描述的一个线性的政策行进过程。最后，该模型缺乏因果关系的观念。它没有指出什么因素或什么人驱动一项政策从一个阶段走向另一阶段，而这一内容对于研究该问题的学者具有重要的价值。

对政策过程阶段论最有力的批判来自于史密斯与萨巴蒂尔。他们从以下六个方面提出了对政策过程阶段论的批判：

(1) 政策过程的阶段分析模型不是一个具备因果关系的模型，模型中没有明确的推动力促使政策过程从一个阶段发展到另一个阶段，并在任意阶段引发一系列活动。虽然这一模型把政策过程划分为可以分析的单元，但是它没有指出各单元间的联系、动力、影响等构成一个理论模型核心的关键因素。

(2) 因为阶段分析模型缺乏因果关系，这一模型也就不能为实证假设检验提供明晰的理论基础，而因为这一基础的缺乏，也就不可能在实证基础上对这一模型进行确认、修正和补充。

(3) 政策过程的阶段分析模型认为政策过程从设定议程开始，随后顺次进入政策制定、政策实施与政策评估等几个阶段，但这种描述并不准确。

(4) 政策过程的阶段分析模型与生俱来具有尊重法律、自上而下的特点，这种特点造成了理论的缺陷。这一理论把注意力集中到确定议题、制定政策，以及实施政策这个特定的循环圈，关注立法者的意图以及政策提案的命运。这种自上而下观察问题的方法，容易忽略政策过程中其他重要的参与者，这种理论把政策仅仅局限于一向特定的立法，当政策源自众多互相交叠的指示与参与者，而他们中间并没有谁居于支配地位时，这种理论就不适用了。

(5) 政策过程的阶段分析模型强调政策循环圈可以以时间为元素进行分析，这是不妥当的。通过对一系列政策领域的分析，我们发现政策演变通常包含多重循环圈。这些循环圈的形成是源自各个政府层级的参与者，他们通过确定政策领域变化的背景下，由相互竞争的政策精英形成新的政策提案，来形成众多的循环圈。因此，我们不应仅仅关注由一个特定的政府层级所产生的政策循环圈，一个更加适当的模型应当着重研究包含各层级政府在内的、多重的、互动的循环圈。

(6) 政策过程的阶段分析模型没能把政策分析和贯穿整个政策过程的政策学习结合起来。这一理论把分析止步在政策评估阶段，以及随后对特定政策的影响所进行的测评，这种研究方法过于简单。

然而，萨巴蒂尔、纳卡穆尔等人并不否认政策过程的阶段性，真正的反阶段论者是渐进论者、新制度论者和后实证论者。例如，渐进论者林德布罗姆(Lindblom)认为在政策运行过程中议程设置常与政策执行混在一起，政策问题本身绝不可能完全获得解决，政策评估更非政策过程的结束。因此，政策过程是没有开始、没有终结的复杂的互动过程。

2. 政策过程阶段论者的反驳

针对这些批评和质疑，布鲁纳(Brunner)和德利翁(Deleon)等阶段论者也进行了反驳(Deleon，1999)。他们认为：

(1) 批评者的主要缺陷在于他们对中心理论的作用以及公共政策学作为科学的目的的理解是基于狭隘经验主义的，且对于实证的理解过于狭义。

(2) 阶段论者并不认为他们进行的阶段划分是一个理论模型，而认为只是一种启发式的方法。政策过程的每一个阶段及其转换都因行为和目的的不同而有所区别，即各阶段的行动主体都会是不一样的。阶段论有助于对日常描述的政策交易网络进行无缝分解，每个具体部分及其过渡都可以由具体的行动和目的加以区分。但是，萨巴蒂尔等人却把不是理论模型的阶段论当作理论模型来批评。

(3) 阶段论者从未宣称政策过程的阶段是单向、直线、无反馈回路的，因此萨巴蒂尔等人的批评缺乏针对性。

(4) 德利翁等人总结性地提出了正确看待阶段论的建议。政策过程的阶段论从未给我们所期望的所有东西，我们没有必要拔高它的地位，同时我们要考虑的更为核心的问题是，什么是我们真正要求它提供的？德利翁等人认为，阶段论的优势在于当政策过程本身存在阶段差异时，它是区分政策行为的有用的工具，缺陷是缺乏预测的能力。

政策过程阶段论的支持者甚至指出，在批判政策过程阶段论基础上发展出来的许多替代性的政策过程理论事实上仍然可以纳入政策过程阶段论之中。例如，多源流解释框架(the multiple-stream framework)、政策网络(policy network)、倡议联盟解释框架(the advocacy coalition framework)、间断—均衡理论(punctuated-equilibrium)等。

各种替代性的政策过程理论都或多或少地可以归入政策过程阶段论所提出的某个阶段的研究之中，因此可以说，政策过程阶段论构成了其他政策过程理论发展的一个平台。相反，任何其他的替代性政策过程理论都没有这个能力。总的来看，阶段论者认为该视角在政策实践中仍然非常有用，且有其存在的价值，尚无更好的理论来替代，并且阶段论是对政策过程进行结构化的非常有帮助的方式(Birkland，2001)。各种替代性政策过程理论的提出恰恰证明了政策过程阶段论的一大理论贡献，即把复杂、抽象的政策过程分解为若干简单、具体的阶段，为开展大量的经验研究、比较研究提供了可能性，从而在丰富政策科学体系的同时，为进一步的理论建构打下基础。尽管如此，学术界关于政策研究整体上超越了阶段理论，虽然这种政策研究的“教科书方法”曾经做出了重要贡献，而且直到现在还对我们有启发意义，但是这种方法已经不能再承担指导教学研究的重任。

2.4 超越政策过程阶段论

2.4.1 政策子系统与政策网络

总体而言，政策过程的阶段分析在20世纪70年代和80年代早期发挥了一定作用，但是这种理论已经过时，需要被其他理论所替代或者进行全面修正。对阶段理论的怀疑、批评以及对更好政策理论的探求，推动着政策研究的不断进步，也促使学界拓展对公共政策的分析视角，试图超越阶段理论，构建新的分析框架或体系，其中政策子系统和政策网络的研究就取得了丰富的成果。关注决策过程的各种主体及其之间的相互作用，强调从结构而非功能角度理解政策过程，是政策子系统和政策网络研究的特征(朱亚鹏，2013)。

作为一种描述和解释长期动态、涉及复杂网络与互动关系的政策过程的分析手段，政策网络是将网络理论引入政治学和政策科学而形成一种分析途径和研究方法。一般认为政策网络的概念产生于美国，发展于英国，现在流行于西方学界。政策网络分析的理论来源有二：一是盛行于20世纪六七十年代的组织社会学，尤其是组织间关系的相关研究；二是源于政治学领域关于次系统和政策社群的研究，是20世纪五六十年代精英主义和多元主义关于权力讨论的产物(Klijn，1996；朱亚鹏，2006)。

早期政策网络分析侧重于研究利益集团和政府机构之间的关系，而后政策网络的概念被上升到宏观层面的治理高度。虽然学者们都认同政策网络在政策过程或政治过程中扮演重要的角色，但对于其内涵和本质的认识和理解并没有形成一致看法。政策网络的研究在发展过程中形成了不同的理论和流派，从分析层次的角度可以分为微观、中观和宏观三个层次。由于政治制度不同，承袭的学术传统不同，欧美各国对政策网络研究形成了不同传统和学派。美国学者往往强调微观层面上的人际关系的重要性。英国学者则从中观层次使用政策网络来揭示利益集团与政府之间的关系。德国、荷兰学者则将政策网络提升到宏观层面，使之成为与政府、市场并立的一种治理形式或者治理过程。

美国学者的政策网络研究从政策次系统的角度出发分析微观层面上政治主体之间的相互影响，强调个人之间的互动关系而不是政治机构之间的结构。其重要贡献在于提出政策网络的概念，使人们对政策过程的研究从仅关注国家主体扩大到同一层次的铁三角，进而延伸到以兴趣和责任为纽带的议题网络，再到分散到不同层级、包括各种社会主体的、有共同的信任系统和政策主张的倡导联盟。美国学者，尤其是赫柯罗提出议题网络的概念对政策次系统本质给予重新的定义和解释，引发欧洲学者的学术兴趣，推动了政策网络研究的深化和发展(Howlett & Ramesh，1995)。

英国学者大多将政策网络视为一种利益中介模型，从中观层面对其进行研究。英国学者认为由于政策网络的参与者在君主立宪体制下主要包括政府与相关利益团体，因此二者之间的资源交换与权力互赖关系将是研究重点。英国政策网络研究建立在对多元主义和合作主义的批评之上，是对两者的替代，主要强调利益集团和政府部门关系的连续性和利益集团的协调(Howlett & Ramesh,1998)。英国研究传统的代表人物是罗茨。他认为政策网络的研究起源于英国，重视从中观的角度来分析利益集团与政府之间的关系，政策网络中关键构成部分是政治机构间的结构关系(Howlett & Ramesh,1998)。在英国学者的发展和推动下，美国传统的铁三角和议题网络逐渐被政策网络和政策社群所取代。

德国和荷兰学者则将政策网络定位于较为宏观的治理层面，政策网络被用来描述和分析国家和市民社会的关系。20世纪七八十年代，欧洲社会发生深刻变化，私营部门迅速发展，政府角色逐渐减弱，公共部门与私营部门之间的相互依赖关系不断加强，国家和社会的界限日益模糊，国家机构和社会的不同部门共同参与公共治理过程。政策网络被用来描述这种治理形式的巨大转变，是与市场、官僚等级制三足鼎立的第三种社会机构形式与国家治理模式(Kennis & Schneider,1991)。政策网络是介于政府与市场之间的治理模式，可以弥补市场失灵和政府失败。

政策子系统是政策研究中最古老的概念之一(Jochim & May,2010)。公共政策制定大多发生在彼此独立的政策子系统之内，而这些政策子系统则由处理特定政策问题的各种主体构成。最早的政策子系统概念由美国的早期多元论批判者提出，他们提出了小政府的概念，指一些以常规方式相互影响的社会和政府主体的集团(DeHaven-Smith & Van Horn,1984)。他们发现利益集团、国会委员会和政府机构在讨论法律、法规等事务中存在稳定的相互影响的关系，并在这个过程中建立了一种相互支持的系统。而在农业、交通和教育领域经常把这三边关系称为铁三角，用来形容其在政策过程的许多方面都具有牢固的控制力。

赫克罗(Heclo,1978)也对政策子系统进行了描述，提出了议题网络，指出美国一些地区的政治生活以一些利益代表组成的制度化系统为组织形式，而另一些地区则不是。他认为政策子系统是一个谱表，一端是铁三角，另一端则是议题网络。其不同在于，铁三角和小政府是享有独立自主权力的小范围参与者，而议题网络则是由大量有着不同程度共识并在同一环境中相互依赖的参与者组成。同时，铁三角是稳定的参与者联盟，控制相当小范围内的对联盟成员有直接经济利益的公共项目，而议题网络中参与者不断进入或退出网络。

随着研究的推进，豪利特和拉米什提出政策子系统是由拥有政策知识的政策社群和追求利益的政策网络组成，其特征对政策变迁具有很大影响。这一概念突破了实证主义研究关于主体与结构，尤其是用制度化方式界定国家与社会的僵化区分(Howlett & Ramesh,1998)。学术界流行的很多理论框架都是建立在子系统概念的基础上的，如倡议联盟框架、间断均衡框架等。间断均衡框架最初由鲍姆加特纳和琼斯(Baumgartner & Jones,1993)提出，认为美国的政策制定具有长期的渐进变迁伴随短期的重大政策变迁的特点。当政策反对者力图形成新的政策图景，利用美国政策多样化这一特征时，就有可能发生短期的重大政策变迁。间断均衡框架最初用来解释立法的变迁，后又被用于解释包括联邦政府预算的长期变迁在内的一些特别复杂的问题(Jones, Baumgartner & True,

1998)。

倡议联盟框架最初由萨巴蒂尔和金肯斯-斯密斯(Sabatier & Jenkins-Smith,1988、1993)提出,其关注的焦点是倡议联盟之间的互动作用,每一个倡议联盟都是由来自政策子系统中不同组织的行为者组成,他们拥有共同的政策信仰。政策变迁既是子系统内部竞争的结果,也是子系统外部所发生事件影响的结果。倡议联盟框架描述了政策精英的信仰系统,分析不同联盟之间进行政策取向型相互学习所需要的条件。

然而,现实中的许多政策问题是十分复杂的,通常跨越不同政策领域以及相应的政策的子系统。从公共政策过程的角度来看,现实中政策子系统的概念对涉及跨域不同子系统的问题及其解决仍具有局限性。因为不同的子系统从各自角度出发理解问题和提出对策,基于不同决策经验和利益,使决策之间往往会出现分歧。因此,如何形成超越子系统局限的整合决策,就成为政策研究的重中之重。

约克西姆和梅(Jochim & May,2010)认为,公共政策研究应超越政策子系统的分析框架,提出跨越边界的政策体制框架。该框架是一种跨越不同子系统,倡导整合性政策的治理模式。这些政策体制超越了个别的子系统,不仅关注政策执行,还通过对与某一特定问题相关的各个子系统的主体施加压力,使其趋向共同的目标。决策者塑造各种影响力量,推动政策体制后的理念,建立可促进行动协调一致的制度安排,塑造可以推进利益动员的各种力量,以便寻求政策团结一致,达到治理的目标。

琼斯和金肯斯-斯密斯(Jones & Jenkins-Smith,2011)提出政策地形框架,强调了关联子系统及其之间的联系对政策变化的影响。在特定政治系统中,公共舆论、相互关联的子系统群和他们施展的政策场域构成了政策地形。在相互关联的政策子系统中存在相互支持或敌对的倡议联盟,而政策企业家在其中进行战略活动,政策位置提供了规则,塑造相关主体的机会或障碍。相互关联的子系统之间在形式上和内容上的联系可以跨越子系统的边界,会制约或促进子系统之间的信息和观念的交换。公共舆论是政策地形中最根本的要素,基于共同关注问题的显著程度、议题与本子系统的紧密程度以及网络主体的有目的的行为等因素,公共舆论与政策地形的其他要素相互作用。关联子系统对政策后果的重要影响在于某个政策子系统的变化可能对相关子系统产生溢出影响。

2.4.2 寻求更好的理论

虽然阶段理论仍然具有一定的理论和实践价值,但政策子系统和政策网络已经将其取代成为当前政策研究中的主导范式。但是当前的主流范式也并不是完美的,仍存在许多不足,需要研究者不断探求新的分析框架。无论是阶段论还是反阶段论,都需要我们清楚认识其优势和缺陷才能够充分吸纳和汇聚各种理论的精华,取长补短,发展出更趋于完善的公共政策理论、模型及分析框架。理论是由一系列逻辑相关的假定所组成的,旨在解释一组客观存在的现象。一个科学理论的判断标准应体现在以下五个方面(Lave & March,1975; King、Koehane & Verba,1994;Sabatier,1999):

(1) 理论应该具有逻辑的内在一致性。清晰界定关键术语,且在逻辑上保证主要关系的前后一致性。如果缺乏内在一致性,证伪能力将成为问题,且一系列假定所隐含的启示也是不清楚的。

(2) 理论应该有清楚的动因和一定程度的因果过程。科学理论是解释某类现象是如何发生的因果理论。这些理论应该明确什么是决定系统根本性的关键驱动因素，进而分析这些动因通过哪些过程或机制来影响系统内的其他变量。

(3) 一些关键的命题在经验上应当是可证伪的。证伪能力是科学区别于其他人文知识领域的重要内容。由于不同的假设，相互之间存在着逻辑的关联性，一个理论的有效性是能够被评估的。

(4) 理论的取向范围应该是清晰和相对广阔的，尽管随着时间的推移它可能发生较大的变化。

(5) 理论应该是能够繁衍的，即理论应能够引领和产生某种启示，从而发展超越其初始范围，产生较大数目的、有意义的预测或假定。

科学的理论提供了一个浓缩包以及多组具有逻辑连贯性的关系、方向和假设，从而对一组现象进行解释。分析框架、理论和模型能够被概念化为连续统一的分析体，其中，价值和关系的逻辑相关性和特异性依序逐步增大，范围则逐渐变小，政策研究领域中大部分的理论结构将适合作为分析框架。因此，研究者能够仰赖一套明确具体的指标，评判一种理论性框架是否具有适用性和发展前景(Sabatier，1999)。

(1) 任何一种框架都必须准确地符合科学理论的标准，即框架的概念和假设必须相对清晰，并保持内部的一致性，必须界定清楚因果因素，必须能产生经得起检验的假设，同时，框架还得保持相当广泛的适用范围，如适用于不同政治系统的大部分政策过程。

(2) 任何一种框架都必须以一定数量的概念发展和实践检验为条件。

(3) 任何一种框架都必须是旨在解释大部分的政策过程的实际理论。

(4) 任何一种框架都必须能够表述出一系列影响因素，诸如冲突性的价值和利益、信息流向、制度安排和多样化的社会经济条件等。对于站在政策制定的不同视角的传统政治学者来说，这些影响因素是极其重要的。

纵观公共政策研究领域中的各类分析框架，其中大部分分析框架都是前景较好的总体性框架。但要进一步发展成为更具逻辑整合性和缜密性的理论分析框架，同样需要有一套明确的指标，将最小的、一般的分析框架转化为更为宽泛的分析框架，并最终成为十分完善的理论。这包括了以下更为具体的指导方针(Sabatier，1999)：

(1) 具备足够清晰的分析框架以便证伪。我们从错误中学习，而模糊的概念和命题不可能被证明是错误的，因而在缺乏学习的情况下，便没有激励去矫正矛盾、修正错误的关系，或精心改进分析框架。清楚和明确的假设能够吸引其他学者的认真审视，并对这些假定进行修正。

(2) 尽可能地使分析框架或理论的概念变得抽象。概念越抽象，分析框架或理论的范围就越宽泛。宽泛的命题更可能在具体情境中被证伪或证实。

(3) 思考因果过程。变量间的相互影响，以及影响过程的确切机制是什么，对一个因果过程中的诸多步骤的仔细考量，是进一步浓缩总体性的分析框架，并向更具逻辑关联性的理论转化的关键步骤之一。

(4) 发展出一个关于个体行动者的内在一致的分析模型。在一定程度上，这是发展出因果过程的清晰链条的关键基础。由于从根本上说，政策制定是由人或组织完成的，个人或组织可以是决定整个政策过程的关键。因此,分析模型应该包括从根本上驱动个体行为的目标或规则、行为者获取并处理信息的能力、行为者的决策规则以及他们在政治上的相关资源。

(5) 关注内部的不协调性和相互关联性。这是由最小的分析框架向更为浓缩、内部连续性更高的分析框架和理论发展的另一项根本任务。既包括用以确认不连续性和反常事物的经验性工作,又包括解决上述问题的逻辑思考。

(6) 在一群学者中发展一个包括理论性阐释和经验性验证的长期性研究项目。在所有的指导方针中,这一条可能最为重要。实现这一目标需要一系列的步骤,包括分析框架的最初公布;作者进行经验研究以将分析框架准确地应用于不同的环境之中;明确鼓励其他学者在他们精通的环境中做同样的工作;有一个基于经验研究和逻辑分析而对分析框架进行修正的明确意愿;培育一个包容于一个共同的研究项目的学者群体。培育这样一个学者群体所需要的特定的技术包括;明确鼓励其他学者准确地应用该分析框架;对有志于该分析框架的年轻学者的学术论文和会议论文进行评论;提供激励,如给予基金或发行渠道,以激励学者的兴趣;创建讨论会和其他形式的机制,作为对该分析框架感兴趣的学者们的交流渠道。

(7) 运用多元的理论。这既包括关于多种理论的丰富知识,又要尽可能地在经验研究中运用多种理论。这样能够防止研究者假定一个特定的理论就认为是完美无缺的,并引导出一个正确的评价,即不同的理论在不同的环境中具有各自相对的优势。同时也有利于了解其他理论,有助于对研究者所偏爱的理论中一些不清楚的假定保持足够的敏感度。

复习与思考

1. 什么是政策过程?它有哪些特征?
2. 政策过程有哪些阶段?
3. 政策过程阶段论的代表性人物有哪些?他们有哪些主要观点?
4. 政策过程阶段论的有哪些重要贡献?
5. 政策过程阶段论面临的批评与质疑有哪些?
6. 试对政策网络与政策子系统进行比较研究。
7. 试对政策过程阶段论与反阶段论之争进行评析。
8. 如何评判一个政策过程理论的好坏?

参考文献

1. Anderson, J. E. (2003). Public policy making: An introduction. Boston: Houghton Mifflin Company.
2. Baumgartner, Frank R. & Bryan D. Jones (1993). *Agendas and Instability in American Politics*. Chicago: University of Chicago Press.
3. Birkland, T. A. (2001). *An Introduction to the Policy Process: Theories, concepts, and models of*

public policy making. Armonk, N. Y.: M. E. Sharpe.

4. Brewer, Garry D. & Peter DeLeon(1983). *The Foundation of Policy Analysis*. Chicago, IL: Dorsey Press.
5. Brewer, Garry D. (1974). The Policy Sciences Emerge: To Nurture and Structure a Discipline. *Policy Sciences*, 5(3): 239-244.
6. Cochran, Clarke E., Mayer, Lawrence C., Carr, T. R. &Cayer, N. Joseph (1993). *American Public Policy: An Introduction*. New York: St. Martins' Press.
7. DeHaven-Smith, Lance & Carl E. Van Horn. (1984). Subgovernment Conflict in Public Policy. *Policy Studies Journal*, 12(4): 627-642.
8. DeLeon, P. (1988), Advice and Consent, New York: Russell Sage Foundation.
9. DeLeon, P. (1999). The Stages Approach to the Policy Process: What Has It Done? Where Is It Going. In P. A. Sabatier ed. *Theories of the Policy Process*. Boulder: Westview Press.
10. Dror, Yehezkel (1989). *Public Policymaking Reexamined*. New Brunswick, NJ: Transaction Publishers.
11. Dye, Thomas R. (2008). *Understanding Public Policy*. New York: Prentice Hall.
12. Gummesson, E. (1991). Qualitative Methods in Management Research. New Bury Park, CA: Sage Publications, Inc.
13. Heclo, H. (1978). Issue Networks and the Executive Establishment. In King, A. (ed). *The New American Political System*. Washington, DC: American Enterprise Institute.
14. Howlett, M. & Ramesh, M. (1995), Studying Public Policy: Policy Cycles and Policy Subsytems, Oxford University Press.
15. Howlett, M. & Ramesh, M. (1998). Policy Subsystem Configurations and Policy Change: Operationalizing the Postpositivist Analysis of the Politics of the Policy Process. *Policy Studies Journal*, 26(3): 466-481.
16. Jochim, A. E. & May, P. J. (2010). Beyond Subsystems: Policy Regimes and Governance. *Policy Studies Journal*, 38(2): 303-327.
17. Jones, Bryan, Baumgartner, Frank & True, James. (1998). Policy Punctuations: U. S. Budget Authority, 1947-1995. *Journal of Politics*, 60(1): 1-33.
18. Jones, C. O. (1997). *An Introduction to the Study of Public Policy*. North Scituate: Duxbury Press.
19. Jones, M. D. & Jenkins-Smith, H. C. (2011). Trans-Subsystem Dynamics: Policy Topography, Mass Opinion, and Policy Change. *Policy Studies Journal*, 37(1): 37-58.
20. Kenis, P., & Schneider, V., 1991, "Policy Network and Policy Analysis; Scrutinizing a New Analytic Toolbox", in B. Martin & R. Mayntz (Eds.), Polzcy Network,, Empirical Evidence, and Theoretical Considerations(pp. 25-29). Frankfurt am Main; Campus Verlag.
21. King, Gary, Robert Keohane & Sidney Verba. (1994). *Designing Social Inquiry*. Princeton: Princeton University Press.
22. Klijn, Erik-Hans (1996). Analyzing and Managing Policy Process in Complex Networks: A Theoretical Examination of the Concept Policy Network and Its Problems. *Administration& Society*, 28(1): 90-120.
23. Lave, Charles & James March. (1975). *An Introduction to Models in the Social Sciences*. New York: Harper & Row.

24. Nakamure, R. T. (1987). The Textbook Policy Process and Implementation Research. *Policy Studies Review*, 7(1): 142-154.

25. Rhodes, R. A. (1997). Understanding governance: Policy networks, governance, reflexivity and accountability. Open University Press.

26. Sabatier, P. A. & Jenkins-Smith, H. C. (1993). *Policy change and Learning: An advocacy coalition approach*, Boulder, CO: Westview Press.

27. Sabatier, P. A. & Jenkins-Smith, H. C. (1988). Policy Change and Policy-Oriented Learning: Exploring an Advocacy Coalition Framework. *Policy Sciences*, 21: 123-272.

28. Sabatier, P. A. (1999). *Theories of the Policy Process*. Boulder: Westview Press.

29. 宁骚. 公共政策学. 北京：高等教育出版社，2011.

30. 威廉·N. 邓恩. 公共政策分析导论. 北京：中国人民大学出版社，2011.

31. 魏姝. 政策过程阶段论. 南京社会科学，2002，3.

32. 小约瑟夫·斯图尔特、戴维·M. 赫奇、詹姆斯·P. 莱斯特. 公共政策导论. 北京：中国人民大学出版社，2011.

33. 詹姆斯·E. 安德森. 公共政策制定. 北京：中国人民大学出版社，2009.

34. 朱亚鹏. 西方政策网络分析：源流、发展与理论构建. 公共管理研究，2006，1.

35. 朱亚鹏. 公共政策过程研究：理论与实践. 北京：中央编译出版社，2013.

第3章

议程设置

议程设置是政策过程或政策循环的第一个环节，也是最为关键的环节，政策的方向和轮廓在这一过程中所决定，如果不知道政策议题的设定过程，就不能把握决策的真相。虽然政策过程的每一个阶段在理论上都是独立的，但每个阶段在实践中会相互交叉和影响，关注的焦点问题和议题被确定为政府议程的渠道和过程十分复杂，是多方面因素共同作用的结果。议程要最终成为政策并由政府实施，还要经过复杂的程序，这一阶段对全部政策过程以及政策结果具有决定性影响。

3.1 政策问题与议程设置

3.1.1 政策问题的性质

公共政策议程与公共政策问题的界定是一个连续的过程。在一项政策选择之前，问题首先必须得到承认，如果问题无法进入议程，也就无从考虑采取行动。

社会问题是为多数人所承认的、偏离某些社会规范的社会状况，是一种客观存在的社会失调现象。各种社会问题均会在一定时期内引发社会失调和利益失衡，对全体或部分社会成员以及社会本身的发展会产生直接或间接的影响、危害，从而破坏社会正常运作、妨碍社会协调发展，是一种综合的社会现象。同时，社会问题需要为社会大多数人所共识或予以关注，并依靠社会力量加以解决和改变。

社会在发展进程中，任何时期都会面临许多不同的社会问题，比如人口增长与经济发展问题、人口老龄化问题、失业问题、医疗和社会保障问题、贫富差距问题、农村劳动力转移问题、基础教育问题、城市化进程中的城市病问题、环境污染与环境恶化问题、社会治安问题、交通问题等。

但是，并非所有的社会问题都会作为政策问题进入政策的议程。随着个人的挫折、不满出现，必须谋求解决方法时，一个问题就已经产生了，若这些问题并未引起他人或社会大众的关注时，仍属于个人或私人问题；而当无直接相关的他人或群体也关注问题的解决时，即演变成一个公共问题或社会问题；更进一步的，若当问题受到政府权威机构的关注，并商议可能的解决方案时，就成为一项政策问题，有赖于政府相关权力机关以政策的方式干预并解决。因此，社会问题是公共政策的起点和诱因。随着公众和政府对部分社会问题的普遍关注，某一类社会问题就会逐渐升级为政策问题，并进一步通过政策议定，形成政策决策，进而执行和实施具体政策。政策问题就是由政府列入政策议程，并通过采取一系列的行动加以解决的问题。

对政策问题的概念界定，学术界存在多种观点。政策问题是指一种无法实现的需求、价值或机会，也许可以通过公共行动加以改善(Dery，1984)。安德森(Anderson，1979)从政策意图的角度，认为那些促使人们行动起来去解决的社会问题才是政策问题，政策问题是一种引起人们需要和不满足，并对其寻求援助和补偿的条件和环境。邓恩(Dunn，2008)则从构建问题对政策分析的重要性的角度，提出政策问题是通过公共活动得以实现的需要、价值或改进的机会，这种公共活动主要表现为问题构建这一政策分析程序，也就是指分析人员在不同的利益相关人员或团体中连续、反复地探索问题的阶段。公共问题、社会问题只有当通过个人或团体的提出，并在政府部门的职责和权限范围内，同时政府也试图采取干预的手段去解决、列入政府议程，此时的问题就成为政策问题。

综合上述观点，我们将政策问题定义为，一种客观存在的违反社会规范、价值原则、颠覆利益平衡并产生重大不良影响的社会公共问题，它为大多数社会群体所认知，并由个人或群体提出，经过一定的渠道和途径反映到政府部门，该问题在政府的职权范围内，并被列入政府的政策议程之中对其寻求解决。公共政策问题可以分为道德性的问题与实质的问题。道德性的问题与个人的公益、平等相关，例如，死刑的存废、堕胎应否合法化、种族平等；实质的问题如国防、外交、教育等，与人民日常生活息息相关。

无论何种政策问题都需要社会的共同关注并予以解决，具有相互依存性、主观性、人为性、动态性等重要特征(Dunn，2008)。其中，政策问题的相互依存性体现在，政策问题并非是单独存在的孤立实体，而是交互依赖、相互影响的命运共同体。某一领域的政策问题经常会影响其他领域的问题，因而产生交错复杂的互动关系，增加了解决问题的难度，因此对于一个政策问题系统中的诸多问题，需采用整体的方式和途径加以解决。

政策问题的主观性是指，导致问题出现的外在情况，是被人们有选择性地定义、归类、解释以及评估的，政策问题是人们的思考作用于环境的产物，是将经验由人的判断转化而成的思想产物。不同人的不同的价值观和经验，对于同一个现象，都会有不同的问题定义或诠释。

政策问题的人为性体现在，由于问题的产生是由于人对社会的不满，以及想要对不满作出改变的需求，因此政策问题是人们主观判断的产物，是基于社会需要而建构、维持与改变的。

政策问题的动态性是指，政策问题与解决方案之间是动态的关系，并非固定不变的。而对同一个问题，也会提出很多不同的解决方法，随着问题在时间和空间上的改变，解决方案也需要相应地更改。

3.1.2 政策议题的类型

对政策问题的建构、诠释方式不同，会产生不一样解决方法的提议；即使对问题的建构、诠释相同，但由于不同的人对问题的看法不同，则也会产生不一样解决方法的提议。因此，当不同的团体或个人对某一问题的建构、诠释方式以及问题解决方法产生不同意见，对于某一项涉及公共利益的问题持有不同的观点或争论时，就产生了政策议题。

从政策议题类型的层级性来看，根据其形成时所处组织层级自上而下可以分为首要议题、次要议题、功能议题和微小议题四类(Dunn，2011)。首要议题是指政府高层人员所需面对的整体性问题，通常涉及机构使命，即有关政府机构的性质、任务、本质、目的问题。次要议题通常包括政府机构内部的计划或方案，涉及确定计划的优先次序，明确目标群体和受益人。功能性议题是计划和项目层级的议题，是指某行政机关内部为了执行政策所面对的诸如预算、财务、采购和人力与物力资源配置问题。微小议题是那些经常在具体工作和组织运作中发现的问题，包括人事、聘任、员工福利、休假时间、工作时数，以及操作程序标准和制度规范等，是最低层级和涉及范畴最狭窄的议题。

随着政策议题的层级向上移动，议题变得越来越相互依存、主观、人为和动态。尽管它们是相互关联的，但某些问题需要战略性政策来解决，而另一些则需要操作性政策来解决。战略性政策是一种一旦实施，其决策的结果相对而言就不可逆转的政策。与此相反，操作性政策的决策结果相对容易逆转，并不涉及在较高层级上面临的风险和不确定性。二者尽管在各种政策上是相互依存的，但需要注意的是，随着政策议题的层级向上移动，政策的复杂性和不可逆转性也相应增加。层级越高的政策议题形式，其复杂性与不可逆转性越强。

3.1.3 政策议程的含义

当社会问题成为政府所关注的政策问题时，其中只有少数意见和要求能够被政策制定者纳入政策制定的日程表中加以进一步考虑，因此，从公共政策问题和议题的确认到正式启动规划和制定一项公共政策，中间还需要一个将政策问题列入政府政策议程的阶段，就是公共政策的议程设置。

对议程设置的界定，不同的学者有各自的理解，但大致可以分为狭义和广义两类。其中，狭义的议程设置以金登(Kingdon)的观点为代表。议程设置指的是罗列一些主题或问题的清单，这些问题是特定时期内，政府官员和政府之外与官员有密切往来的人们十分关注的问题，因此，议程设置实质上就是将所有问题中真正成为关注焦点的问题筛选到列表中的过程(Kingdon，1984)。

广义的议程设置以科布(Cobb)等人的观点为代表。科布和埃尔德(Cobb & Elder，1972)将政策议程看作一系列政治上有争议的问题，这些问题是属于政体合法权限管辖范围内，并受到政策主体关注的问题。从最基本的意义上讲，议程的设定就是从政府角度认识问题的过程。科布等人将议程设置界定为一种过程，议程是把不同社会群体的需求转化为议程上的项目，以及争夺公共官员注意力的过程(Cobb，Ross & Ross，1976)。这类定义中，议程不仅由政府部门或政策制定机构所提出，也来自社会个人或团体，范畴较广。而在现实的政治生活中，广义的政策议程显然更切合实际情况。

议程设置与政策问题存在相关性却不尽相同，政策问题在于反映人们对于现实情境的感受与看法，而议程设置则强调公共问题如何在特定的时间和空间中得到人们的注意与关心(Weiss，1989)。政策制定者在面对众多政策相关者的要求与意见时，并非所有的要求与意见都能顺利地被政策制定者所接受。并非所有的议题都可以进入议程，特别是对于政府部门而言，议程需要经过一系列提案讨论和合法化的程序，才能形成公共政策。凡是那些少数被政策制定者纳入议事日程的要求或即可称为政策议程。因此，政策议程是指将政策问题提上公共部门的议事日程，受到政策制定者的高度重视，被正式确定为亟须解决的政策问题，并纳入政策讨论，最终决定对其采取行动加以解决的过程。而在议程空间有限的条件下，议题是由哪些个人或团体所提出，如何在公共场域中被建构、陈述、行销,都将决定这个议题能否顺利被排上议程。

3.1.4 政策议程的类型

根据不同的分类标准,可区分不同类型的政策议程。科布和埃尔德区分了公共议程和政府议程两个相互关联的议程阶段(Cobb & Elder,1972)。格斯顿(Geston, 1997)划分出实质性议程、象征性议程、公开议程和隐蔽议程四类。

1. 公共议程与政府议程

公共议程,也称为系统议程、公众议程,是指某个社会问题已经引起社会公众和社会团体的普遍关注,他们向政府部门提出政策诉求,要求采取措施解决这些问题的一种政策议程。因此,公共议程是一个众人参与讨论的过程,是一个问题从特定群体向社会公众逐渐扩展的过程。此类议题通常是一般性的、大家共同讨论的议题,公共议程的范围相当广泛,种类繁多,涉及社会生活的方方面面。其形式既可以表现为民众之间的讨论、对话,也可表现为大众传媒对各种问题的报道。公共议程是较为笼统的问题,一般不包括具体的解决问题的方案。

政府议程,也称制度议程、机构议程、正式议程,是指政府部门已经关注某些社会问题,并明确表示必须采取积极行动加以解决的政策议题。由于政府议程是经过政策制定者在政治场域中讨论协商的结果,因此也可称为政策会场(Baumgartner & Jones,1993)。政府议程是相当具体的,不仅停留在讨论阶段,还包括采取一系列方案进行处理和解决,因此也可称为行动议程。政府议程是政府部门从自身立场出发,根据公众的利益表达和需求、国家的需求、社会发展的客观情况以及政治运作过程,针对具体问题所制定的行动方案和政策程序,是具有行动导向性的,因此需要提出较为详尽的问题解决方案。

政府议程可划分为旧项目和新项目两类(Cobb & Elder,1972)。旧项目是指以某种常规形式出现在政策议程中的事项,例如,预算分配、公务员薪资等;新项目是由新的问题或特定事件所引起的项目,经由大众的支持、利益团体的推动或政府官员或机构的倡导而进入政府议程,如某国军事政变对各国外交政策的影响。政府决策者通常对已经存在的旧项目更熟悉,因此会对其进行优先处理。但作为新事项提上政策议程的问题,随着时间的推移也会变成旧项目。从议程设立的主体来看,也可划分为政府部门的特定议程、政府的立法议程和行政长官的决策议程三类(Kingdon,1984)。

2. 实质性议程、象征性议程、公开议程和隐蔽议程

实质性议程是指引起人们普遍关注和回应的议题。实质性议程中,有些议题非常重要而且具有分歧性,通常会引起公众和政府决策者之间的争议。这类议题一般会涉及大量的公共资源的分配,与社会团体间的利益紧密相关。实质性议程的范围广、强度大,且需要有能力引导社会变化的行动主体作出回应,通常情况下,经济问题常是实质性议程中的主要问题。

象征性议程与实质性议程相对应,注重价值而非资源,强调社会共同体的共同意识而非个别群体的经济利益,与人们的价值观、情感和态度等象征力量密切相关。当一些社会问题并不是全社会共有,或其影响范围较窄时,政策制定者常会以象征性的回应予以答

复。同时，当提出的议案过于复杂，政策制定者面对政治、经济或社会的压力，无法找到有意义的解决方法时，政策制定者也会采用象征性议程。象征性地承认一个问题，以最低限度的改变来安抚社会中的不安情绪，是象征性议程所具有的独特的安全阀功能。

公开议程，是指那些被公众或政府部门所公开关注和讨论的议程。前面讨论的大部分议程，如实质性议程和象征性议程，以及公众议程和政府议程，都属于公开议程。隐蔽议程是指，当社会问题客观存在，但未能得到政府部门的关注时，则处于隐蔽的阶段。隐蔽议程被排除在公开的讨论之外的原因，除了政策问题本身的因素不能引发大多数公众关注或超越了政府职权范围，政府决策者刻意忽视一个问题，或有力量阻碍决策者提出和解决一个问题，也是形成隐蔽政策议程的重要因素。在这种情况下，隐蔽议程会对政府的合法性与效能性产生负面影响。

3.1.5 议题进入政府议程的因素

为什么要关注某些问题以及要怎样关注，当问题形成议题后，为什么会受到政府重视，是谁决定了哪些议题得以进入议程，决策的标准又是什么，这些是学者们长期关注和探究的问题。纷繁复杂的社会存在着各种类型的问题，而当不同的团体对某一项涉及公共利益的问题持不同意见并予以关注讨论而形成公共议题时，只有某些公共议题会受到政府的关注，将其纳入政府议事日程，并设法拟定对策予以解决，继而开启一连串持续性的政策制定过程。

议题的提出是多方面因素共同作用的结果，而其在进入政府决策之前，还要经过复杂的程序。一般而言，具有明确性、社会意义、时间相关性、复杂性或绝对重要性等特征的政策议题更容易被更多人所接受，引起更广泛的关注（Cobb & Elder，1972）。议题的明确性指的是问题界定的具体程度，问题界定得越宽泛，就越有可能继续保留在机构的议程上。一个公共议题在被媒体曝光或被公众得知之时，最好将议题的性质界定较广，才能吸引为数较多的公众注意。议题的社会意义指的是一项议题是否具有更广泛的意义，当可以有效地说服公众，并突显该项议题的社会意义时，该项议题也会随之扩大。时间相关性指的是一个问题在多大程度上具有短期的、偶然的重要性，还是代表了更长期、更基本的关注。复杂性指的是确定问题的复杂程度，复杂性越低，问题就越有可能继续保留在机构的议程上，因此如果议题提倡者可以用简单的语言来解释议题，那么它被接受的程度也较高。类型优先性指的是问题在多大程度上是有明确优先性的日常问题，或没有明确优先性的特殊问题，问题越是缺少明确的优先性，就越可能继续保留在机构的议程上。一般情况下，一个社会问题要进入政府议程，需要先经过公共议程，但是由于政府掌握着较为全面和专业的信息，政府决策者能够主动发现问题并提出政策议案，在这样的特殊情况下，社会问题就有可能直接进入政府议程。

政府议程是政治领导人物、政府官员或机构认为重要且需要谋求解决之道的议题组合，因此议题是否能够进入政府议程的决定者，包括了各级行政或立法机构的领导人或团体，他们对可以进入政府议程的议题具有最终的决定作用。同时决策者也受到许多其他因素的影响，包括利益团体的影响、危机或意外事件的发生、社会运动的大规模举行、传播媒体的大量报道以及国际组织与外国势力的影响等（Koenig，1986）。具有共同的理念、利益、地位和资源的利益团体会通过各种游说和宣传策略，促使公共议题进入政府议程，并影响大众的认知和政府的决策。各种危机和突发事件则会使一项公共问题具备迫切的危机感和亟待解决的特殊地位，从而使议题立即成为政策议程的重要项目。媒体的传播和报道可将大众的注意力转移到特定的议题或需求上，进而塑造民意以及民意对于议程设置的影响，一项曝光率高的事件，会快速引起解决的需求而进入政府议程。

同时，从更为广泛的社会及国家背景来看，不同的政治、社会、经济、价值、文化及意识形态等因素也决定了哪些问题能够进入政府议程，这就需要对人类认识的本质和认识的社会结构这样的深层次问题进行探讨。从最初假定社会经济条件导致了一系列问题的出现，逐步发展到问题由政治、社会和意识形态等多种因素所决定。豪利特和拉米什在回顾一个问题如何成为公众关注的焦点的问题时，就对社会政策问题的本质进行了总结和归纳，分为经济和技术决定、政治与经济互动以及观念和意识形态三类主要观点（见表 3-1）。

表 3-1　公共问题决定三种观点

理论观点	内　容	代表人物
经济和技术决定论、趋同论	公共政策是社会发展到一定的水平的产物；在发展水平相当的社会中，其政府面临的社会问题也是相似的，同文化、政治和其他因素相比；与经济发展水平相关的因素对公共政策的解释能力更强；国家的经济结构决定了政府所采取的政策类型。	Sharkansky，1971；Aaron，1967；Cutright，1965；Pryor，1968；Wilensky，1975
政治与经济的互动观点	政治和经济因素都是决定公共政策的重要因素；政治和经济因素应当作一个完整的整体来对待。	Cameron，1984；Katzenstein，1985
观念和意识形态	关注社会和政治观念对政府决定哪种问题必须要解决的影响作用；政治语言构成公共政策，政治或决策议程就是一个用人们在政治演讲中浓缩、沉淀的历史、传统、态度和信念构成的议程。	Flathman，1966；Berger & Luckmann，1966；Hilgartner & Bosk，1981；Edelman，1988；Jenson，1991；Stone，1989

资料来源：作者根据迈尔克·豪利特、M. 拉米什（2006）整理所得。

3.2 议程设置的过程模型

在政策制定过程中，社会问题能否进入政策议程已成为至关重要的一个环节。许多学者对政策议程设置的过程进行探讨，其中比较具有代表性的观点包括：科布、罗斯和洛斯根据政策问题的提出者在议程中的不同作用，以及扩散其影响力的范围、方向和程序，提出了建立政策议程的外部建议模式、动员模式和内部建议模式（Cobb，Ross and Ross，1976）；纳尔逊（Nelson，1984）将议程设置的过程分为问题的认可、采纳、优先化和维持四个阶段；在戴瑞和罗杰（Dearing & Rogers，1996）的议程设置模型基础上发展而成的公共、精英、媒体议程与政府议程的交互模型；金登（Kingdon，1984）以三种信息源流为基础，构建的议程设置过程模型；王绍光（2008）依据议程提出者的身份和民众参与的程度，建构的中国议程设置六大模式，即关门模式、动员模式、内参模式、借力模式、上书模式和外压模式。

3.2.1 外部建议模式、动员模式和内部建议模式

一项公共议题在成为正式的政府议程，通常需要经历议案的初始化、解决方案的描述、问题展开的支持、进入正式议程四个阶段。科布、罗斯和洛斯在对不同国家的议程设定过程进行研究的基础上，首先创建了三种不同的议程设置模式：外部建议模式、动员模式和内部建议模式(Cobb, Ross & Ross,1976)，每个模式都有特定形态的政治体制相联系(见表 3-2)。

表 3-2 政策议程设置过程的三种模式

过程模式	议案初始化	解决方案描述	问题展开	进入阶段	制度特性
外部建议模式	政府外部的社会团体与个人提出	社会团体或个人将政策问题转化为具体的政策要求。	将政策问题扩散至利益相关群体，提高社会关注度，以引起决策者的重视与注意。	政策问题进入机构议程，成为政策制定者的考虑对象。	自由民主制度
动员模式	由政府内部的组织机构或个人提出，尤其是组织领导或者接近领导位置的关键人物	将政策问题具体化为公众需要完成的要求，例如，物质和精神支持，行为方式改变等。	将问题扩散至相关社会团体，吸引这些团体和个人参与到政策议程设置过程中，获得他们的支持。	政策议程进入公共议程，使社会民众了解政府解决问题的必要性与重要性。	极权主义制度
内部建议模式	由政府内部的组织机构或个人提出，尤其是组织领导或者接近领导位置的关键人物	政策问题提出者制定详细的政策提案与计划书，具体化政策要求。	寻求核心的关键的利益相关者的加入，以增强政策问题的重要性程度。	进入机构议程，成为政策制定者的考虑对象。	独裁的官僚制

资料来源：作者根据 Cobb, Ross & Ross(1976)；Howlett & Ramesh (1995)整理所得。

外部建议模式中，问题由非政府组织提出，接着充分扩展，成为公共议程，最终进入政府议程。该模式中发挥关键作用的是社会团体。当某个团体明确表达不满并向政府提出解决问题的要求时，议案就首先确立了。有共同愿望的团体会努力寻求更广泛的支持，在这个过程中，这些不满可能在更大的团体内或不同的团体之间扩散。各种利益团体通过利用自身政治资源和技巧，使他们的议案进入政府议程，但是这也并不意味着政府一定会做出决策或采取切实的行动，它只意味着议案将会得到政府进一步的关注。

动员模式中，政府决策者努力将某个议案从公共议程提升为政府议程。政府直接将议案置于公共议程之中，可不必获得公众的普遍认同和关注。政策可能在某些方面描述得比较具体，也有可能只是简要的描述，详细内容则在以后说明。由于政策的成功实施有赖于社会公众的积极配合，因此为了使一项新的政策赢得广泛支持，提出议案的政府决策者通常会通过主持召开会议、公开活动等来向社会公众发布政策议案，动员公众支持新

政策。

内部建议模式中，有影响力的团体拥有影响决策的专门通道，政策最初由他们提出，并且不需要在公众中寻求支持及与其他的议案竞争。在这种模式下，问题的提出和陈述与团体或政府机构阐述问题、提出可行的解决办法是同步进行的，议案的扩展范围仅限于特定的了解相关信息或相关利益的团体。

3.2.2 纳尔逊的阶段模型

纳尔逊将议程设置的过程分为四个阶段：问题的认可，问题的采纳，问题的优先化，问题的维持。在问题的认可阶段，问题首先被注意到，然后被认为有政府采取行动的潜在可能，因此问题必须有足够的重要性，才能促使政府人员给予认真考虑。在问题的采纳阶段，决定对公共政策问题作出怎样的反应。主要考虑的是，人们是否认为政府有合法的责任就此采取行动，是否能够做出恰当的反应。如果问题作为一个潜在的议题被采纳，那么议程必须重新排序，使这个新问题得到考虑，是优先化阶段的关键。从根本上讲，必须以议程上已有的问题为背景来认识这个新问题。

在问题的维持阶段，问题前进到决策阶段。建议被提出来供决策者考虑。只要这些建议正在被考虑，问题就维持在议程上。如果问题没能抓住决策者的兴趣点，就不再保留在议程上。一个问题如果想要被采纳，必须具备两个条件：第一，对政府就此问题采取行动的合法性的共识；第二，相信如果问题要想被政府参与者接受并加以考虑，就可以找到恰当的反应(Nelson，1984)。

纳尔逊还提出了时机、明确化、决策次级文化的共识、公共显著性、政治冲突、研究、需求与解决方案之出现顺序七项指标来看议程设置的过程。其中，时机指的就是政策建议的提出到采取的这段时间长度；明确化是指政策的选项是由专家来形成，以及由政治人物来参与；决策次级文化的共识指的是决策者对于是否要采取行动以及问题的合适解决办法，有无一致；公共显著性指的是有无被大众注意或支持；政治冲突指的是引起政治上的对立情况；研究指的是此政策是否经过系统性的研究及设计；需求与解决方案的出现顺序指的是需求和解决方案同时出现，或是有了解决方案之后再找相符合的问题。

3.2.3 多源流分析框架

金登在广泛深入的实证调研和案例研究的基础上对公共政策过程的核心环节——议程的建立和公共政策的形成进行了科学的探讨。针对一些长期为人们忽视的重要问题，他在公共政策研究领域率先对诸如问题是如何引起政府官员关注的，政府官员的决策据以选择的备选方案是怎样产生的，政府议程是如何建立的，以及为什么一种思想会适时出现等问题进行了系统的分析和回答。

金登基于组织行为的垃圾桶理论开发的多源流框架试图解释为什么某些问题的议程受到决策者的注意、在议事日程上出现，而另一些则被忽略了。金登把整个政策过程系统看作以下三种源流（通常是彼此独立运作且没有先后顺序）的汇合：由各种问题的数据以及问题界定内容所形成的问题源流；涉及政策问题解决方案的政策源流；由各种选举活动和被选举官员组成的政治源流，如图 3-1 所示。

先行变量 对政策问题、思想和改革的新认识	独立变量 限制或导致政策思想形成的原因	干预变量 促使形成的思想能够进入议程的条件	依赖变量 思想成为法律建议的时刻

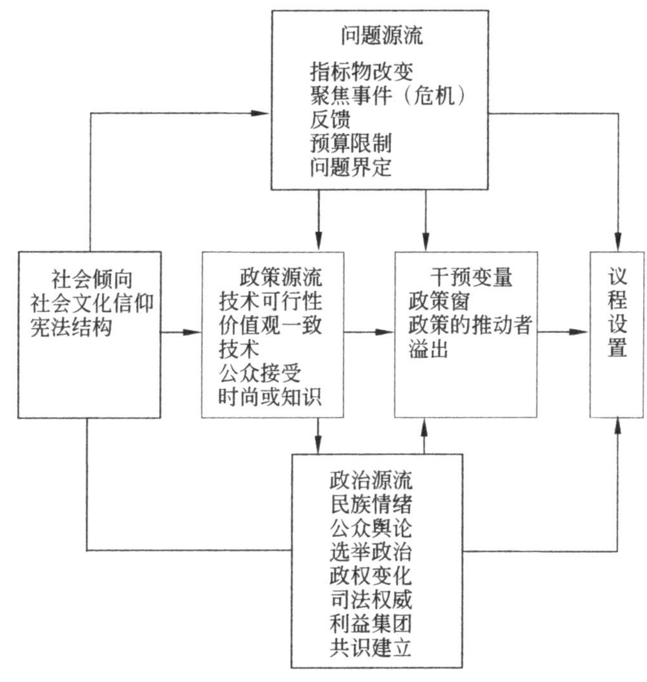

图 3-1　议程设置过程模型

资料来源：小约瑟夫·斯图尔特、戴维·M. 赫奇、詹姆斯·P. 莱斯特，2011：64。

问题源流是指围绕引起决策者关注的问题所进行的活动过程。为什么政策制定者对一些问题予以关注，却对其他问题视而不见。这主要取决于官员了解实际情况的方法，包括问题是如何被认知的，以及客观条件是如何定义为问题的。而官员们了解实际情况的方法主要包括：系统指标的变化、焦点事件（危机和灾难）、现行政策的评估与反馈、预算限制和问题界定。一种情况存在与否及其重要程度可以通过一系列指数来反映，例如，项目的成本、婴儿死亡率、高速公路死亡人数、发病率、消费者价格等。这些指数可以通过政府常规性的监控活动，如政府的支出和预算等例行统计活动来获取，也可以通过对某一特定时间的特定问题进行研究，如统计医疗保险的覆盖率等。指数可以衡量实际情况所发生的变化，从而引起政府的关注。焦点事件、危机事件和符号将导致人们对某个问题的关注。因为政策问题通常不会因为一些指标而自动出现，它还需要一些推动力量来引起政府内部及其周围人们的关注。这些推动力有时是由一个焦点事件所提供，诸如开始引起人们关注问题的一次危机、一种变得流行的符号或者政策制定者的个人经历等。关于现行项目运作情况的反馈信息，常常使一些问题受到决策者的重视。得到反馈信息的途径包括系统的监控和评估研究报告，也包括一些非正式的渠道，如征询公众的意见。预算也是政府活动的一个重要的组成部分，项目、机构以及职业发展的兴衰都是依据其所占有的预算份额。预算的提升可以提高一些项目在政府议程中的地位，起着促进作用；预算的紧缩则会使一些项目在议程上处于较低位置，甚至排出议程，起着约束作用。而当人们意识到应该对一些实际情况采取某种行动时，这些情况就可被界定为问题。当然，并非所有的情况都能够转化成问题，问题中还必须包含可感知的因素。这一过程中，之所以一些问题会获得更多的关注，是因为人们在界定问题时，会用自己的价值观念和信仰指导决策过程，对现象归类，进行政策分析。

政策源流就是政策形成的过程，其主要特征就是政策制定群体针对政策问题竞相提出设想和方案的阶段，在这里各种各样的想法、概念和解决之道之间相互支持、竞争、抵御，其结果有些设想可能仅仅停留在概念上，甚至消失；而有些设想则能够进一步完善、发展成为较为可行的政策方案。因此，政策流程阶段就是基于政策问题的政策方案准备与竞争的过程。政策源流的重要方面在于针对政策问题而提出的各种建议，通常以法规、讲话、文件、交谈等形式出现。其中，政策企业家在提供政策建议中起重要作用。金登首先提出了政策共同体的概念，由政府官员、学者和利益集团等组成的政策共同体，政策备选方案的意见和主张由共同体中的专家们提出。有些共同体非常封闭、排外，并且联合得很牢固，有些则更为多样化和分裂。在政策共同体中，在原始的"政策鲜汤"周围漂浮着多种意见主张，然而这些意见和主张并不是简单地漂浮着，它们相互碰撞，彼此结合。经过检验，一些主张原封不动，一些被合并为新的提案，一些则被取消，而只有少数的建议能引起高度重视。选择的标准包括意向方案或建议的技术可行性，以及决策者和公众对某种解决方案的价值观念的可接受性。难以操作的建议生存下来的可能性较小，与决策者观念不一致的建议也很少被考虑采用。

政治源流是指在政策制定过程中，对围绕政策问题、方案及其议程所涉及的一系列政治因素的考量过程。政治源流涉及的是影响着解决问题的政治，它包括国民情绪、公众舆论、选举政治和利益集团活动等众多层面的考虑。潜在的议程项目如果与目前的国民情绪相一致，能够得到利益集团的支持，符合立法机构或行政机构的取向，那么它们就更容易获得议程上的优势地位。国民情绪是指在某一既定国家中的相当数目的个体都倾向于沿着共同的方向思考，并且这种情绪会随着时间的变化而改变。意识到国民情绪变化的政府官员们，通常会在议程上增加某些事项或淡化其他人的希望。同时，政治家们经常需要对利益集团的支持或反对态度进行判断：如果这些力量之间存在广泛的一致，那么政府官员要么试图附和，或者明确如何应对；如果这些力量之间存在冲突，那么政府就要判断并维持不同利益集体之间的力量平衡情况。例如，如果所有的利益集团都支持放松管制的政策，政府官员很有可能就会把这一问题提上议事日程。为达到这种平衡所采取的方法直接影响该问题是否还能够继续受到关注。立法和行政部门的换届也会在很大程度上影响议程。新政府上台的第一年首先是关注变革的黄金时期，其次是管理权限问题，在政策方向的争论中所占有的位置往往反映了有关机构的权限和利益。

三种源流主要是相互独立的，并且都按照各自的动态特征和规则发展。然而在一个关键的时间点上，当问题源流、政策源流与政治源流汇集到一起时，便为政策之窗的开启创造了条件，问题就会被提上议事日程。政策窗口是指提出公共问题及其解决办法，以吸引公众及政府决策者重视机会，是一种稍纵即逝的机会之窗。三种源流的结合使一个问题获得政策制定者高度关注的可能性大大提升。政策窗口可以因为紧迫问题的出现而敞开，也可以因为政治源流中的事件而打开。在问题源流或政治源流中建立政策议程，而在政策源流中产生备选方案。

而政策窗口开启时，关注某一政策问题解决的政策企业家，就应紧紧把握这一机会，积极参与竞争。否则一旦失去这个机会，则只有等政策窗口的下一次开启时再作打算。在这个过程中，政策倡议者不仅负责敦促重要人物对特定问题给予关注，还要负责把解决方法和问题相匹配，把问题和解决方法与政治相匹配。

根据政策窗口的制度化程度和由此决定的窗口发生频率、可预测性，将政策窗口划分为常规政治窗口、任意政治窗口、溢出问题窗口和随机问题窗口四种类型(Howlett，1998)。常规政治窗口指制度化的程序性事件表明有可能打开的政策窗口；任意政治窗口指因个别政治行动者的行为较低程度地打开并可预测到的政策窗口；溢出问题窗口指业已打开并引入了相关议题的政策窗口；随机问题窗口指因随机事件或危机打开了可预测的政策窗口。

按照金登的观点，有些问题之所以得到决策者的关注进入政策议程，是因为：问题源流中发生了重大性的焦点事件，使政策决策者必须加以处理和解决；在政策源流中有一批专业政策分析师或专家提出各种解决问题的政策方案；在政治源流中有最具说服力的人士来影响政策决策者接受该方案，使政策问题进入政府议程。所以，议题能否进入政策议程取决于对问题、政策和政治源流的联结时机的恰当把握。同时，社会倾向，包括价值观、社会政治文化信仰、宪政结构等，决定了问题进入议程的背景。

溢出效应作为一项重要的中介变量，也会影响问题在议程上的地位。溢出效应是指一个领域里的问题影响另一个问题进入议程的能力。如果政策窗口为某种政策议题而打开，那么与此相似的政策议题的政策窗口被打开的概率就会提高。政策的变化一般是渐进而有阶段的缓慢进行的，但偶尔也有因为制定新政策而创立全新的原则的情况。如果全新的原则得到确立，那么这一领域的公共政策会表现出全新的面貌，而其后的变化则会以此为出发点。

3.2.4 戴瑞和罗杰的议程设置模型

戴瑞和罗杰(Dearing & Rogers，1988)认为议程设置应包含媒体议程、公共议程和政策议程，并将议程设置过程界定为一个持续不断，由各种议题倡议者来争取媒体、专家、民众与政策精英注意的过程。他们提出的议程设置模型从重大议题开始，展开媒体议程、公共议程、政策议程三个阶段运作的过程，同时又受到议题事件的重大性与个人人际、沟通等技巧相互影响，最终形成政策议程(见图 3-2)。

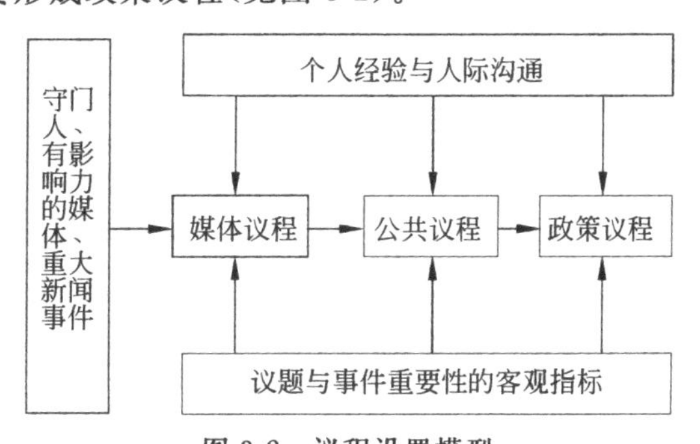

图 3-2 议程设置模型

资料来源：Dearing & Rogers，1996。

公共议程是指民意反映的过程。公共议程主要具有显著性和合法性两个特征。显著性指的就是问题必须要能够引起民众的注意及关心，且需采取行动来加以解决；合法性指的是问题必须在某政府的机关权限范围之内。社会问题逐渐扩大产生议题，进而被民众广泛关注和讨论，形成民意对政府决策施加压力和影响。因此，民意成为公共议程的重要指标。民意是指在公共事务领域中，某一特定人群在特定时间内，对共同关心的事务所共有的意见，包含了民众的情感以及认知。然而民意须在外在力量的引导、刺激中形成与整合，因此引导民意的关键就是掌握民意形成的议程设定权，谁掌握了这个权力，谁就掌握了政策结果的决定权。

民众对特定公共事务的意见表达，可分为直接表达与间接表达两类。间接表达指民众通过他人来表达其对公共事务的意见，又可分为正式和非正式两种途径，其中正式途径如选举，非正式途径包括通过利益团体、大众传播媒体表达诉求。直接表达是指由民众亲身表达出其对特殊公共事务的意见，其表达方式则有主动与被动之别，前者包括了投书、游说、请愿、申诉、示威、抗议与游行等行为，后者则透过座谈会、听证会、民意调查与投票等途径来表达。一个国家的政策应以民意为依据，但是所谓民意也不意味着代表全体民众，而是多数人意见的表达。公共政策与民意具有互相影响的关系，执政者需要民众的支持，进而取得施政的权力，而民众则需要执政者为其解决公共问题，从而影响公共政策的发展。

同时，政策议程也是统治阶层精英的偏好和价值观的结果。精英一般具有社会政治地位及一定的经济水平，属于社会的上层阶层，较能掌控权力、财富、教育、声望地位及信息，并且具备了领导力、政治知识、沟通与组织能力。精英主义者认为，大多数的民众是消极的、冷漠的以及信息不对称的，所以民意很容易被精英所操纵。具备了专业知识和充足信息的社会精英，通过舆论等方式引导、塑造和影响社会公众的言论和民意，使政府的政策能够朝向他们的目标来制定。同时，政策议程是自上而下的，权力向上流动，决策向下流动，政策结果是由精英所决定的(Dye & Zeigler，1981)。

具有目的导向的政治人物或团体，可能运用各项资源将对自己有利的议题，通过媒体推上公共议程，或是将对自己有害的议题，利用媒体加以驳斥、压抑、忽略或是转移焦点。媒体不仅能够提供民众想要了解的议题信息，也能够根据立场的不同，而刻意引导读者，经由媒体的报导与强调特定议题或政策，让人们认知议题或政策的显著性。新闻媒体对某一公共议题报导得越多，民众也越倾向认为，该议题为值得关心的重要议题(Dearing & Rogers，1988； McCombs & Shaw，1972)。因此从媒体的影响力和传播功能来看，媒体会影响一般民众对于某一个议题的想法，影响民众讨论议题的方向和焦点，进而影响整个议题的议程设定过程。

3.2.5 王绍光的政策议程设置模式

不同社会制度、文化、国情对政策议程的设置会有重大的影响。王绍光根据政策议程提出者的身份与民众参与的程度，将当今中国公共政策议程设置的过程划分为六大基本模式(见表 3-3)。

表 3-3　公共政策议程设置的模式

		议程提出者		
		决策者	智囊团	民　间
民众参与程度	低	关门模式	内参模式	上书模式
	高	动员模式	借力模式	外压模式

资料来源：王绍光，2008：44。

关门模式是最为传统的议程设置模式，此类模式中，没有公众议程的位置；议程的提出者是决策者自身，他们在决定议事日程时没有，或者认为没必要争取大众的支持。在传统社会里，当一般老百姓没有什么政治参与意识时，这是议程设置的主要模式。在当代中国，这种议程设置模式也没有完全消失。

与关门模式一样，动员模式是由决策者提出的；而与关门模式不同的是，动员模式中确定一项议程后，决策者会千方百计地引起民众对该议程的兴趣，争取他们对该议程的支持。也就是先有政策议程，后有公众议程。使决策者采取动员模式的基本条件是，广大民众具有了强烈的参与意识，关门模式的正当性遭到普遍的质疑；所涉及的议程执行起来需要得到民众普遍、自觉的合作；决策者缺乏实施该议程所必需的资源。在这三种情况下，决策者会希望用某种方式动员民众参与议程设置，以减少执行阶段的障碍；但他们同时又不希望，或不放心民众主动参与议程设置。

内参模式中，议程不是由决策者提出的，而是由接近权力核心的政府智囊们提出的。智囊通过各种渠道向决策者提出建议，希望自己的建议能被列入决策议程。他们往往不会努力争取民众的支持，而更看重决策者的赏识；他们有时甚至不希望所讨论的问题变成公众议程，因为担心自己的议案可能招致民众的反对，最终导致决策者的否决。在这个模式里没有民众与决策者的互动，只有智囊们与决策者的互动。

与内参模式中政府智囊们只关心自己的建议是否会得到决策者的青睐不同的是，在借力模式中，政府智囊们决定将自己的建议公之于众，希望借助舆论的压力，让决策者接受议案。一般而言，政府智囊们都希望直接影响决策者，而不是采取迂回的方式，不到万不得已，政府智囊们不希望因诉诸舆论而得罪当权者。因此，智囊们需要运用所提出的建议的强大的民意支撑来应对政府内部存在的反对声音，从而最终实现自身的政策目标。

上书模式是指给决策者提出政策建议，不包括为个人或小群体进行利益申述之类的行为。上书模式与内参模式十分相似，都是有人向决策者提出建言，而不同点在于建言人的身份。在内参模式里，建言人是政府的智囊或智囊机构；在上书模式里，建言人不是专职的政府智囊，但他们往往是具有知识优势、社会地位的人。只有这种人才拥有某种话语权，才了解上书的管道，提出的建议才可能被重视。

外压模式与上书模式相同的是，议程变化的动力来自政府架构之外。不同的是，在上书模式里，议程的提出者希望通过给决策者摆事实、讲道理来影响议程设置；外压模式中，议程的提出者虽然不排除摆事实、讲道理的方式，但他们更注重诉诸舆论、争取民意支持，目的是对决策者形成足够的压力，迫使他们改变旧议程、接受新议程。

一般情况下，外压模式具有以下特征：只有在初级阶段其议案倡导者是可以确定的，而随着议案影响力的扩大、支持者的增加，倡导者会越来越难以分辨；该模式产生作用的前提是，从少数人关心的议题变为相当多人关切的公众议程；难以准确判断外力通过什么方式最终影响了政策议程的设置，而特殊情况是，焦点事件的发生迅速引起社会的普遍关注，进而迫使决策者迅速调整议程。此类焦点事件如灾难、事故等，会对某一群人的利益造成现实的伤害，对其他人的利益产生潜在的伤害。

3.3 议程设置的途径与触发机制

3.3.1 政策议程设置的主体

讨论议程设置的框架的同时，对谁设置议程的问题，可从精英观点、多元论观点和影子政府观点三个角度加以分析和探讨(Stewart, Hedge & Lester, 2008)。其中，精英观点假设存在主导公共决策的权力精英，这些精英包括商业、军队和政治精英，他们是议程设置的主体。在任何时候，其中一个精英团体会起主导作用。精英理论认为公共政策是统治阶层精英的偏好和价值观的结果。精英理论的主要内容可概括为以下七个方面(Dye & Zeigler, 1981)：第一，社会可以分为极少数拥有权力的精英与多数没有任何权力的群众，精英分配社会价值，群众则无法决定公共政策。第二，统治阶层的少数人并不代表被统治阶层的大众，精英几乎都来自极高的社会和经济地位阶层。第三，非精英迈向精英地位的流动速度十分缓慢，社会结构必须尽量维持稳定以避免革命和社会动荡，只有那些接受了精英阶层基本共识的人才可能被统治圈所接纳。第四，精英具有基本的共识，代表着社会制度的基本价值观，肩负着维护制度的责任。在自由主义的社会中，这类共识通常是指私有财产、有限政府与个人自由。第五，公共政策并不反映多数群众的需求，而仅反映精英的价值，因此政策的变化不是革命性的，而是渐进式的。第六，积极行动的精英基本不受麻木不仁的平民大众的直接影响。第七，公共政策采用自上而下，而非自下而上的模型，权力是通过向上流动的方式，决策则是通过向下流动的方式。

多元论的观点认为利益集团主导着议程的设置。议程设置过程，是对起主导作用的利益集团的活动作出的反应。这些利益集团看到社会中的问题，然后施加压力，使之进入公共议程，或反对某项政策纳入议程之中。多元理论的主要观点包括：权力是决策过程中人与人之间关系的个人属性；权力关系不一定是持久的，相反，权力关系是由某项决策而形成的，决策一旦形成，关系便会消失；精英和大众之间，不存在一成不变的区别，决策的参与者取决于其参与政治决策的积极程度；领导层不是固定的，而是高度流动的，财富是政治资本，但是财富只是许多资本中的一种；在一个社区中，有多个权力中心和基础，没有哪个团体能够主导所有问题领域的决策；领导者之间存在激烈的竞争，公共政策体现了竞争中的领导团体之间的讨价还价或达成的妥协(Truman, 1951; Dahl, 1961)。在多元化模型中，政治权力是高度分散的，广泛分散在不同的参与者、不同类型的政策和不同的时间点上。

“影子政府”最初由道格拉斯·凯特(Douglas Cater)提出，可用来描述决定一项政策的关键人物的网络，即是由国会专门委员会、中层行政部门、实力雄厚的商界利益集团组成的一个紧密联结的网络(Cater,1965)。这一现象也可称为子系统、铁三角等。“影子政府”的观点认为议程设置受三方面因素的影响,亦即构成“影子政府”的三个主体,包括处理某一问题的特别委员会中的重要成员;负责正在研究的政策的机构官员;与问题有利益关系的团体。“影子政府”的出现所需具备的条件包括:政策领域比较狭窄;由专门的委员会或机构负责某一领域;该领域中的利益集团掌握的资源不平等,公众对问题普遍缺乏兴趣;相对自治的官僚机构能够在行政当局之外建立自己的关系。

3.3.2 政策议程设置的途径

当社会问题通过一定的途径进入政策议程后,才能转化为公共政策问题。一般来说,政策问题列入政策议程涉及不同主体间的相互作用,包括政治领袖、政府部门、专业机构、专家学者、利益集团、新闻媒体和社会公众、危机和突发事件等对政策问题的影响。

无论是出于政治优先权的考虑,还是对公众利益的关注,政治领导人会密切关注某些特定的问题,将他们告知给公众,并提出解决这些问题的具体方案。政治领袖对于社会问题的认知受到其个人特征的影响,如受教育程度、态度、价值观等。同时,他们也享有利用自身资源的优势,会根据自身的施政纲领或政治优先顺序来决定政策议程的选择。

政府作为公共政策制定部门,会基于对某些社会问题的认知和分析,来决定哪些问题可以进入政策议程,这里既包括政府公共决策部门,也包括政策的具体执行部门。政府决策部门,在其职责范围内,就哪些政策问题亟待解决并有条件进入政策议程、解决这些问题的可行性以及预计的效果、是否会导致新问题的产生等关键问题开展研究和讨论。政策的具体实践过程中,相关政府执行部门还需要对执行中遇到的新问题、政策中不符合实际的部分、政策无法达到预计效果等问题,进一步地分析并找出原因、作出判断,从而对政策进行改进、完善或终止。对于那些与政策制定相关的问题,也可以通过一定渠道反馈给政府决策部门。

公共部门的咨询、统计、信息、研究机构等专业化的机构会对特定的政策问题进行评价和分析,运用科学的知识和专业的分析技术,对社会发展的趋势和进程进行科学预测。此类机构通常以报告的形式,将其政策方案提交给相关政府部门,为政策制定部门的决策提供专业性的建议和参考依据。

社会各个领域的专家学者常根据个人的研究或经验,发现并指出社会发展中的关键问题,并依据自身的专业知识对其提出解决问题的具体方案。同时,专家学者科学的建议能够弥补民意的缺陷、非理性等,这也是政策制定科学化的前提条件。

随着社会利益的分化,利益集体更趋于多元化。他们通过向政府提出政策议案,保障和争取自身利益,就符合其标准和需求的问题反映到相关政府决策部门,列入政策议程,或通过各种途径引起更广泛的社会成员的关注和支持。由于同一个利益集团中的成员拥有较为一致的利益和信念,利益集团掌握着大量的政策资源,对于政策议程的影响通常比单个个体的力量更大。

新闻媒体在信息采集和报道的过程中,会发现一些严重的社会问题。他们通过公开的报道,将信息传播给社会公众,能够迅速和广泛地形成强烈的政策舆论压力,引起政府部门的关注,并对议程的设定起到催化作用。当有些社会问题已经影响到相当一部分公众的利益时，他们也会通过各种渠道将自身的利益诉求反映给政府，寻求政府的解决和帮助。

危机或灾难性事件往往能够使一些公共问题产生严重的影响，加速和推动公共问题进入政府议程。比如频发的地震等自然灾害促使政府迅速建立灾害应急体系，疾病的传播会促使政府建立公共卫生预防机制等。对于某些因特殊情况而产生的突发事件，需要政府部门重点关注并突破常规建立解决问题的途径。

3.3.3 政策议程设置的触发机制

公共问题要成为政府决策者着手解决的政策问题，需要相应的催化剂，而这些诱发公共问题进入政策议程的因素和条件构成了政策议程建立的触发机制。引起公共问题的偶发事件，就是问题的触动枢纽。

拉雷·N.格斯顿(Geston，1997)对议程设置的触发机制进行了具体的界定，在政治过程的背景中，一种触发机制就是一个重要的事件，该事件把例行的日常问题转化成一种普遍共有的、消极的公众反应。公众反应反过来成为政策问题的基础，而政策问题随之引起触发事件。当一个事件把一种消极状况催化为要求变化的政治压力时，就会因为触发机制的持久性而发生性质改变。触发机制与公共议程联系紧密，一旦触发机制在公众中爆发，这些问题就会与公共议程中正在考虑的议题牵扯在一起，成为推进该问题进入决策集团视野，并形成政策议程创建的强劲动力。因此，议程的触发机制是压力的催化剂，而压力反过来引起人们要求新的公共政策，或对现有政策进行改变。

作为公共政策的催化剂，触发机制的重要价值体现在范围、强度和触发时间三个因素的相互作用上，构成引发政策变化的核心因素。范围是指受到触发机制影响的人的数量或规模，如果一个事件对大多数社会公众具有普遍意义，则对于采取行动的需求就具备广泛的社会基础。强度是指公众感知一个事件的强度，如果事件引发了公众强烈的担忧或愤怒，公共政策的制定者就可能对社会舆论予以及时而充分的重视。触发时间是指一个重要事件展开的时间段，无论是迅速扩散的事件还是经历了长期潜伏酝酿的事件，都会对政策议程产生影响。

因此，一个问题或事件越是能从范围、强度和触发时间上体现出其重要性和紧迫性，该问题就越是可能得到政策制定者的重视和回应。如果范围和强度中有一个不能引起人们的注意或反应，如果这些条件未随时间的推移而加强，那么政策制定者就不大可能以全面、慎重的方式对这些问题作出反应。

从议程触发机制的类型来看，触发机制产生于内部和外部两种不同环境。内部触发机制是指国家内部启动问题的因素，具有五个重要的来源：自然灾祸、经济灾难、技术突破、生态迁移和社会演变，对触发机制和因其产生的公共政策起着源头作用。自然灾祸，如飓风、洪水、地震等突发事件，其紧急性和破坏性都可能对人口、社会结构和经济产生重大的破坏作用，从而改变政治价值和政治的优先顺序。经济灾难的发生如通货膨胀、金融危机等，不仅对个人生产生活具有重要影响，更能够撼动整个社会和国家的根基，使政府采取措施慎重处理。技术的改进为社会提供了源源不断的变化源泉，技术的发展可以切实改变个人间、组织间，甚至国家间的关系，技术突破很可能触发全社会的调整。生态的变迁和改变，包括资源的利用和消耗、人口的激增、环境的污染等生态平衡的转移作为触发机制具有潜在而广泛的影响。同时，随着社会的大多数部门对价值、行为和政府责任的态度的改变，社会也随之演变，将社会推往新的方向，因而使社会结构得到重组，与这种改变相适应的公共政策也呈现出了新的转变方向。

议程设置的外在的触发机制，是指国际间启动问题的因素，包括战争、间接冲突、经济对抗、武器或军备的增长等类型。此类外部事件一般影响范围很广，强度较高，时间范围也较短且变化多端。受到另一国家的武力侵犯或引发的战争行为，是外部触发机制最为明显的例子，国家会很快卷入冲突之中，引发舆论和民众的强烈关注。除了国家之间公开的战争之外，冲突的突发性也可能影响各方的公共政策，如宗教冲突或局部地区紧张局势等。同时，当一国以损害他国的方式制定其经济政策时，就会导致经济对抗，从而激发起经济上或政治上的反击，如贸易争端等。武器的发展对于国家间做出反应的方式同样具有显著的影响，同时作用于整个国际政治体系的稳定。

通常情况下，内部事件会激发公众加深对国内处于紧迫状态的社会公共问题的感知，外部事件则会引发一个国家的公众对政府处理外交方面事务的特别关注，或将外部重大事件与国家的安全联系起来思考。但是在特殊情况下，内部产生的突发重大事件也会被外部国际势力所利用，或者特大的国际事件也会引发国内新的社会公共问题。此时，政府政策议程的设置难度就会加大。

复习与思考

1. 什么是政策问题？政策问题有哪些特征？
2. 什么是政策议题？政策议题有哪些类型？
3. 什么是政策议程？政策议程有哪些类型？
4. 试对政策问题与议程设置进行比较研究。
5. 什么是政府议程与系统议程？两者有何关系？请举例说明。
6. 试对建立政策议程的外部建议模式、动员模式和内部建议模式进行比较研究。
7. 政策议程设置有哪些阶段？
8. 试对媒体议程、公共议程和政策议程进行比较研究。
9. 试对问题源流、政策源流与政治源流进行比较研究。
10. 政策窗口开启的时机为何？政府应该如何把握时机，促成议程设定？
11. 试对政策议程设置的关门模式、动员模式、内参模式、借力模式、上书模式和外压模式进行比较研究。
12. 试从现实中选取 1～2 个案例，并用议程设置的过程模型加以分析说明。

参考文献

1. Anderson, James E. (1979). *Public Policy-Making*. Florida: Holt, Rinehart and Winston.
2. Baumgartner, Frank R. & Bryan D. Jones (1993). *Agendas and Instability in American Politics*. Chicago: University of Chicago Press.
3. Cater, Douglas (1965). *Power in Washington*. New York: Random House.

4. Cobb, Roger W. & Elder, Charles D (1972). *Participation in American Politics: The Dynamics of Agenda-Building*. Boston: Allyn and Bacon.
5. Cobb, Roger, Ross, Jennie-Keith, & Ross, March (1976). Agenda Building as a Comparative Political Process. *American Political Science Review*, 70(1): 126-138.
6. Dahl, Robert (1961). *Who Governs*. New Haven, CT: Yale University Press.
7. Dearing, J. W. & E. M. Rogers (1996). *Agenda-Setting*. Thousand Oaks, CA: Sage Publications.
8. Dearing, J. W., & Rogers, E. M. (1988). Agenda-setting research: Where has it been? Where is it going? In J. A. Anderson(Ed), *Communication Yearbook*. Newbury Park: Sage.
9. Dery, David (1984). *Problem Definition in Policy Analysis*. Lawrence, KS: University Press of Kansas.
10. Dunn, W. N. (2008). *Public policy analysis: An introduction (4th ed)*. New Jersey: Prentice-Hall.
11. Dye, Thomas R. & Harmon Zeigler (1981). *The Irony of Democracy*, *Monterey*, CA: Brooks/Cole.
12. Geston, Larry N. (1997). *Public Policy Making: Process and Principles*. M. E. Sharpe, Inc.
13. Howlett, Michael & Ramesh, M. (1995). *Studying Public Policy: Policy Cycles and Policy Subsystems*. Toronto: Oxford University Press.
14. Howlett, Michael (1998). Predictable and Unpredictable Policy Windows: Institutional and Exogenous Correlates of Canadian Federal Agenda-Setting. *Canadian Journal of Political Science*, 31(3): 495-524.
15. Kingdon, John W. (1984). *Agenda, Alternatives and Public Policies*, Boston: Little, Brown and Company.
16. Koenig, Louis W. (1986). *An Introduction to Public Policy*. Englewood Cliffs, N. J.: Prentice Hall.
17. McCombs, M. E. & D. L. Shaw (1972). The Agenda-Setting Function of Mass Media. *Public Opinion Quarterly*, 36(2): 176-184.
18. Nelson, Barbara J. (1984). *Making an Issue of Child Abuse*. Chicago: University of Chicago Press.
19. Stewart, Joseph Jr., Hedge, David M. & Lester, James P. (2008). *Public Policy: An Evolutionary Approach*. Cengage Learning.
20. Truman, David B. (1951). *The Governmental Process*. New York: Knopf.
21. Weiss, Janet A. (1989). The Powers of Problem Definition: The Case of Government Paperwork. *Policy Sciences*, 22(2): 97-121.
22. 迈尔克·豪利特、M.拉米什.公共政策研究:政策循环与政策子系统.北京：生活.读书.新知三联书店,2006.
23. 王绍光.中国公共政策议程设置的模式. 开放时代，2008(2)：42-56.
24. 威廉·N.邓恩. 公共政策分析导论. 北京：中国人民大学出版社,2011.
25. 小约瑟夫·斯图尔特、戴维·赫奇、詹姆斯·莱斯特. 公共政策导论. 北京：中国人民大学出版社,2011.

第4章

政策规划

政策规划作为公共政策过程中的一个重要环节,是政策制定走向理性化和科学化的必经阶段。一般而言,政策问题一旦被提上议事日程,就将开始对其进行分析、研究并提出解决方案的过程,亦即进入政策规划阶段。从某种意义上讲,没有细致而审慎的规划就不会有正确的政策。通过良好的政策规划,可以得到一个为政策相关者所接受的可行方案,政策过程才能顺利推进。

4.1 政策规划概述

4.1.1 政策规划的含义

近年来,政策规划受到普遍关注,公共政策研究已经从政策执行与政策评估的研究,逐步转为对政策规划的探究(Ingraham,1987)。所谓规划是指针对未来的事件及其发展,作出一套具有前瞻性的行动方针的一种程序;也是只发展一个计划、对策或方法,以求缓和某种需求并解决某种问题。政策规划则是指政府为解决公共需求的问题,发展出计划、方法和对策,以满足需求、解决问题。

许多学者根据不同视角对政策规划进行了不同层面的界定。以德洛尔、琼斯、亚历山大(Alexander)等为代表的研究者强调了政策规划的内容与程序。例如,德洛尔(Dror,1973)认为政策规划是为达成目标通过一定手段,对未来将采取的行动,作决定的准备过程。亚历山大(Alexander,1981)认为规划是审慎的社会或组织活动,为达成一定的目标,解决复杂环境中的问题,发展未来行动的最佳策略,并通过权力获取资源,采取必要行动以执行其所选择的策略。琼斯(Jones,1984)将政策规划作为公共政策形成的过程,该过程通常包括问题进入政府的政治活动、形成政策计划、政策计划合法化、配置计划经费等阶段。陈振明(2003)认为方案规划是指对政策问题的分析研究并提出相应解决方法或方案的活动过程,它包括问题界定、目标确立、方案设计、后果预测、方案决策五个环节。

以梅耶(Mayer)、安德森、林水波和张世贤为代表的研究者强调了政策规划过程中的集体因素和政治因素。例如,梅耶(Mayer,1985)认为政策规划是为选择与设计集体行动的理性途径,以达成未来事务状态的过程。安德森(Anderson,2003)认为方案规划涉及与解决公共问题有关的,并能被接受的各种行动方案的提出。林水波和张世贤(1991)认为方案规划是一个针对未来,为能付诸行动以解决公共问题,发展中肯并且可以接受的方案的动态过程。

以韦默(Weimer)、邓恩、吴定、朱志宏为代表的研究者则强调了政策规划的问题导向和目标导向。例如,韦默(Weimer,1993)认为政策规划是为政策问题寻找解决方案的艺术，能够连接政策手段与政策目标之间的因果关系。邓恩(Dunn，2008)认为政策规划是针对问题而发展及综合各项可选择的解决方案。吴定(1994)提出政策规划是解决政策问题，采取科学方法，广泛收集资讯，设计一套以目标取向、变革取向、选择取向、理性取向的未来行动备选方案的动态过程。朱志宏(1995)将政策规划作为发展一套处理公共问题的行动方针，其主要目的是使应该解决、能够解决的问题以最有效的方法解决。

尽管以上各种定义的表述不同，但都对政策规划的主体、目的、内容和程序进行了说明，表明政策规划过程既具有公共导向和政治理性的特点，又具有问题导向与技术理性的特点。林水波和张世贤(1991)认为，政策规划是针对未来，为了能付诸行动以解决公共问题，而发展出中肯且可接受的方案的动态过程。从中可以明确政策规划的要点包括，第一，针对未来，公共问题虽然起源于过去，存在于当前，但规划的方案是要在未来付诸现实的；第二，付诸行动，规划方案要用以指导行动，规划时必须考虑方案是否具有可行性及有效性，亦需要预测该方案在未来的发展；第三，解决公共问题，政策规划的目的是能够妥善地解决公共问题；第四，发展，方案是经过发展而来的，不仅有一套思维分析的过程，也包括有关人士或政治势力相互影响妥协的过程；第五，中肯且可接受的方案，规划的目的是解决问题，因此必须针对问题的症结，切中时弊，为决策者或一般社会大众所能接受；第六，动态的过程，政策规划是动态和不断修正、调整中发展出可接受的方案的过程。

琼斯(Jones，1984)进一步指出规划与政策形成的特征主要有以下六个方面：第一，政策形成中并非仅有一个或一组行为者，可能有几组互相竞争的行为者参与其中，争取其各自主张的解决方案能获得采用；第二，在政策形成的过程中，问题本身有可能一直没有明确的定义，政策的参与者有可能完全没有与将来会受到政策影响的利益相关者有任何接触；第三，政策形成的主体并不一定是特定的机构，但政策形成确为官僚机构中常见的活动；第四，政策形成与再形成之间的周期可能需要较长时间，期间可能没有任何一项解决方案能够获得足够的支持；第五，被淘汰的解决方案中，可能存在吸引人的观点，但若从整体来看却无法获得支持；第六，在政策形成的过程中，总是有输家和赢家。

吴定(1994)指出政策规划是为解决政策问题而采取科学方法广泛收集资讯，以设计一套以目标、变革、选择、理性取向的未来行动备选方案的动态过程。因此，政策规划的要点包括：第一，主要是为了解决已经由政策决策者认定的政策问题；第二，政策规划时，广泛收集相关信息并采取系统的、标准的科学方法，以设计可行的解决方案；第三，未来行动备选方案应以变革为导向，必须能够改变现状；第四，备选方案以目标为导向，必须能够达成解决问题的目标；第五，整个政策规划过程以选择为导向，包括问题症结的选择、各种信息资料的选择以及备选方案的选择等；第六，政策规划过程以理性为基础，各项活动均经过缜密合理的考量而决定；第七，政策规划是一项动态性的运作过程，从政策问题的界定、方案设计、评估、选择推荐等一系列活动，任何一个环节的重点应随环境的变化而不断加以调整。

综上所述，政策规划就是指公共权力机关针对特定的政策问题，依据一定程序和原则确定政策目标、设计政策方案并进行优选抉择的过程。政策规划的目的是解决政策问题。政策规划以解决或预防特定问题而展开，是一种前瞻性或前置性的政策行为，因此，政策问题的客观存在是政策规划的前提和基础，问题的性质、领域、程度和未来变化趋势决定了政策规划的内容与方向。政策规划的主体是公共权力机关。虽然政策规划的参与者是多元的，但是公共政策的权威性决定了公共权力机关的主体地位，尤其是政府，往往扮演规划发起者、规划组织者、规划制定者和规划抉择者的角色。政策规划的本质是技术性与政治性的统一。政策规划从根本上说是一项具体的行动计划，是设计、审议、择优、实施和反馈的连续过程：既包括政策专家、学者与行政人员依据科学方法进行的研究活动，又包括各利益相关者围绕决策权、决策内容展开的复杂政治活动。因此，政策规划有满足科学要求和获取政治支持的双重需要。

4.1.2 政策规划的类型

政策规划活动的范围广泛、形式多样，在不同的政策领域，有不同的政策规划，如经济政策规划、科技政策规划、文化政策规划、军事政策规划、环境政策规划等。根据不同的标准，可以将政策规划分为不同类型。

1. 中央政策规划、地方政策规划与部门政策规划

根据规划主体的不同，可以将政策规划划分为中央政策规划、地方政策规划和部门政策规划。其中，中央政策规划是由中央有关部门展开的规划。在我国，中央政府是最具权威的政策规划主体，特别是对社会发展带有全局性、重大性、宏观性的战略规划更是如此。中央政府所规划的政策有综合性的，比如《国民经济和社会发展第十二个五年规划纲要》；有涉及区域性的，比如《西部大开发“十二五”规划》；也有涉及具体问题或某一特定领域的，比如《2002—2005 全国人才队伍建设规划纲要》。

地方政策规划是由地方有关部门负责制定的政策规划。地方政府在政策规划体系中具有执行中央或上级机关政策和制定本辖区经济社会发展规划的双重职能。因此，地方政府一方面要在落实中央政策的同时根据地方实际情况进行调整，另一方面在制定地区政策时要与中央精神保持协调一致。

部门政策规划是中央或地方职能部门根据自己所辖的领域进行的专业性规划。与其他形式的政策规划相比，职能部门规划的专业性政策数量最大，技术性也最强，因此，在这类规划过程中，往往会广泛吸取专家学者的意见，发挥其在政策分析、专门知识领域中的才华。

2. 常规式规划与类比式规划

根据政策问题的不同，可以将政策规划划分为常规式规划和类比式规划。其中，常规式规划是针对已列入政府工作议程、需要定期加以处理的政策问题，进行一种例行公事式的重复政策规划。常规式政策规划的对象与解决问题的工具都是既定的，将要实施的政策方案一般也是政府部门和公众所熟知的，具有周期性、普遍性，且有先例和程序可供遵循。但是，历史和经验的有效性是具有特定情境限制的，因此，常规式规划存在缺乏突破性的缺点。

与常规式政策规划不同，类比式规划要处理的政策问题是新的，政策行动主体可以参照以往对类似的政策问题处理的方法与经验进行相应调整。对规划者来说，类比式规划所产生的政策反应往往是可以预见的。

3. 渐进式规划、延伸式规划与创新式规划

根据政策方案的不同，可以将政策规划划分为渐进式规划、延伸式规划和创新式规划。其中，渐进式规划是针对既有政策问题，基于原有政策方案进行的分步骤、连续性调整规划。在进行此类规划时，以当时的社会所共有价值取向为基础，调整因时间改变所产生的各种变化，围绕政策目标对实施方案中的计划时间、资源配置、工具手段做出符合实际情况的改动、协调和补充。

延伸式规划处理的是延续下来的政策问题，通过对已有政策的内涵或外延予以扩展和顺延而进行的规划。政策规划者主要通过类推、引申和细分的办法，对已有政策的资源配置、方法手段、时间计划和预期效果进行扩展和延伸。政策延伸有两种情况：一是延伸的政策方案与以前的方案是母政策与子政策的关系，比如社会福利政策中延伸出来的老年人福利政策和残疾人福利政策；二是延伸的政策方案与以前的方案是传统方案与革新方案的关系，如新的农村医疗保障政策和计划经济时期的农村合作医疗政策。

创新式规划是一种为解决全新的政策问题而作的带有突破性、原创性的政策规划。这类政策规划所涉及方案与过去的方案少有联系，既不是对原方案的修正，也不是对原方案的延伸，而是新创造的方案。

4.2 政策规划的过程和原则

4.2.1 政策规划的过程

政策规划者在进行政策方案设计时，必须遵循一定的程序以便获得可行的政策方案。政策规划过程主要包括政策目标确立、备选方案设计、政策方案评估和政策方案选择四个相互关联且相互区别的环节。

1. 政策目标确立

政策目标是政策规划者希望通过政策实施所达到的效果。作为政策规划的第一步，政策目标既是政策方案设计和优选的基础依据，也是政策方案执行的指导方针和政策绩效评估的参照标准。政策目标是抽象的、一般性的理想价值状态，通常是以文字叙述来表示(Starling，1988)。麦康基(McConkey，1975)认为目标是想要达到的最终结果，一个好的政策目标必须说明三个主要问题，包括最终结果是什么、完成该结果的预定时期为何、哪些单位负责实现该目标。一个有意义的目标应具备以下条件：第一，优先性，政策目标可以依据某项标准，排列出优先顺序；第二，明确性，政策目标必须具体化、可测量化，不能过于含糊不清；第三，务实性，政策目标必须是可实现的，目标的设立不能超越相关组织能力范围；第四，职责对称性，政策目标必须与相应机关的职责相匹配，不能超过其管辖范围；第五，创新性，政策目标必须随着社会民意的需求和世界潮流的演进而更新。

目标的来源众多，例如，社会的伦理、价值观念、法律和专业标准、资源和新的科技、民众需求等都是目标的重要来源。因此，政策目标所蕴涵的价值因素、政治因素和多重目标冲突因素等，都会影响目标的确立(陈振明，2003)。政策目标在很大程度上取决于政策制定者的价值判断，受社会经济和政治地位、利益偏好、伦理道德、传统习俗、历史因素等影响，不同政策制定者会有不同价值观，这给政策目标的确定带来很大困难。公共政策是政治过程的产物：决策者从政治角度出发，常常有意将目标进行模糊化处理；不同的利益集团也基于各自的价值观念与利益需求，向决策系统施压并试图控制政策目标的选择。现实的政策目标可能是一个涵盖多重目标的复杂系统，主要目标与次要目标、长期目标与短期目标、定性目标与定量目标、经济目标与社会目标等相互交织、相互之间存在一定的冲突和矛盾。

2. 备选方案设计

备选方案是政府部门为解决公共问题所采取的一组包括积极作为或消极不作为的有限理性选择，是在既有的政策环境中，选择较佳的策略以实现政策目标。备选方案是一种以解决公共问题为导向的有限理性选择，不可能是完美无缺的，而是要尽可能寻求较优的方案。备选方案的设计必须考虑政策环境和预算等客观条件。

对备选方案的设计，就是构思各种实现政策目标的可供选择的可能性方案或政策预案。一般而言，备选方案具有以下特征：第一，备选方案是相互排斥性的一组方案，不同的备选方案之间必须彼此独立、相互排斥，而不能相互重复和包含，选择一项方案就代表要对另一项方案予以排除；第二，备选方案可以依据其强度划分为不同的层次；第三，每个备选方案必须是具体的行动选择，对于公共问题情况的改善有所帮助；第四，备选方案的设计必须与政策目标相符合，不能脱离目标系统而存在；第五，备选方案的范围可以从最激进的变革行动到小幅度的渐进改变，甚至是不采取任何行动的维持现状的方案等。

同时，备选方案的设计实际上是对实践活动的各要素及其结合方案的选择，一般包括，对政策执行者进行选择，执行者可以是个体，也可以是群体、团体；对政策行动的方法、途径或手段进行选择，这是方案选择的实质内容，直接关系到政策目标能否实现以及实现的程度；对政策实施的时空环境进行选择，对政策运行中的主要要素必须依据特定的时空环境加以精心选择和严格规定。

而从备选方案的来源来看，一般包括以下五类(丘昌泰，2010)：第一，既有政策建议或方案，这些建议和方案可能是政策制定者过去分析的结果，也可能是利益团体或政策企业家向政策制定者提出的建议；第二，学术界为解决公共问题所提出的理论型方案；第三，修正后的学术型方案，对学理型的政策方案进行修正，以确定该方案能够适用于特定的政策问题系统；第四，渐进主义型的备选方案，许多政策制定者为了维持稳定的现状，会对政策进行小幅度的修正；第五，创意型备选方案，可来源于既有方案或学术性文献的启发，也可基于创新的选择而发展的方案。

3. 政策方案评估

对政策方案的可行性评估是指围绕政策目标，运用定性和定量结合的分析方法，对实现政策方案所需条件是否具备进行说明的可行性分析，以作为筛选和排列备选方案优先顺序的重要参考。政策预案的可行性论证主要包括技术可行性、经济可行性、政治可行性、行政或法律可行性、社会或环境可行性五方面内容(Patton & Sawicki，1993；陈庆云，2006；丘昌泰，2010)。

(1) 技术可行性。从技术角度衡量政策是否能实现预期目标，这一标准包括两层含义：一是是否具备实施某项政策方案的技术手段，使政策目标的实现成为可能；二是在现有技术水平或方法论上达成政策目标的可能性有多大，即在多大程度上实现政策目标。

(2) 经济可行性。由于政府资源的有限性，决定了政策对经济资源的竞争性。经济资源的配置是否充分，是否足以实现备选方案，都是其可行性的基本标准。经济可行性包括三方面内容：一是备选方案占有和使用经济资源的可能性，进而实现政策目标的可能性；二是实施某一政策方案所花费的成本和取得的收益进行比较，即成本效益分析；三是对涉及无法量化或货币化的无形成本与利益的政策方案，可进行成本效能分析，重视目标的价值。

(3) 政治可行性。政策形成于政治舞台，如果得不到决策者、政府官员、利益团体或公众的支持，其采纳的可能性就很小；即便被采纳，其成功执行的可能性也很小。政策方案的政治可行性通常会受到政治约束、分配约束和体制约束等因素的影响(Majone，1975；陈振明，2003)。

(4) 行政或法律可行性。作为对行政管理的可操作性的评估，政策方案需要得到行政管理层面的贯彻执行，行政可行性的具体标准包括权威、制度约定、能力和组织支持(Patton & Sawicki，1993)，同时，法律作为行政的重要一个环节，需要对备选方案的合法性进行分析，必须进行政策合法化的程序。

(5) 社会或环境可行性。备选方案是否可以得到民众的接受和支持，包括对民众意见与态度的分析，评估备选方案是否能够符合社会文化、民众的价值观念等。环境可行性则是指有形的自然环境是否构成备选方案的限制因素，例如，进行环境影响评估。

4. 政策方案选择

经过方案设计并加以评估论证的多个备选方案并非都能被决策者选中并加以执行，因此需要通过系统分析与评价，决策系统只能选择或综合出一个最理想的方案作为正式的政策，并选定相应的政策工具予以执行。

政策方案优选主要包括效益、效率、充分性、公平性、回应性和适当性六个标准(Dunn，2008)。其中，效益是指某一特定方案的政策产出给社会公众带来的正面的、积极的福利程度，它包含优质的概念；效率是指某一特定政策方案投入与产出的比率，它主要是一个量的概念；充分性是指某一特定政策效益满足引起政策问题的需要、价值或机会的有效程度，它明确了对政策方案和有价值的结果之间关系强度的期望；公平性是指政策效果在社会中不同群体间被公平或公正地分配，它与法律和社会理性密切相关；回应性是指政策满足特定群体的需要、偏好或价值观的程度，如对妇女、老年人、残疾人等特定政策利益相关群体的需要做出回应；适当性是指一项政策目标的价值和支持这些目标的前提是否可靠，它与实质理性密切相关，因此在逻辑上应该先于政策方案优选的其他标准。

在政策预案优选过程中，只有决策系统对方案选择形成一致共识，政策才能被最终被制定出来。在此过程中，决策者一般通过交换、说服和强制三种途径来形成共识(Lindblom，1977；陈庆云，2006)。

(1) 交换。两个或两个以上的决策者彼此调整立场和态度以适应对方某种利益需要，从而达成使各方都获益的协议行为。决策中的交换需要具备资源、谈判和守约三个基本前提，即决策各方都拥有一定的满足对方利益需求的资源；决策各方都愿意通过谈判来解决问题；决策各方都愿意遵守最终达成的协议。

(2) 说服。决策主体之间试图证明自己在选择某一方案上所采取的立场、态度的正确性和合理性，从而要求对方给予理解和支持的行为。与交换不同，主动说服的一方不会改变原有立场、价值和利益，只是要求被说服方相信、理解并支持自己；而交换则是双方都以利益让步换取协议共识的方式。

(3) 强制。决策者利用手中控制的权力、物质以及其他优势，在优选政策方案时迫使与自己利益不一致的决策者放弃原有的价值、立场、态度的行为。强制一般通过命令和威胁两种方式达成：命令是处于优势地位的决策者要求其他决策者服从自己的选择；威胁则是一方决策者通过使对方面临遭受利益损失的风险来迫使其他决策者服从自己的选择。

政策规划过程并非是一个单向过程，在现实中是一个双向多阶段的反馈系统。当其中某一步骤出现问题时，系统就会跳回前一项步骤，或直接返回到程序的起点继续进行循环分析。通过不断的反馈、调整和总结，最终形成可供选择的一系列政策预案，政策过程就进入决策阶段。而只有当政策方案抉择后确定出最优或满意方案，才标志着政策规划的结束。

4.2.2 政策规划的原则

对政策规划的原则分析具有代表性的观点包括卡普兰(Kaplan)、梅耶、斯塔林(Starling)和朱志宏(1995)等。其中，卡普兰对政策规划提出了包括公正无偏、个人受益、劣势者利益最大化、分配普遍、持续进行、人民自主和紧急处理七项原则(Kaplan，1973)。所谓公正无偏原则，是指政策规划应坚持无私无偏的态度，对当事人、利益相关者和社会大众等均应予以通盘谨慎的考虑；所谓个人受益原则，是指政策规划无论采取何种行动方案解决问题，最终的受益者都必须以普通民众为落脚点；所谓劣势者利益最大化原则，是指政策规划应照顾社会弱势群体及个人，使其能够受到最大关怀并享受最大利益；所谓分配普遍原则，是指政策规划应尽可能扩大受益者范围，尽量使利益惠及一般公众，而非仅仅局限于少数人；所谓持续进行原则，是指政策规划应考虑事务的延续性，对公共事务及其解决方案的过去、现在与未来进行通盘考察，来研究方案的可行性，不能使三者相互脱节，否则就不切合实际；所谓人民自主原则，是指政策规划应考虑该政策问题是否可交由民间处理，如果民间既有意愿又有能力处理该问题，最好由他们来处理，政府既无必要也无能力包办一切公共问题；所谓紧急处理原则，是指政策规划应考虑各项政策问题的轻重缓急，对于较紧急的问题，应即刻加以处理解决。

依据梅耶(Mayer，1985)的看法，政策规划主要有目标导向、变革取向、选择取向、理性取向和群体取向五项原则。政策规划即达成未来事务现状，因此它具有一定的目标导向，其主要表现就是任何一项政策规划都必须有前瞻性与指导性。要实现政策规划所设计的“未来状态”，就必须有相关的人力、物力、财力的支持努力。要实现未来状态，就必须逐步改变现状，才可能最终达成目标，政策规划必须要有变动性与创新性。换言之，政策规划要在时间、观念、行为、事务关系、人际关系等方面有所改变，以此来回应现实的要求。

政策规划重在选择与设计，它包含一系列大大小小的精心设计与艰难选择。政策方案的设计与选择要有广度、深度，要注意连续性和相关性。在进行政策规划时，要大胆设想、鼓励创新，但在选择时要谨小慎微，充分考虑有限资源条件下的多方满意与行动效率。政策规划的基本要求就在于重视理性，对未来做出符合规律、有创造性的安排。任何政策活动都是政策情境与政策行动的对立统一。在政策规划中应时刻考虑到政策情景、政策目标和政策工具之间的有效搭配，否则再好的规划方案也难以实现。现代政策问题日益复杂，使得政策规划已难以由单一个体或少数人进行决定，必须由相关部门和人员进行相互协作与配合，将多种知识有机结合，多种技术、手段相互补充，多种经验相互印证，才能找到周密可行的行动方案。

斯塔林(Starling,1988)认为，一项周全的政策方案规划与设计，应把握集中性、清晰性、变迁性、挑战性、协调性和一致性六项原则。其中，集中性原则是指将稀缺资源集中于策略性的重点项目上，而非浪费于无优先性的项目上。而策略性项目是指政策规划所涉及的是关键性的、主要的及基本的因素，包括优点、缺点、机会与威胁等。清晰性原则是指政策目标清晰、实施步骤明确。只有决策目标清楚简明，才能得到民众的共鸣与支持；同样，实施的步骤越明确，就越有利于规划方案的执行。变迁性原则是指政策必须有足够的弹性或缓冲，以保证能够随着环境条件的改变而调整，换言之，政策方案及规划设计应能够随着环境的变迁而快速调整，包括组织结构的调整、组织功能的转变等。挑战性原则是指政策目标的规定必须稍高于政府部门现有的能力和资源，但却不能好高骛远和脱离现实。目标具有适度的挑战性，可以维持组织活力、避免组织衰退；但目标的挑战性过高，则难以实现、会导致失败。协调性原则是指应从系统整体的观点出发，使达成政策目标间的各种政策手段形成网络而相互协调。此外，各单位、各部门的信息交换及外部回馈的影响均应加以考虑，设计者应建立内部与外部的沟通网络，以加快信息交流，促进协调和灵活。周全而快速的协调是政策制定与执行成功的一个重要因素。一致性原则是指有三种一致性是政策方案的规划者所不能忽视的：目标内在的一致性，即一项政策方案所包含的目标不能相互冲突；目标与行动的一致性；政策外在的一致性，即政策方案不能与法律制度和伦理规范相冲突。

朱志宏(1995)认为，政策规划不但是一门技术，也是一门艺术，政策规划涵盖了分析、管理与行销等层面的活动。由于政策规划政治层面的重要性超过技术层面，因此，政策规划的参与者应高度重视政治因素对政策规划的影响。一般说来，政策规划应遵循开放性、前瞻性、策略性和权变性四项原则。政策规划应具有开放性，政府决策部门应是一个开放系统，在进行政策规划时不能闭门造车，决策部门必须了解并把握与决策系统息息相关的环境，切实掌握两者间的互动关系，通过民意调查和听证会等有效途径，真正了解民众偏好与需求，以增强公共政策的回应性。政策规划应具有前瞻性，一般规划基本上是由近而远的所谓“直线”规划，而前瞻性规划则是“垂直规划”、跳跃式规划，是由远而近，而非按部就班、由近而远的政策规划。政策规划的前瞻性要求规划者超越问题现状，把握政策问题各种可能的发展趋势，确保设计的政策方案不落后于问题态势的发展。政策规划应具有策略性，环境的变化无常，环境的力量巨大，会让我们感到微不足道。政策规划人员应肯定自己，发挥潜能，抱定一切操之在我的信念，拟定赢的策略，以期转危为安，化险为夷，反败为胜。政策规划应具有权变性，由于环境不断在改变，政策规划也应随环境的改变而做适当的调整，从而保持政策方案与政策环境之间良好的适应。

4.3 政策设计、学习与移植

4.3.1 政策设计

政策规划由于是政策科学早期发展的分析概念，因带有明显的“阶段论”特点而受到批评，“政策设计”作为政策规划的替代性概念之一出现。德莱泽克和莱普利（Dryzek & Ripley，1988）认为，政策设计涉及问题解决过程中有意识地发明、发展与应用的行动。该定义强调政策设计是解决问题的行动方式，是一种有意图的政策活动，目的在于解决政策问题，实现政策目标。施耐德和英格拉姆（Schneider & Ingram，1990）提出政策设计的概念来说明政策规划的意义。他们认为政策设计一词就动词而言，是指形成政策理念的过程，若就名词而言，则是指一项政策期望完成其目的的逻辑过程。政策设计实为政策规划与形成的过程与产物，意指有系统地仔细思考政策工具、手段选择（Ingraham，1987），此意义将政策设计视为有架构的分析性活动。另一种对于政策设计的定义，则将其视为系统的或非系统的工具、手段之形成与发展。因此，政策设计一词一般有两种意义（Linder and Peter，1989）：第一，是一个过程，以政策设计如何，在哪个阶段完成；第二，是指一个产品、一张政策的蓝图，尤其是指政府干预行动的工具和手段。关于政策设计可分为科学观、艺术观和社会观三种不同观点（见表 4-1）。

表 4-1　政策设计的科学观、艺术观与社会观比较

政策设计	科学观（理性设计）	艺术观（渐进设计）	社会观（社会互动）
设计焦点	理性的/技术的	渐进的/功能的	社会的/互动的
指涉架构	客观、理论、秩序、行为	主观、情感、政治互动	交互主观、参与、互动/行动
研究方法	价值中立、量化分析	价值介入、质化评估	价值批判、量化与质化并重
科学活动	研究、衡量、理性规划	领导技能、共识建立	对谈/开放性沟通、相互学习，理论实践
过　　程	理性的/机械的	神话的/适应的	演化的/创新的

资料来源：Jun，1986：90。

科学观的政策设计将设计视为理性的、技术的设计科学，通常以客观、理论、秩序与行为为指涉架构，强调价值中立的量化分析作为主要研究方法，研究、衡量与理性的规划一项公共政策；并视整体政策设计过程为一理性的、机械的设计过程。因此，科学观的政策设计是行为主义的产物，由专家利用科学的分析工具，从事客观的评估，找出现象间的因果关系和理论，以获取理性的和技术的解决方案，以期操作化、量化的成果，以顺利推动公共政策、解决公共问题。

艺术观的政策设计将设计视为渐进的与功能的设计过程，通常以主观、情感与政治为指涉架构，强调价值介入与质化评鉴分析作为主要研究方法，透过利益相关者主观投入、共同参与、情感互动与彼此分享的产物，形成“我们团体”的情感团体，建构众人信守的公共政策。艺术观的政策设计强调整体政策设计过程的领导技术与共识建立，是神话的与适应的政策设计过程；强调政策设计需要通过人性化的领导方式，找出大家的共识，建立彼此的心理联结。

社会观的政策设计则将设计视为社会的、互动的设计过程，通常以交互主观、参与、互动与行动为指涉架构，强调价值批判为主导，兼采计量与计质分析作为主要研究方法；整体政策设计过程主要活动在于公开对谈、开放沟通、相互学习与理论实践，显现出演进的与创新的精神。社会观的政策设计整合组织需求与个人价值，对于目标的活动皆抱持开放的态度，根据知识、事实、直观与参与，透过广泛的社会互动以与其他行为者对话来产生公共问题的解决方案。

综上所述，政策设计不仅是一种理性技巧，更是一种参与艺术与社会互动，除了重视科学观的技术分析以外，必须特别注意艺术观的政治分析与社会观的社会互动，以获得政治团体及利益相关者的支持。因此，完善的政策设计应同时注重技巧、政治与社会三个层面，才能避免失之偏颇，政策设计无法顺利推行。

从结构上看，政策设计由两大部分组成：一是方案设计的基本要素；二是这些基本要素构成的联系机制，具有其内在的结构逻辑(Schneider & Ingram，1990；林水波，1999；丘昌泰，1995)。其中，方案设计的基本要素包括结果、目标人群、执行机构和法规四项。其中，结果包括政策制定者的预期结果和政策本身所产生的实际结果。由于预期结果和实际结果之间存在差异，政策方案设计的重要目标之一就是尽可能缩小两者之间的差距。目标人群是政策直接或者间接影响的团体和个人。由于政策制定者期望通过公共政策引导、改变和规范目标人群的行为，目标人群是否遵守和服从政策规定，对于政策成败影响重大。因此，政策设计必须考虑到政策对目标人群的利益可能产生的各种影响以及由此带来的反应，在政策制定的过程中增强目标人群的参与意识，充分考虑各种复杂的利益和诉求，防止政策可能出现的疏漏。执行机构是指具体执行政策方案的相关政府机关或其他机构。首先要考虑政策执行方式是由公共部门、私营部门还是公私合作方式进行；其次要确定由中央还是地方负责。对于执行机构的选择，需要考虑到四类因素：一是执行机构的政策资源和能力；二是执行机构的组织健全程度；三是执行机构人员的意愿；四是执行机构的沟通能力等。法规是指政策方案所依据的法律基础。政策方案从内容到程序都应当符合各种法律的规定。

政策方案的要素之间需要一定机制相互联系。政策的联系机制由规则、工具和假定三方面构成。其中，在政策设计中，政策制定者、目标人群以及执行机构等都要遵循社会规则。公共政策往往包含了对社会价值和利益的分配和再分配，因此一套明确、合理的规则是保障公共政策的公平、公正和合理的重要基础。工具是指促使政府和目标人群遵守政策方案的各种政策措施，即将政策目标转换为具体政策行动的各种工具和机制。通过应用政策工具，政府能够引导、纠正、规范目标人群的行为，使其行为有利于政府意图或政策目标的实现。假定是指对政策因果关系的各种陈述。政策设计包括三类假定：一是技术假定，指使政策产生效果应采用何种科技才能的陈述；二是行为假定，指使政策产生效果应敦促目标人群采取何种的陈述；三是规范假定，是指使政策产生效果应采取何种法律规范的陈述。这些假定构成了实现政策目标的理论基础，渗透到政策设计的全过程，将法规、机构、目标人群以及结果等要素贯穿起来。

政策设计与政策规划都是对政策方案提出过程的概括，两个概念经常交替使用，但也有一些区别，主要表现在结构逻辑不同以及分析重点不同两方面。从结构逻辑的不同来看，政策规划是传统阶段论的产物，强调与其他政策阶段的区别；而政策设计主要是为打破阶段论划分而产生的替代性概念，它将政策问题和政策方案、政策制定和政策执行都联系起来，贯穿于整个政策制定过程，用更加系统的方法来探讨政策方案的形成及其执行问题。而由于结构逻辑的不同，政策规划重点考虑解决方案的形成与研判，偏重理性和技术层面的分析；政策设计的分析范围更广，不仅着重解决方案的拟定，也非常重视政策方案的执行问题；不仅重视技术分析，也重视政治分析（林水波，1999）。

4.3.2 政策学习

政策规划需要通过政策学习来加以调整与创新。在政策规划中，尤其是对于某一复杂、不确定的政策问题，政策制定者至少需要从历史经验和地区比较两方面来考虑可供采纳的政策方案，从传统政策、现行政策或者其他地方政策中学习获得可供参考和借鉴的各种知识，包括问题建构、政策理念、政策目标、政策内容、政策工具等各方面内容。这一过程即政策学习。

根据罗斯（Rose，1991）的研究，政策学习或经验汲取具有以下四个特点：政策学习是跨时空的，即从过去、国内不同地方政府和不同国家的政策实践中汲取经验教训；政策学习是有条件的，即学习者务必充分考虑影响政策成败的特殊背景和条件，避免盲目照搬或全盘移植；政策学习的动力来自学习者对现行政策的实施结果与期望景况之间差距的不满意；政策学习的过程是模仿而不是创新，但是将彼时、彼处的做法引进到此时、此处的过程中所做的调整、调适和改变，也蕴含着一定程度的创新。

政策学习研究发端于 20 世纪 70 年代。赫柯罗（Heclo，1974）认为，政策学习经常是政府在以往经验的基础上对某些类型的社会或环境刺激所做出的回应，而很少是一种有意识的行为。霍尔（Hall，1993）则对其进行了修正，认为政策学习在于更好地实现政府的政策目标，因此，学习是基于过去政策与新信息，对政策目标或技术的一种有意识的慎重调整，进而更好地实现治理的终极目标。这种政策图景具有以下三个特点：第一，影响时段 1 的政策的主要因素之一是时段 0 的政策。政策对社会和经济环境的反应没有对过去政策结果的反应那么直接。第二，推动学习进程的关键人物是某一政策领域的专家，比如国家工作人员或政府顾问。政客在社会学习中的影响力并没有行政官员或政策专家大。第三，强调政府的自主行动能力。政府在制定政策目标时，面对社会压力会显示出强大的自主性。

政策学习存在不同类型。豪利特和拉米什（Howlett & Ramesh，1995）认为霍尔和赫柯罗所定义的政策学习与政策变化的关系不是非此即彼的关系，而是一种并存关系。他们从学习机制和效果的角度将政策学习分为内生学习和外生学习两种类型：与内生学习对应的是经验吸取，源于正式的政策过程，影响政策制定者对政策方法和政策工具的选择，主要是技术层面的改进；与外生学习相对应的则是社会学习，源于政策过程外部，影响政策制定者适应或改变社会的阻力或能力，是一种最为根本性的学习。

梅(May,1992)从学习内容的角度将政策学习分为工具性政策学习和社会性政策学习两种类型：前者指关于政策工具或执行设计的有效性学习；后者指关于政策问题的社会建构、政策范围或政策目标的学习。事实上二者并非是互斥的，常常是相互关联或伴随着发生。

在梅的基础上，萨巴蒂尔和詹金斯-史密斯(Sabatier & Jenkins-Smith,1993)增加了"政策信仰学习"的概念。他们强调信念和政策学习的动态变化是理解和预测政策变动的关键所在，政策取向的学习包括相对持久的思想或行为动机的转变，这种转变来自经验并且关系到个人或集体信念体系规则的达成或修改。政策学习可以在倡议联盟内部与不同倡议联盟之间发生，学习内容既包括政策背景，又包括问题感知和政策目标。

坎普和威仁(Kemp & Weehuizen,2005)从学习的内容与程度的视角，将政策学习归纳为工具学习、概念学习或问题学习和社会学习三种类型。其中，工具学习主要是对具体技术、政策过程和政策工具等的学习，仅关注提高政策效果和效率的技术手段，而不质疑政策的根本设计、目标、价值等；概念学习或问题学习是指对问题视角的学习，通过打破既有思维来看待政策问题，从而产生全新的解决办法；社会学习是指对政策价值以及规范、目标、责任等其他深层次信念的学习。社会学习很难发生，但是一旦发生将导致政策的重大变迁。

4.3.3 政策移植

与政策学习相类似的概念还有政策移植或政策转移。在全球化程度日益加深的今天，政策移植已经成为政策规划的重要来源之一。从移植内容上看，政策目标、政策内容以及政策工具等都能够成为移植的对象。政策移植是指一个过程，在这个过程中，在一个时间或地点存在的政策、行政管理安排或机构被用于在另一个时间或地点来发展有关政策的知识、行政管理安排和机构(Dolowitz & Mash,2000)。这一概念强调了政策移植是一种多维现象，它可以跨越时间、空间进行；政策移植的内容是政策知识、行政管理安排和机构，也包括政策性计划和政策项目等；政策移植是一个动态的过程，这一过程涉及相关的要素；政策移植的发生具有多层面性，既有国际组织层面的转移，又有跨国层面的转移和国内层面的转移。

政策移植与政策学习的内涵大致相同，仅存在一些细微差别，相比之下政策学习的含义更为广泛：政策学习是对相同政策问题的经验汲取(Rose,1991)，强调政策制定者从一个领域内的政策之中获得知识，并且应用于自身政策制定；而政策移植则较为关注实际政策实施中的制度条件和背景，更强调政策知识和制度在国家之间的传播和学习(Bomberg,2007)。

在政策规划阶段，更多出现政策的复制和混合，对政策内容方面的移植十分重要(Dolowitz & Mash,2000)。政策移植存在不同的程度，大致可以分为复制、效仿、混合、启发四种形式：所谓复制是指政策文本直接的、完全的转移；所谓效仿是指借鉴他国公共政策背后的思想观念；所谓混合是指针对同样的政策问题混合各有关国家的公共政策；所谓启发是指其他国家的政策可能引发本国的政策变化。

从政策制定者的意愿角度，可以将政策移植分为自愿移植和被迫移植。但这种分类过于简化,更好的办法是将政策转移视为处于从自愿学习到被迫接受的一个政策移植连续体。

虽然政策移植在政策规划和执行中具有重要作用,但并非所有的政策移植都能够获得成功,很可能出现政策失败。导致政策失败的因素至少有信息不全的政策移植、不完全的政策移植和不当的政策移植三方面。其中,信息不全的政策移植是指政策借用国对于该政策的信息了解不充分,不清楚该政策在政策输出国的原始运行状态;不完全的政策移植是指虽然发生政策移植,但是政策输出国的某些成功要素未被采纳;不当的政策移植是指忽略了政策借用国与政策输出国之间在经济、社会、政治和意识形态背景方面的差异。因此,在政策规划阶段,需要谨慎对待政策移植。

4.4 政策规划者及其行动组合

政策规划从根本上讲是政策行动者互动的结果。行动者个体的有限理性及其相互之间的立场差异都要求通过集思广益、充分协调加以消弭。一方面,通过共同讨论,将多方面的政策知识、经验和手段集合起来,以集体理性规避个人的有限理性,形成较为完善的政策设计;另一方面,通过平等协商,使不同行动者的利益在充分表达的基础上加以协调,保持不同利益的相对平衡。但是,只有当政策行动者对政策问题、政策目标、政策工具等形成共识时,各种政策预案才能被设计出来。这就必然会让具有相同或相似利益要求、价值取向的相关组织机构及其政策代理人联合起来,以保证某一政策预案的竞争优势。因此,政策规划既是不同行动者个体的行动结果,也是不同行动者组合的行动结果。

4.4.1 政策规划者

随着政策制定过程的推进,相关的政策参与者日趋减少。到了政策规划阶段,参与者的数量虽然保持较大的规模,但仅仅包括那些进入政策过程的国家和社会的参与者;而在政策议程初建阶段,国家和社会各类参与者都能够介入其中;在政策抉择阶段,参与者就更少,通常排除了所有非国家机构的参与者,仅仅包括政治家、法官和被授权进行某一问题权威性决策的政府官员,以及来自其他政府层级的人士。具体来讲,政策规划者是指参与政策方案的设计、研究、审议等活动的各种机构和人员。

近几十年来,政府的政策领域空前扩大,政策环境日益复杂,大量政策规划以解决综合性的政策问题为主,往往涉及多学科的综合知识和包罗万象的信息,既有政治学、社会学的价值判断问题,也有数据调查和收集、政策分析模型以及相关专业技术问题。面对如此艰巨的政策规划任务,不但需要政府各部门的人员介入,也需要专门从事政策规划的专业人员。因此,政策规划者大致可以分为政府系统内部的规划者和政策系统外部的规划者两类人员(张金马,1992)。

政府系统内部的规划者是主要的政策规划者,政府的大部分政策都是由内部人员完成的。政府一方面可以通过自身的行政立法权自行制定行政法规,并通过立法创议权在很大程度上左右立法机关的立法方向;另一方面可以依据自身权威广泛调动各种政策资源和大批专业人员,使得政策规划工作逐渐成为一项独立的政府活动,并依靠专门的政策规划机构来完成。政府内部政策规划机构的存在和发展，是政策科学化的一个重要标志。

政府内部规划者处于政策过程的关键位置，具体而言，其主要职能有四方面：一是应决策者要求，就重大政策问题进行调查研究，集中和协调各方意见，规划政策，提供政策方案；二是在广泛调查研究的基础上，对特定领域的问题进行分析和预测，主动向决策者提出意见；三是对其他部门或政府组织以外的政策研究机构所提供的政策方案进行研究、评估、论证和选择，确保政策的整体性和协调性；四是为政策方案设计可选择的具体实施计划。

系统外部的规划者可以泛指各种智囊团、思想库和研究机构。由于这些机构集中了大批高级专家和专业技术人员，在政策规划过程中常常发挥重要作用，尤其是在接受政府委托从事某项课题研究时更是如此。这些规划者是独立的科学工作者，提供给决策者的意见与建议常常是互不相同甚至是彼此对立的，各种方案的提出有利于决策者进行综合比较与全面考虑，提高政策规划质量和决策的科学性。

与政府系统内的政策规划者相比，政府系统外的政策规划者一般具有较强的独立性，但信息来源受到很大限制，尤其是当这些规划者的设想与有关政府部门的意见相悖时，一般很难从政府部门获得进行政策规划所需的各种信息资料。而政府内部的政策规划者则具有信息来源优势，但是却缺乏独立性，在很大程度上受到上级指令和决策者意志的影响和限制，很难客观全面地考虑问题。

正是由于两类政策规划者各有短长，政府在政策规划过程中应促使两类规划者相互取长补短，需要从以下三方面加以努力：一是树立科学规划观念，注意政策规划的科学性，客观规划政策方案，提高本机构的政策分析水平；二是建立多样化的内部规划机构，并尽可能吸收政府各部门的人员参与政策规划，以减少盲目性，保持分析的全面性与科学性；三是扩大与政府外政策规划部门的合作渠道，畅通信息沟通渠道，并在经常合作中建立相互信赖的关系。

对政策规划者而言，要设计出科学合理、具有技术可行性的方案，则必须谨慎对待自身的规划工作，并注意避开以下六类陷阱(Patton & Sawicki,1993)：一是避免对经验的过度依赖和对创新的过度追求，只有适合政策环境的方案才是正确的选择；二是避免灵感的瞬间流失，直觉思维是科学推理的有益补充，需要及时记录各种富有灵感的想法；三是避免对问题的仓促、全盘否定，政策问题的界定是既关键又复杂的环节，不可因提高效率而牺牲必要的分析时间；四是避免对方案产生偏好，不随意对方案进行先期评估，否则会排除某些可行方案；五是避免定向思维，政策规划活动需要在问题界定、方案设计、方案审定和方案择优之间来回转换，以适应客观环境变化；六是避免有违职业道德的行为，充分尊重数据与结论的客观性。

4.4.2 政策规划者的行动组合

1. 政策网络

在现代政策制定过程中，科层制的决策模式已经被网络化的决策模式所替代，行动者之间的关系与互动不再仅仅依靠权威或强制，而更多地采用协商或劝服的方式达成相互同意，并以此限定行动者的边界和位置。这就形成了以政策网络为特征的行动组合，政策行动者以横向、纵向或纵横结合的方式形成人数不等的网络组合，网络成员就关心的议题进行沟通和协商，通过交换各自资源以获取利益报酬或达成共同目标。

政策网络是利益相关者与国家机关各部门之间建立的例行化互动模式，就特定议题展开沟通与协商，使得参与者的政策偏好被满足或是政策诉求获得重视，以增进彼此的利益。通常，政策网络内的行动者包括行政官员、国会议员、专家学者、利益集团以及与政策有利害关系的个人或团体，这些个别行动者或团体因为法定权威、资金、信息、专业技术与知识等资源的相互依赖，而结合成行动联盟或是利益共同体。一般来讲，政策网络是一系列非等级、交互性的和具有一定稳定性的关系网络，网络成员对政策过程存在较为一致的利益诉求或是共同目标。

从广义上讲，根据政策网络的利益导向、成员性质、纵向独立性、横向独立性和资源分配等特征，可以划分为五种类型，包括议题网络、生产者网络、府际网络、专业网络和政策社群或地域网络(见表 4-2)。

表 4-2　政策网络的类型

网络类型	网 络 特 征	利益导向
议题网络	不太稳定、参与者人数很多、有限的垂直相互依赖性	不确定利益
生产者网络	流动的成员、有限的垂直相互依赖性、服务生产者的利益	生产者利益
府际网络	有限的成员、有限的垂直相互依赖性、广泛的平行意见	地方利益
专业网络	稳定、高度有限的成员、垂直的相互依赖性、有限的平行意见、服务专业的利益	专业利益
政策社群/地域网络	稳定、高度有限的成员、垂直的相互依赖性、有限的平行意见	公共利益

资料来源：Marsh & Rhodes，1992：14。

议题网络的特点是参与者人数很多，垂直的互赖关系有限，横向的意见并未整合。网络的整合度很低，相当不稳定，成员很多，来来去去，因此不能成为稳定的网络。

生产者网络是经济团体，包括公共与私人部门，扮演主要角色的网络，网络成员流动性高，垂直的互赖关系有限，中央依赖工业组织以传递期望的财货与专业。

府际网络指代表性地方政府利益的网络，最大的特点是有限的地方参与者，追求广泛的地方上所有服务，垂直的互赖性有限，但有广泛的水平意见的沟通，与其他网络的渗透。

专业网络是指专业团体支配的网络，例如，全国健康医疗服务网络、自来水服务网络。专业网络表达特殊专业的利益，并具有实质的垂直互赖关系，与其他的网络有所隔离。

政策社群或地域网络是指一种具有高度稳定与限制性成员的网络，垂直的相互依赖奠基于共同传递服务的责任基础上，并且与其他的网络隔离，这种网络具有高度垂直依赖性与有限的平行意见，它们是高度整合的。政策社群主要奠基在政府的功能利益上，例如，教育或消防服务网络；如果是包含主要的地域利益，则称地域网络。

从政策制定角度讲，到了政策规划阶段，议题网络、政策社群和倡议联盟是参与政策制定过程的常见网络形式。这一阶段的参与者规模开始减少，以地方利益和公共利益为主导的政策网络开始进行政策设计。与议程设置阶段相比，这一阶段府际网络、生产者网络、专业网络所发挥的作用开始逐步减少，更多地由政策社群和倡议联盟发挥主导作用。

续表

这些网络组合提出各自认为适合的解决方案，并设法让备选方案建议保留到政策决策阶段。

2. 议题网络

议题网络是指在政策预案提议的最初阶段上，解决政策问题的各种方案才刚刚起步，没有形成界限分明的政策主张之时出现的一种政策行动主体组合。由于此时的各种政策主张还远未定型，人们只有一些模糊的见解，或对某些可能的解决途径感兴趣。因此，参与规划的行动者并未组成一个稳定的组合来专门应用某一特定的备案方案。参与者不断进入，又不断退出。这种政策行动者组合就是议题网络。

政策议题网络实质上是人们围绕同一政策议题互动而形成的社会关系结构，其运行是网络成员围绕议题积极双向互动（发言、劝告、旁听、争论）的过程，它再现了多元的公共政策生态系统。在政策规划初期，不同集团会从多层面参与政策议题，以不同方式相互作用、共同影响政策进程，其关系构成松散的网络。政策网络结构的松散性，表现为政策行动主体在政策预案设计过程中的随意进出。一些政策行动主体可能较早进入某种政策预案的讨论，而另一些政策行动主体则是在讨论后期进入，有些政策行动主体或因为政策主张的改变而退出先前的政策规划讨论。

在这一阶段，生产者网络、府际网络和专业网络的成员都可能渗透到议题网络中，根据各自的立场和主张参与政策预案的讨论，试图使自身利益尽可能纳入政策设计当中。赫克罗（Heclo，1978）认为，政策议题网络的参与人群包括政府官员、立法者、商人、说客、学者和记者；根据利益从属关系，他们可被进一步归结为政府、国会、经济利益集团、压力集团、学术团体和公共媒体。

从权力结构来看，议题网络具有三位一体的权力结构形态，由政府机关、特殊利益集团，以及反对性利益集团等组成（McFarland，1987）。这与“铁三角模型”（联邦政府、国会、利益集团）存在本质区别，在议题网络中，政府机关与利益集团尚不属于互惠互利关系，其扮演的是中立者角色；特殊利益集团专指经济利益集团，由于具有太大的权力，需要由政府和反对性利益集团来平衡，以实现公共利益；这里的反对性利益集团可以是实在的也可以是潜在性的反对团体。

由于捕捉到了政策参与者身份的广泛性、协作关系的不稳定性、决策资源权力分配的不平等性，以及利益冲突整合的多态性等特征，议题网络对开放的政策规划体系及其决策机制表现出了良好的解释力，打破了精英主义有关政策联合体局限于官僚机构和利益集团，或称压力集团的界定，展示了现代公共政策系统中开放多元的利益代表关系。但是，对于政策规划而言，广泛讨论并不能导致政策设计的形成，而只能促成一些原则上和方向上的大致共识。这就需要政策社群进行进一步的推动和完善。

3. 政策社群

当政策规划进行到一定阶段，政策行动主体就开始较为集中地围绕某种或某几种预案展开焦点较为集中的论辩，这时，原先松散的政策网络就会紧缩，逐步形成若干个观点鲜明的、相互有竞争性的政策社群。政策社群是指在政策中以共同的信息、价值、利益为基础联系在一起的政策行动主体组合。政策网络成员之间不仅有共同的价值因素，而且有共同的特定利益为支撑。

相对于一般政策网络，政策社群的成员更加稳定。由于政策网络成员之间不仅有共同的价值因素，而且有共同的特定利益为支撑，因此，政策社群组合中规划者随意进出的现象就会减少，一些对某个政策方案持有坚定立场的主体会相互鼓励，他们充分利用每一次集中论辩的机会，不断补充信息、完善方案的措施，并努力收集其他政策预案的政策措施以及政策工具的设计、安排，以便与自己坚持的预案进行比较。

与一般的政策网络相比，政策社群行动者的论辩焦点也发生了变化。虽然政策网络也关注如何解决政策问题，但是其重心还是在于哪些解决途径会被当局考虑，而政策社群则更加关注采用何种具体方案来解决问题。由于不同的解决方案会让不同主体、群体、团体和组织得到更多利益，或者推动利益的重新分配，因此，只有利益要求相同或相近的政府部门的政策代理人、利益群体、团体和组织的政策代理人、对利益分配持相同立场的政策研究者才会组合在一起。但是，在政策规划环节上，各种政策备选方案在论辩中发生修正，具有不同利益的政策行动主体和政策研究者会相机而动，根据情势改变利益要求，从而导致政策社群发生变化。

如果将政策网络看作是利益团体与政府之间的关系，政策网络则依据这种关系的紧密度呈现为一系列的光谱(Marsh & Rhode,1992)：政策网络是通称，政策社群在光谱一端，包含紧密关系；议题网络则在光谱的另一端，包含松散关系；在亲疏关系两极端的网络中间，有专业网络、府际网络与生产者网络。将政策社群与议题网络进行比较，可以发现，两类网络在成员、整合程度和资源三个层面具有不同特征(见表4-3)。

表4-3　政策社群与议题网络

层面		政策社群	议题网络
成员	参与人数	参与者有限，某些团体被刻意排除	很多
	利益导向	以经济和/或专业利益为主	牵涉到的利益范围很大
整合程度	互动频率	频率高、质量高，对于与政策议题有关的一切事务均有互动关系	互动的频率与强度变换不定
	持续性	成员、价值观与政策后果均有长久持续性	成员与价值观变化很大
	共识	所有成员分享基本价值观念并且接受政策后果的合法性	可达成某种协议，但是冲突一直不断
资源	资源交换	所有参与成员均有资源，基本的关系是互换关系	某些参与成员虽然拥有资源，但是有限，基本的关系是协商性的
	内部结构	层级节制体系，领导者可以分配资源	变异性很大，不同的分配与管制成员的能力
	权力分配	成员间的权力均衡，虽然可能有支配性团体，但是必须是非零和博弈，政策社群才能长存	不平等的权力，反映不平等的资源以及不平等的接近网络机会—零和博弈

资料来源：Marsh & Rhode, 1992: 19。

在成员方面，政策社群与议题网络在参与人数和利益导向上具有不同特征：政策社群的参与者有限，常常只包括一个政府机构或政府机构内部单位，偶尔包括一个以上的部门，以经济和/或专业利益为主。相比之下，议题网络的参与者则众多，涉及的利益范围很大；

在整合程度方面，政策社群与议题网络在成员互动频率、持续性和共识程度上具有不同特征：政策社群中政府与主要利益团体频繁互动，而且互动程度高，对于与政策议题相关的一切事务均有联系；而议题网络的互动则不够稳定；政策社群参与者少，意味着政策网络的稳定性较强，成员价值观与政策后果均有长久的持续性；而议题网络的成员则在不断变化，在价值观上也有很大差异；政策社群对政策目标有高度共识，所有成员共享基本价值观并接受政策后果的合法性；而议题网络则没有共识，即便达成某种协议，也会冲突不断。

在资源方面，政策社群与议题网络在资源交换、内部结构和权力分配上也存在诸多不同：政策社群的参与者拥有信息、合法性以及执行的资源，可以交换，是资源互换关系。其中，团体交换的是政策方向，政府则以政策偏好换取团体支持；虽然议题网络的参与者也有资源，但非常有限，成员间关系基本是协商的；政策社群的权力是正和(positive-sum)，即一方参与者不必向另一方参与者牺牲权力；而议题网络的权力并不平衡，属于一种零和博弈。政策社群的团体具有层级结构，领导者可以分配资源，并且必须确保一旦达成协议，成员必须接受政策；议题网络的团体成员则变异性很大，领导具有不同的分配与管制能力。

当政策网络收缩为政策社群时，最后留下来的规划人员并不是很多。一些早期介入政策规划的大众媒体的代表会退出，一些分散的对某些政策问题仅仅是感兴趣的研究人员和社会公众也会退出。在政策社群阶段，政策规划的主要预案已经界限分明了。但是，要将这些处于相持状态下的少数政策预案精细化，还需要更多的策略手段、信息收集和评价论证。这时，仅仅依靠政策社群就不够了。

4. 倡议联盟

在规划论证阶段，从政策社群中会形成最为紧密的政策行动者组合，即政策倡议联盟。倡议联盟是指在政策规划环节中，将维护、坚持和追求不同利益的政策代理人、组织机构汇集到一起，形成各种基于利益和政策价值选择的稳固联盟。政策倡议联盟为争取提出的政策方案被吸纳而展开论辩和竞争。加入联盟的可能是单独的个体，也可能是群体、集团和组织机构的政策代理人，其中包括政治领袖、行政长官、利益集团代表、政策专家和公众代表等。

与政策社群相比，政策倡议联盟的紧密程度更强。与政策社群一样，倡议联盟拥有一定的政策资源，包括制定政策决策的正式法定权威、民意、信息、可动员的队伍、财力、有效领导等，使得政策参与者可以运用相关资源来影响公共政策制定(Sabatier & Weible, 2007)。与政策社群不同的是，加入支持联盟的行动者通常是不同层次的，有执政党代表、政府官员、社团代表以及政策研究机构代表，组成人员形成纵向和横向的交叉。但是，由于进入倡议联盟的人员还具有相同的政策信仰，正是这一稳定的信仰系统使得不同成员能够进行长期的深度协调与合作，成为一个政策共同体(Sabatier & Jenkins-Smith, 1993)。

政策信仰是标志倡议联盟的核心要件，包括一整套的基本价值观、因果假设以及由此形成的对问题的认知体系。该信仰体系由深层核心信仰、政策核心信仰与次要信仰三个等级组成(Sabatier & Weible,2007)。其中，深层核心信仰类似于一种宗教信仰，包括根本的规范性认知和本体论公理，很难被改变；政策核心信仰包括对重要因果关系和问题严重性的认知，是联盟与联盟之间的根本区别，其中的基本规范性认知调整起来比较困难，但有关实际经验成分的认知体系可随经验证据的累积而改变；次要信仰则随经验资料和数据的不断更新而对工具性决策做出调整。

联盟的政策信仰相当稳定，在10年内都很少发生改变，使得倡议联盟也很难发生改变。由于政策信仰的改变不仅涉及深层次的价值信仰，还与外部因素有关，而通常外部因素在短期内都是不会变化的，比如问题领域(或物品)的基本属性，自然资源的基本分布、基本的社会文化价值和社会结构和基本的宪政结构(规则)，都具有相当程度的稳定性，因此，联盟信仰不会轻易发生改变，这使得联盟的稳定性得以保障。也因此，联盟之间的对立性是必然存在的，由此使得政策规划过程中充满了政策辩论。

在某一特定的政策领域，通常存在两个到四个有着共同价值和信仰的倡议联盟，其中具有一个占支配地位的倡议联盟。这些不同的倡议联盟由于信念体系不同，各自的政策偏好和政策目标也不同，因此，各种倡议联盟会设法维护自己内核信念体系的价值，抵制竞争性的内核信念体系，并尽力使各自的核心信念转变为政策。但是，由于政策备案主要反映了处于主导地位联盟的信念系统，其他倡议联盟就会为争取自己提出的政策方案被吸纳而展开论辩和竞争。

虽然倡议联盟的信仰系统具有稳定性，但并非一成不变。在政策辩论过程中，面对新经验、新信息和新知识的挑战，联盟成员会对自己的信念系统做出一定调整，吸收竞争对手某些合理的因素，进而形成跨联盟的政策学习。政策学习是指与政策目标达成或修订相关的思想或行为倾向变更，取决于经验与新信息，需要较长时间(Sabatier & Jenkins-Smith,1999)。学习内容既包括政策背景，又包括问题感知和政策目标。但是，由于行动者信仰体系的刚性，政策学习主要是在长时期内对次级层面信仰或政策子系统的次要方面产生影响，呈现出一种渐进的演进特征。

值得注意的是，政策学习不仅发生在联盟之间，也发生在倡议联盟内部。政策规划中的各行动者尽管因相同的信仰共识而结盟，但是并不等于联盟内部成员之间没有冲突和辩论。正如前所述，由于每个个体的经验、认知和思维模式的不同，个体之间并非一直处在一致性共识当中。因此，在联盟内部，也需要在辩论中学习，扩展联盟成员各自的认知内容，提高其认知水平，使得成员之间对政策方案的看法更符合政策目标的设定，更有利于政策方案的科学设计和政策问题的成功解决。

5. 全球性公共政策网络

随着全球性经济的出现、文化的普及与交流，日渐加深的互相依赖，以及信息通信基础建设的发达，促成了各式各样全球性公共政策网络的出现。世界银行于1999年认定50个不同的全球性公共政策，包括国际犯罪、渔船纠纷、公共卫生、水坝管理以及打击疟疾等议题；这些全球性公共政策网络并非属于层级节制的组织，因为能较有弹性地处理、运用新知识，借由连接和促进不同国家、身份背景的团体与个人共同学习、合作，提供专业知识与意见以协助各国决策者因应全球化所带来的挑战。

全球性政策网络担负着以下七大重要功能,包括:提高全球意识、促成全球政策议题的跨国性对谈;促成协商并协助建立复杂、一致的全球性标准;协助国际间的知识搜集、散布与分享;创造或扩张市场,使生产必要的公共物品;协助政府之间协约的执行;促成全球性决策的参与;提供有价值的公共服务以矫正市场失灵(刘宜君,2002)。

虽然全球性公共政策网络展现出上述功能,但其亦有缺失与限制。多数全球性公共政策网络仍由大型跨国公司和主要的非政府组织所主导,其余成员团体,如发展中国家并未能积极参与。虽然全球性公共政策网络以信息与通信科技使各国民众参与全球事务,但其无法完全消除参与落差的情形,特殊利益团体通常掌控信息的流向。国与国之间、地区与地区之间的数字鸿沟问题造成各方参与的不平等现象。多数全球性公共政策网络的历史不长,无法完整评估其绩效与影响。

复习与思考

1. 什么是政策规划? 政策规划的类型有哪些?
2. 政策规划的过程有哪些环节? 政策规划应注意哪些原则?
3. 什么是政策目标? 有何特点?
4. 什么是备选方案? 有何特性?
5. 政策方案选择的标准有哪些?
6. 什么是政策预案可行性论证?
7. 试对政策设计与政策规划进行比较研究。
8. 试对政策设计的科学观、艺术观与社会观进行比较分析。
9. 什么是政策学习? 政策学习有哪些类型?
10. 什么是政策移植? 政策移植的形式有哪些?
11. 试对政策移植与政策学习进行比较分析。
12. 政策移植为什么会失败?
13. 政策规划的陷阱有哪些?
14. 试对政策网络、倡议联盟与全球政策网络进行比较研究。

参考文献

1. Alexander, Ernest R. (1981). If Planning Isn't Everything, Maybe it's Something. Town Planning Review Quarterly, 52(2): 135-137.
2. Anderson, J. E. (2003). *Public policy: An introduction*. Boston: Houghton Mifflin.
3. Bomberg, E. (2007). Policy learning in an Enlarged Union. *Journal of European Public Policy*, 14 (2): 256.
4. Dror, Yehezkel (1973). The Planning Process: A Facet Design, in A. Faludi ed. *A Reader in Planning Theory*, NY: Pergamon Press.
5. Dryzek, J. S. & Ripley, B. (1988). The ambitions of policy design. *Review of Policy Research*, 7

(4): 705-719.
6. Dolowitz, D. & Mash, D. (2000). Learning from Abroad: The role of policy transfer in contemporary policy-making. *Governance*, 13(1): 5-23.
7. Dunn, W. N. (2008). *Public policy analysis: An introduction (4th ed)*. New Jersey: Prentice-Hall.
8. Hall, P. A. (1993). Policy Paradigms, Social Learning, and the State: The Case of Economic Policymaking in Britain. *Comparative Politics*, 25(3): 275-297.
9. Heclo, H. (1974). *Modern Social Politics in Britain and Sweden*. New Haven, CT: Yale University Press.
10. Heclo, H. (1978). Issue Networks and the Executive Establishment. In King, A. (ed). *The New American Political System*. Washington,DC: American Enterprise Institute.
11. Howlett, M. & Ramesh, M. (1995). *Studying public policy: Policy cycles and policy subsystems*. UK: Cambridge Univ Press.
12. Ingraham, P. W. (1987). Toward more systematic consideration of policy design. *Policy Studies Journal*, 15(4): 611-628.
13. Jones, C. O. (1984). *An Introduction to the Study of Public Policy*. Monterey, CA: Brooks/Cole.
14. Jun, Jong S. (1986). *Public Administration: Design and Problem Solving*, New York: Macmillan Publishing Company.
15. Kaplan, A. (1973). On the strategy of social planning. *Policy Sciences*, 4(1): 41-61.
16. Kemp, R. & Weehuizen, R. (2005). *Policy learning: What does it mean and how can we study it?* A working paper of PUBLIN Research Project. NIFU STEP, Olso.
17. Lindblom, C. E. (1977). *Politics and markets: the world's political economic systems*. New York: Basic.
18. Linder, S. H. & Peters, B. G. (1989). Instrument of GoVernment: Perceptions and Contexts. Journal of Public Policy. 9(1): 35-58.
19. Majone, G. (1975). On the notion of political feasibility. *European Journal of Political Research*, 3(3): 259-274.
20. Marsh, D. & Rhodes, R. A. W. (1992). Policy Networks in British Politics: A Critique of Existing Approaches. In Marsh, D. & Rhodes, R. A. W. Eds. *Policy Networks in British Government*. Oxford: Oxford University Press.
21. May, P. J. (1992). Policy Learning and Failure. *Journal of Public Policy*, 12(4): 331-354.
22. Mayer, R. (1985). *Policy and program planning: A developmental perspective*. Prentice-Hall PTR.
23. McConkey, Dale D. (1975). MBO for Nonprofit Organizations. New York: AMACOM.
24. McFarland, A. (1987). Interest Groups and Theories of Power in America. *British Journal of Political Science*, 17(2): 129-147.
25. Patton, C. V. & Sawicki, D. S. (1993). *Basic methods of policy analysis and planning*. New Jersey: Prentice-Hall.
26. Rose, R. (1991). What is lesson-drawing. *Journal of Public Policy*, 11(1): 3-30.
27. Sabatier, P. A. & Jenkins-Smith, H. C. (1993). *Policy change and Learning: An advocacy coalition approach*, Boulder, CO: Westview Press.
28. Sabatier, P. A. & Jenkins-Smith, H. C. (1999). The Advocacy Coalition Framework: An assessment. In Sabatier P. A. (ed.), *Theories of the policy process*. Boulder, CO: Westview

Press.
29. Sabatier, P. A. & Weible, C. M. (2007). The advocacy coalition framework: Innovations and clarifications. In Sabatier, P. A. (ed.), *Theories of the Policy Process*. Boulder, CO: Westview Press.
30. Schneider, A. L. & Ingram, H. (1990). Policy design: Elements, premises, and strategies. In Nagel, S. S. (ed.), *Policy theory and policy evaluation*: *Concepts*, *Knowledge*, Causes, and Norms. N. Y.: Greenwood Press.
31. Starling, G. (1988). *Strategies for policy making*. Chicago: Dorsey Press.
32. Weimer, D. L. (1993). The current state of design craft: Borrowing, thinkering, and problem solving. *Public Administrative Review*, 53(2): 110-120.
33. 陈庆云. 公共政策分析. 北京：北京大学出版社，2006.
34. 陈振明. 政策科学——公共政策分析导论. 北京：中国人民大学出版社，2003.
35. 林水波，张世贤. 公共政策. 台北：五南图书出版公司，1991.
36. 林水波. 公共政策论衡. 台北：智胜文化，1999.
37. 刘宜君. 全球化趋势政府的知识管理，全球公共政策网络途径之初探，转引自翰羽编著《公共政策：理论、实务与分析》台北：高点文化事业有限公司.
38. 丘昌泰. 公共政策：当代政策科学理论之研究. 台北：巨流图书，1995.
39. 丘昌泰. 公共政策. 基础篇. 台北：巨流图书，2010.
40. 吴定. 公共政策. 台北：华视文化事业公司，1994.
41. 张金马. 政策科学导论. 北京：中国人民大学出版社，1992.
42. 朱志宏. 公共政策. 台北：三民书局，1995.

第5章

政策决策

提出政策方案设计并进行可行性论证、优化以后，最后才能进入政策决策阶段。政策决策是政策循环的第三个阶段。在这个阶段中，决策者要对政策构建阶段提出的各种备选方案进行取舍，作出最后选择。公共政策决策就是从政策建构过程中形成的为数不多的备选方案中作出选择，以解决公共问题。公共政策决策是指具有行政决策权的组织或个人为了有效地实现行政目标，从多种可能的行政方案中作出选择或决定的过程。决策科学化与民主化是我国政治体制改革面临的重大课题。

5.1 政策决策的理性模式

公共政策决策不同于一般的行政决策。公共政策决策是政策制定的重要组成部分，它与议程设定、方案构建等阶段密不可分。公共政策决策需要在已经产生的，并且对认定的问题会带来影响的政策方案中作出选择。决策可以是积极的，因为它以某种方式改变现状；决策也可以是消极的，因为它可能对现状无所作为。

布鲁尔和德利翁(Brewer & DeLeon，1983)将公共决策的过程描述为选择可用的决策方法及其在预测问题中可能产生的作用。它是最明显的政治步骤，因为一个特定问题的许多潜在解决方案必须以某种方式进行筛选，选择其中一个或特殊几个以备采用。在这个过程中，选定一项最佳方案和决定不采取某种行动都是选择的一部分。因此，决策并非一个完备的过程，也不代表公共政策制定的全过程，而是一个基于政策循环前期的特定步骤。它包括从在政策形成与规划过程中确认的备选方案中进行选择，以解决公共问题。同时，政策决策并非全是技术性的程序，其本质是一个固有的政治过程。任何决定，包括积极的作为和消极的不作为，都会产生政策制定中的赢家与输家。

布鲁尔和德利翁的定义没有提及公共决策是否可行、其可能的发展方向以及决策的范围等问题。为了解决这些问题，人们提出了不同的决策理论，用以描述在政治中如何做决策以及应该怎样做决策。虽然这些模式存在很大区别，但仍有以下共同之处(Howlett & Ramesh，1995)。每一种模型都承认，相关政策决策人的数量会随着公共政策过程的推进而减少。在议程设置的阶段，制定议事日程包括众多的参与者；政策形成与规划阶段，涉及面仍然很广，但仅仅包含组成政策子系统的国家和社会行为主体；公共政策决策阶段则涵盖了更少的参与者，只有某些特定政府阶层中，有权作出该领域权威决策的政治家、法官以及行政官员才被赋予权力参与决策，而不包括其他社会人士或其他等级的政府机构。这些模型也承认，现代政府中，每一个决策者所享有的自由度应受一系列规则的约束。这些规则包括国家的宪法、各种法律法规，以及决策者依据法律所指定的实施细则等，不仅规范了特定决策者所能制定的决策的类型，也描述了他们必须遵循的操作过程，提供给决策者一种制定政策的常规性、制度性程序。虽然有这些框架的存在，决策制定者在其范围内仍然享有较大的空间及自主性，以判断并选择最佳或最适当的方案。

在西方哲学的认识论和方法论发展的历史上，20 世纪 20 年代以后，发生了两次大的转变。第一次是理性主义的主导地位被逻辑证实主义所取代；第二次是包括后实证主义在内的后现代主义的崛起，及其对逻辑实证主义的主导地位的强烈冲击。西方哲学的认识论和方法论的发展轨迹，带来了政策过程理论模型的构建发展：从理性主义占主导地位的全面理性模型，到逻辑实证主义占主导地位的有限理性模型、渐进主义模型，以及体现混合理性的综合扫描模型，再到随着后实证主义的崛起而形成的、超越理性的垃圾桶模型、子系统决策模型。

5.1.1 全面理性模型

全面理性决策模型和理性选择理论不同，理性选择理论是用来阐述利己主义决策者的演绎模型，而与之相反的是，全面理性理论强调为实现个人或者组织目标最大化而制定理想决策的程序。

理性决策模型的理论前提是决策者为理性人，而理性人的五项重要特征则包括：对社会各种价值偏好及其所具的重要性了如指掌，能在各种可能的选择中排列出优先次序；掌握所有可能的政策方案；洞悉每一政策方案的可能后果，并对每一方案的成本和效益都有清楚的计算；能依据各个政策方案的价值、优缺点、重要性排列出它们的优先次序；能选择出最能解决问题且花费最少的政策方案。因此，作为一个具备这些特征的决策者必须做到，对于社会的需求、问题和可配置的资源具有充分的知识，掌握充分的信息，对政策目标、偏好次序、备选方案、成本效益、后果预测进行比较，并做出最佳选择。

理性决策模型认为，政策实施的结果就是使社会效益最大化。符合理性的政策是那种能够赢得社会效益最大化的政策。政府在进行政策决策时应放弃成本大于收益的政策选择。在政策决策中要运用完全理性决策模型，必须严格按照如下步骤进行：一是建立各种完备的运作排序目标；二是提出各种可能的政策方案；三是预测每一种方案的成本效益和期望值；四是计算每一方案的净预期值；五是比较并确定具备最高净预期值的方案；六是确定最终选定的政策方案（戴伊，2011）。

理性决策模型追求达到既定目标最有效的方式，即追求最优化或最好的决策。社会问题应该通过收集所有与问题有关的信息以及可供选择的解决办法，然后选择一个最佳方法，从而科学地、理性地解决问题。其优点在于，第一，统合性的决策流程，强调从资料的收集、目标的确立、方案的拟定和标准的选择与排序，保持相当一致性的决策程序；第二，旺盛的决策雄心，强调积极进取的决策态度，发挥人类智慧设计最佳的方案；第三，没有界限的决策范畴，主张人的理性和方案是没有界限的。

但是该模型对完全理性的假设是偏离实际的，且受到多方面的质疑与批判，其中以西蒙（Simon）和林德布罗姆的批判和分析最具权威性和代表性。批评者认为模型的局限性在于：

（1）问题本质难以界定。决策者面对的不是具体的、被清晰界定的问题，相反，决策者较难明确识别和解释其所决策的问题。

(2) 决策者的完全理性人假设缺乏经验支持。模型假定决策者是公正的、客观的、理智的，而在实践中，决策者的公正、客观和理智却常常是极为有限的。同时，模型假定决策者全智全能，但是在实践中决策者拥有的知识、获得的信息都是有限的，不可能预先对投入—产出、成本—收益的比例做出精确的计算。

(3) 模型过高地估计了逻辑推理和数学模型作为政策分析工具所起的作用，实践中这两种分析工具无法有效分析社会性、政治性、文化性公共政策问题。

(4) 多元价值与目标的冲突。公共政策制定者通常面对的是价值冲突，而非价值一致，冲突的价值观之间很难进行比较或者权衡。并且，决策者可能会将私人价值标准同公共价值标准相混淆。

(5) 沉没成本的存在。现行政策和项目中所含有的先前的决定、承诺和投资，都有可能对备选方案的选择造成妨碍或严重影响，迫使决策者无法改变现行的政策结构，只有继续承担这些成本。

全面理性模式是一种非常有用的探索和解决社会问题的科学方法，为政策决策带来了某种程度的精确性和严谨性，是十分重要的决策模式。但是，这一模式是相当理想化的，是一个非现实的决策模式。全面理性决策模式在知识性和实用性两个方面都受到质疑。在知识性方面，它被认为过分简化了复杂的现实，未能增加对于实际上的政策制定过程的知识。在实用性方面，信息收集处理、公共问题的成本效益分析等问题都使它被认为在技术方法上是无法实现的。

5.1.2 有限理性模型

西蒙(Simon，1945)认为组织的中心任务是决策，但全面理性模型强调的完全理性是不切实际的，它是以经济人的前提下，主张人的行为是追求最大经济利益的行为，因此决策者必须收集所有的资讯，以选择最佳的备选方案。然而，现实中的行政人仅具有有限理性，仅能选择令人满意的或符合期望的方案，而不是选择最佳的方案。他认为理性指的是一种行为方式，是指在给定条件和约束的程度内适于达到给定目标的行为方式(Simon，1955)。现实世界复杂多变，客观条件充满局限，人们根本无法求得最优的解决方案，不得不转而求其次，寻求满意的解决，人的理性实际上是介于完全理性和非理性之间的一种有限理性。

西蒙把决策分成计划型和非计划型两种形态。计划型决策是指例行的、重复性的、有标准运作程序的决策，只有通过一般的量化管理技术即可解决，如概率理论、线性规划等；非计划型决策是新的、非例行性的、无标准运作程序可以依循的决策，必须通过启发性的问题解决工具，如抽象化法、类比法、观察法等。所谓有限理性或满意决策模型，是以第二类决策的运作过程为原型而构建的。以此为基础构建了一个包含三个层级的决策体系：底层是负责生产、分配等基本工作流程的层级；中层专门处理例行性的计划型决策层级；上层是专门处理非计划型决策，负责设计整体系统，以及应对难以预测的组织问题。

有限理性政策模型不是一味地追求效益的绝对最大化，而是只希望求得效益的相对最大化，即在决策时，只追求选择的方案是较佳的或较优的。在完全理性政策模型中是次佳的方案在有限理性模型中可能就是令人满意的方案。有限理性一般包括以下五个决策步骤：第一，发现并确定问题；第二，分析存在的困难；第三，建立一个有效方案的标准，建立一个从最不满意到最满意的线性尺度；第四，制订行动的计划或策略，包括将可能的选择具体化，对可能的结果进行预测，反复考虑，并选择一个行动计划；第五，开始执行该行动计划，在执行过程中，如果发现新的问题，重新进行调整。这个过程实质上是个不断循环的过程。

西蒙的有限理性模型基本上是对全面理性模型的修正，以更务实的态度面对人类在心理与组织上的限制，从而建立决策制定的模式。然而，这一模型的基本出发点仍是管理的角度，虽然切合管理决策的实际，但没有充分注意到社会、政治因素对政策过程的影响。

5.1.3 渐进决策模型

林德布罗姆是渐进主义的主要代表人物，他认为在现实政治环境中，仅有极少数的方案能够被决策者所认真考虑，而这些方案与现状之间仅有小幅度的差异，不可能作大幅度的更新(Lindblom，1959、1968)。因此，渐进主义决策是对现行决策进行有限的改变或扩充。渐进主义模型包含以下两组基本命题：

第一，公共政策实际上只是过去政府活动的持续，只是根据过去的经验而对现行的政策做出的局部的、边际性的调适。调适的成功与否取决于有关政策的社会趋同程度，也就是能否在一种渐进演变的过程中逐步寻求并获得既定政策的共同看法。

第二，决策者把决策看作一个典型的一步接着一步、永远没有完结的过程，需要不断地修正政策和目标。他与采纳这一决策方式并把决策看作一个连续的或系列的过程的任何政治体系，建立一种高度的灵活性、恢复力和持久性，以提高其为复杂问题制定好的政策的能力。这样，尽管或许没有一个政策举措是壮举，但接连不断的小进步却可能使社会发生迅速的变化。

渐进主义模型具备以下六项基本特征：第一，目的或者目标的选择与相关行动的经验分析是紧密联系在一起的，而不是彼此分离的；第二，决策者只考虑与现行政策稍有不同的备选方案，不求大幅度改变现状；第三，对每一个方案只考虑少数几种后果，不作全面的考虑；第四，决策者面对的问题不断被重新界定，从而使问题更易于把握，而不是一经决定后就不再改变；第五，对于政策方案而言，没有所谓的最佳的方案，只有符合实际需要，并为参与者所同意的，就是可行的方案；第六，渐进决策实际上是对社会问题的补救和社会现状的改善，而非执着于理想社会目标的达成。

林德布罗姆认为渐进主义在多元社会中具有较好的适用性，决定与政策是在决策过程中众多参与者共同讨论并达成妥协的结果。渐进主义在政治上属于权宜之计，因为不同团体如果仅是对现行政策进行有限修改，而不是对设计众多内容和重大得失的政策问题进行争论的话，会更容易达成一致(Anderson，2003)。同时，渐进主义也是非常务实的，它承认了决策者并不具备充足的时间、能力及其他资源对现有问题的全部备选方案进行综合分析。更注重实效，而不是追求最优方案，是利用有限的分析得出有限的、实用的决定。因此，与理性决策相比，渐进决策模型的优势在于：降低了决策活动的复杂性，只是考虑那些与现行政策具有微小差异的决策方案；降低了决策成本耗费；对有具体目标的政策作决策时更具有可行性；渐进的政策变迁能够避免重大的政策失误。

然而渐进主义模型也受到了很多批评，主要包括：第一，渐进主义成为保守势力的代言人和既得利益的拥护者。渐进政策制定所处理的是既有的相对简单的问题，而不是将来要发生的复杂问题，因而它在政治上追求的是安全的而不具有冒险精神的措施，公共政策就变成补救性措施而非创新性方案，从而构成了创新的障碍。第二，很多政策无法以渐进主义模型加以解释，如战争、革命等突发事件，以及全球性环境破坏、生态灾难等正在变化着的复杂问题。第三，由于拘泥于过去的行为和现有的规划，以及其所追求的有限变动，渐进主义阻碍了寻找或使用其他备选方案。

5.1.4 混合扫描模型

理性模式过于理想化，超越了决策者的智慧和能力，但它提出了对政策科学性、全面性的追求，适合于从宏观上考虑政策问题；渐进模式提出的政策边际变化，适合于从微观上考虑政策问题，但它只反映社会上层及最有权势的组织集团的利益，忽视了社会下层和无组织状态的弱势群体的利益，也忽视了社会发展性的根本变革，是保守的意识形态。艾兹奥尼(Etzioni)通过结合全面理性模式和渐进主义模式来消除两者的缺陷，形成了混合扫描模式。

艾兹奥尼(Etzioni，1967)提出的混合扫描模型认为，决策可以分为基本决策和渐进决策两类：基本决策是设计基本方向的决策，必须用全面理性模型加以分析；渐进决策是当基本决策已经决定之后，用来加强或修补基本决策的模型。一个好的决策制定模型首先需要对整体政策做全面性的审视和评估，主要运用全面理性模型；其次是要针对该政策中的偏离部分，即存在特殊需要或出现负面政策结果的部分进行深度的分析。

艾兹奥尼以照相机说明他的模型：一部以广角相机将全景拍摄下来，较为粗略，但能够大面积地覆盖，以得到整体景物的概念；另一部较为细致，对相片中认为值得深入观察的地方进行细致的探索。前者用于广泛搜索备选方案，后者则用于具体了解最有希望的方案情况。例如，政府进行灾区居民全面性重建工作，需要采用全面理性的精神，就灾民的所有层面进行灾害救济与重建；但必须注意特定弱势群体的利益，如孤寡儿童和老人等，审视救灾政策是否应予以修正或增强。

综合扫描决策模型要求根据决策者的能力确定扫描的层次，能力较强进行高层次扫描，扫描得越详尽决策过程就越有效，能力较弱者则不宜进行高层次扫描。在剧烈变迁的情景下，可以集中资源在高层次扫描上，根据扫描的结果采取适当的应变措施，避免破坏性的变迁。艾兹奥尼又进一步指出，当面对与以前所处理的那些问题截然不同的情况时，找出一系列完全不同的渐进的决策是很平常的。因此，混合扫描模型既是一种处理性决策模型，又是一种描述性的决策模型。

混合扫描模型最大的贡献在于：混合扫描所拥有的不同层级的灵活性增进了决策的有效性、策略性，使水平与能力各异的决策者能应对瞬息万变的社会环境与形势。混合决策模型不仅在宏观上把握方案总体的特征，不拘泥细节，避免了理性优化决策的不现实性，又在微观上对重点方案进行深入考察和检验。同时，混合扫描模型克服了有限理性学派只能解释结构良好、目的明确的组织决策行为的缺陷。通过引入两个“摄像头”，混合扫描模型能够处理多种可能性并存、不可预测的环境中的复杂问题的决策现象，这种模糊状态下的动态决策模型与真实世界的决策现象更为相似。

虽然混合扫描模型为追求行动与结构的融合付出了巨大的理论代价，但该理论在提升其自身理论因果解释力上确实没有多大进展。混合扫描模型最大的困境在于区分决策的大小，以便确定在何时何种程度上使用混合扫描模型。要摆脱这一困境只能求诸决策者的素质、能力和实际决策的经验。

5.1.5 垃圾桶决策模型

从全面理性模型到有限理性模型，再到混合扫描模型，都把政策过程视为直线、阶段分明、环环相扣、因果关系清晰可辨的运作过程。随着后实证主义的崛起，一些公共政策学者秉持逆向思维，对政策过程做了重新审视，发现实际的政策运作过程未必都具有理性思维所描述的那些特征，甚至完全相反。他们试图遵循反理性过程的思路，构建新的政策过程理论模型，垃圾桶模型则堪称其代表。

垃圾桶决策模型认为组织在决策时呈现一种有组织的混乱状态。1972 年，科汉、马奇和奥尔森在《行政学季刊》上发表文章《组织选择的垃圾桶模型》(Cohn, March & Olsen，1972)；1979 年，马奇和奥尔森合编《模糊性与组织选择》一书，收入这两位学者合写的《模糊状态下的组织选择》一文(March & Olsen，1979)。这两篇文章被认为是提出和阐释政策过程的垃圾桶模型的经典文献。这个模型关注的是组织行为的非理性因素，认为政策过程内在地缺乏理性，甚至不存在渐进主义所认为的有限理性。

垃圾桶决策模型所提出的决策有组织的混乱状态主要包含三项特质：

(1) 有问题的偏好。理性过程的模型预设决策的意愿程度、问题的理解程度是已知的，行为主体之间的关系是可预测的。但是，垃圾桶模型认为现实的决策是一个很不明确、难以预测的过程，呈现出模糊状态。又由于人们的偏好往往不一致、前后矛盾或互相冲突，决策者无法明确界定政策问题和目标的偏好，偏好是在行动过程中渐渐形成的。

(2) 不明确的技术。组织内的成员往往对组织的整体运作缺乏了解，决策者只能以试错的方式，从经验中学习决策的技能，而不可能事先洞悉整体的决策过程。

(3) 决策者具有流动性。不同机构的人在不同的时间对不同的政策问题有不同程度的参与，即使同一政策问题，这些人的参与也因时而异、因地而异，使结论与原先的规划产生不同，从而造成政策过程的不连贯、不一致。

由于组织在决策上具有以上三种特质，科汉等人进一步提出政策的产生如同一个由问题、解决问题的方案、参与者和决策机会四股力量所构成的垃圾桶。四股力量很像四道河水，有时各自流动，彼此独立、互不关联，而有时又会形成交集。垃圾桶模型认定政策过程的四要素之间并没有一致的逻辑演绎关系，决策的形成只是机会使然。而组织就像是一个垃圾桶，四要素被分别随意地丢进桶里并相互混合在一起。也就是说，什么问题会得到重视，成为热门的议题，确定决策方案来试图解决问题，就需要看这四种力量的互动。当垃圾桶中的问题刚好碰到解决方案，且该方案符合参与者的需求，同时决策者又能够发现问题与解决方案时，组织就产生了决策。

因此，决策者做出决策的机会在于，一个被参与者倾倒了各种各样的问题及其解决方案的垃圾桶，每个桶里所装的混合垃圾是什么，部分地取决于桶上贴的标签，同时也取决于正在产生的垃圾种类、取决于各种桶的混合情况，以及现场收集和清除垃圾的速度（Cohen, March & Olsen，1979）。也就是说，垃圾桶里能否做出决策、做出什么样的决策，完全要看问题是否正好碰上解决方案、解决方案是否符合参与者的自我利益、决策者是否有机会正好同时发现问题和解决方案。换言之，组织的决策往往并不是经过理性思考、计算之后的结果，而是决策者在决策过程中不经意地遇上四种要素耦合的结果。总之，对决策者而言，结果往往是未知的、偶然的和不可预测的。

垃圾桶模式的优点体现在以下三个方面：第一，解释了官僚体系何以经常是低效率的，何以无法推动许多改革，因此，进行公共政策分析时，千万不要忘记许多非预期的后果和决定；第二，垃圾桶模式为机会、人类的创意与选择提供了更多的空间，呈现出相当开放的决策体系；第三，垃圾桶模式弥补了渐进主义者无法解释的非渐进政策的缺失（丘昌泰，1995）。

5.1.6 子系统决策模型

子系统决策模型的倡议者以福里斯特（Forester），豪利特和拉米什为代表。对管理者来说，怎样做才算是理性的，这取决于其工作的环境，决策类型和决策者所作决策的种类因议题和制度背景的差异而不同，管理策略只有在具体的政治和组织环境中才显得合理（Howlett & Ramesh，1995）。

福里斯特（Forester，1984、1989）认为至少存在五种截然不同的决策风格与六种关键情况是相关联的。决策者的行为是否理性取决于决策者当时所处的情况，同时，决策风格与决定的种类也是根据议题与机构的情境不同而改变的。福里斯特指出在决策时理性模型的产生必须具备以下条件：第一，需要限制参与者的人数，决策者的数量要尽可能少；第二，决策的组织环境必须简单，不受其他政策和决策者的影响；第三，问题必须清楚，应当充分理解其范围、时间、价值尺度以及结果间的因果关系；第四，信息必须尽可能接近完全，相关资讯必须是完备的而且是能够理解的；第五，时间必须是充裕的，不能够仓促做决策，以便能够充分考虑所有可能情况及其对现在和将来的影响。当这些条件都满足时，理性的决策才能够产生。

但是，由于以上五种情境很难完全满足或同时具备，因此福里斯特指出，会遇到其他的决策类型，决策的五项因素的范围也会发生改变（见表 5-1）。其中，行为者的数量可以扩大并几乎增加至无限；环境能够包含很多不同的组织机构，可以或多或少地受到外界的影响；问题可以是不明确的，或者可以有多重的相互竞争的解释；信息是可以不完全、误导的、故意抑制住的或被操纵的；时间也可以是有限的或认为限制和控制的。

因参数不同就会出现不同的决策类型，福里斯特提出了五种可能的决策类型，包括最佳、满意、搜寻、谈判和组织性的决策。其中，最佳的决策类型是具备全面理性条件的，即满足所有五种情境时所能获得的策略；当限制条件来自认知方面时，满意的决策类型就可能出现；当问题不清楚时便可能产生搜寻式决策；当多个行为者在缺少信息和时间条件下处理一个问题时则可能发生谈判决策；组织性决策则包含多个环境和行为者，同时存在时间和信息资源的问题，但也有多重问题。这些类型包含了诸如做决策需要更多数量的行为者、更复杂的环境、更难处理的问题、不完整或扭曲的信息以及有限的可支配时间。

表 5-1 决策的参数

变 量	范 围	变 量	范 围
行为者	单个——多个	信息	完全的——竞争的
环境	单个、封闭的——多个/开放的	时间	无限的——控制的
问题	清楚的——多重的/模糊的		

资料来源：迈克尔·豪利特、M. 拉米什，2006：254。

在福里斯特研究的基础上，豪利特和拉米什(Howlett & Ramesh，1995)提出通过重新计算变量对上述决策模型进行改进。将行为者和环境的研究通过聚焦政策子系统来完成；将问题、信息和时间等资源概念看作是决策者受限制的条件。这样，决策活动中最为重要的变量就汇集成为两个方面：一是处理问题的政策子系统的复杂程度，二是它所面临限制的严格程度。

政策子系统的复杂程度将影响子系统中达成共识的可能性；某些政策选项与子系统成员的核心价值相契合，而某些则不是，因此就形成了所谓软性的、易处理的决策，和硬性的、较难处理的决策。同时，决策也受限于可用时间的长短、资讯的多少和问题清晰度等条件。

因此，在政策子系统的复杂程度和限制条件的严格程度同时约束下，可以采取渐进调整型、理性探求型、最优化型和满意型决策四种主要决策类型(见表 5-2)。其中，渐进调整型决策，具有高政策子系统复杂性与对决策者有严格约束时的情形，在这种状况下，很少会期待大范围、高风险的决策；理性探求型决策，在政策子系统简单、限制条件少的时候，可能会进行更加正统的理性探求，以期产生新的、可能的重大变革；最优化型决策，当子系统复杂同时限制条件较少时的决策状况；满意型决策，当对决策者限制很严格但政策子系统简单时便可能产生的决策类型。

表 5-2 基本决策模型

		政策子系统的复杂性	
		高	低
限制的严格性	高	渐进调整	充分探求
	低	优化调整	理性探求

资料来源：迈克尔·豪利特、M. 拉米什，2006：256。

5.2 政策决策的政治模式

政策决策的政治模式认为大多数的政策是由社会具有优势地位的精英分子互动的结果，由于他们拥有学术、经济、社会或政治上的影响力，因此往往能够主导政策的方向。因此公共政策只是反映精英的价值与利益，而非民众的；决策制定也不过是掌权者通过政策的制定互相争斗的结果。政治性模式主要包括精英主义、多元主义、马克思主义、统合主义、专业主义和科技官僚体系六种类型。

5.2.1 精英主义

精英主义的基本命题是：公共政策是统治精英的价值偏好的表现结果。认为社会是一个金字塔，可以分为两个阶层，即少数掌握权力的精英与多数没有权力的群众，而少数的政治精英决定了政策的方向和决策的权力。精英主义的观点主张公共政策是由社会少数占据政治经济结构的重要人士所制定的，这部分人可称之为精英，如政府高级官员、民意代表、企业家、著名学者等。他们拥有优越的社会和经济地位，有着共同的利益，对大众具有影响力，并追求自身地位与利益的稳固。

精英主义又可分为古典精英主义和民主精英主义两类。古典精英主义的代表学者如莫斯卡(Mosca)、帕雷托(Pareto)和米歇尔(Michels)等，他们认为民主政治知识迷思，政治权力是被社会少数精英所把持的，即使是在代议制下，一群有凝聚力的少数人仍能操纵并统治群众。其中莫斯卡(Mosca，1939)反对马克思的阶层社会理论，认为民主政治最终的本质是少数精英统治整个社会。在当代民主社会中，精英也会通过选举，争取选民的支持，以维护精英统治的特权。帕雷托认为决策权倾向集中于有组织能力的小团体，而非冷漠的群众手中。米歇尔(Michels，1915)对德国的社会民主党的决策模式进行研究发现，在建党初期，虽然该党强调民主决策，但最后也走上了精英统治的道路，以至于背离了群众的想法，因而提出了著名的寡头专制铁律。古典精英主义者具有相当强烈的规范性，不仅认为民主政治有名无实、精英治理无可避免，甚至主张稳定的精英治理对社会是有益的。

民主精英主义又称为竞争式精英主义，最具代表性的学者是熊彼特(Schumpeter)，他认为民主政治是政客的统治，但与古典精英主义不同的是，精英彼此之间的利益并不是一致的，而是竞争独立的，人民虽然无法改变精英统治的事实，但可以用选票决定由哪些精英统治。因此，民主精英主义的观点反映的是一个政治的市场，每一个精英都想尽办法争取选民信任，选民则通过开放的选举制度决定决策权的归属。拉斯韦尔也认为精英主义并无规范性，但无论政治是否民主，精英确实存在，且扮演着决策的重要角色，因此可以将精英作为实证研究的观察对象进行科学的分析。同时他也认为精英主义与民主政治是可以并存的，民主社会中理想的精英观点包括，精英在社会中按成就来甄选产生；领导阶层以科学方法从事政策决定；民主政治应加强选民的判断力，使其更正确地选择。

民主与独裁国家的政治精英的权力来源也是截然不同的，民主精英是通过选举，由各党派推出优秀的候选人相互竞争统治地位，选民具有自主权，以选票来选择他们所认同的政治精英。因此，政治精英的统治合法性是来源于政治市场的竞争，这种以经济理论解决政治精英的民主合法性，成为新精英主义重要的理论依据。随着精英理论的发展，也从传统的政府精英向专业精英转移，有时在各个政策领域中专家的影响力甚至会高于政府精英，更扩大了精英主义的范围。

在公共政策分析中，精英主义告诉我们公共政策并不反映公众的需求，而是反映精英们的利益、价值和新界定(Dye，1984)。由于精英集团普遍存在保守主义的情结，致力于维持现行的政治和社会体系，因此公共政策的变革是渐进性的，而非革命性的；公共政策经常会被修正，但是很少会被新的政策替代。同时，精英主义把大众视作被动的、态度冷漠的、消息闭塞的。大众的情感更多地受到精英的操纵,而精英的价值观却很少受到大众情感的影响,精英与大众之间的交流是自上而下的。而普选和党派竞选并不意味着公众的民主参与,在很大程度上,这些民主的制度,如选举或政党制度的价值主要体现在其象征性的意义上。公共政策的决定极少会通过大众选举政党提出方案或大众决定的形式进行。因此精英主义认为,大众最多只能对精英的决策行为产生一种间接的影响。

5.2.2 多元主义

多元主义的观点认为决策权是由多元社会中的各个利益团体所共同组成的。没有任何单一社区、团体或个人能够在单一领域中支配决策的方向,因此,精英决策模型不能够反映社会的现实。在多元社会中,有能力决定公共政策的行动者虽然非常多元而复杂,但是利益团体最足以体现多元社会的特征,公共政策就是各种利益团体之间争夺的结果。在利益集团数目庞大且类型复杂的民主社会中,公共政策是利益集团与其对立的团体之间势力与影响力达成均衡的结果。

多元主义理论的假设前提是,政治过程中利益集团居于优先地位,其代表人物包括本特利(Bentley)、杜鲁门(Truman)、达尔(Dahl)等。本特利(Bentley,1908)认为社会本身除了构成社会的群体的复杂性之外,什么都不是,社会中存在各种不同的利益,这些利益的具体表现形式是由利益相同的个体组成的不同群体。杜鲁门(Truman,1964)改进了本特利关于利益和群体之间一对一的对应观念,并指出潜在的和表现出来的两种利益类型,导致了两种类型的群体产生,即潜在的和有组织形式的。处于逐渐显现过程的潜在利益为其群体提供了稳固的基础,随着时间的推移,最终导致了有形群体的产生。

达尔(Dahl,1961)提出政治精英主义的模式并不适用于其决策制定的模式,例如,教育和城市发展政策领域,这些领域中许多利益团体会介入决策的形成,无法找到单一的统治精英单独决定公共政策,而是由多元利益团体和政府机关共同治理的多元模式。他认为,一般而言,多元主义的主要内容可以归纳为六点:第一,权力是决策过程中个人与其他个人关系的特征表现;第二,权力关系并不必然是持续性的,它可能基于某特定决策而形成,但决策一旦形成,可能被另一组新的权力关系所取代而消失;第三,精英与群众没有永远的区别,某段时间内参与决策的个人不必然会在另一时间内参与;个人进出决策制定的行列,成为政治场域中的积极行动者或不行动者;第四,领导是流动性的、高度移动性的,财富是政治中的资产,但只是众多资产中的一种;第五,社区中具有多元的权力中心与基础,没有任何单一团体可以在任何议题领域中支配决策制定;第六,领导者之间存在着竞争,因此,公共政策反映了这些相互竞争的领导团体之间的议价或妥协的力量。然而林德布鲁姆又进一步修正了达尔的观点,认为多元主义的特性表现在国会立法过程中就党派相互调试的渐进主义,在这个决策模式中,妥协、交易和协商成为政策制定的主要方式。

多元主义理论应用于公共政策制定,存在一个更为重要的问题,即政府在公共政策制定中的角色定位(Howlett & Ramesh,1995)。早期的多元主义理论假设,政府是一种传送带,记录和执行利益集团下达的命令。政府也扮演利益团体之间仲裁者或裁判者的角色,责任仅在于设定利益团体的竞争规则,维持公平竞争的环境。政府被认为是一个中立的机构,当利益团体之间发生冲突时,政府以协调者的角色设法平衡双方的利益,以取得公共政策的均衡点。这个理论关于政府的观点过于单纯化,因为其假设政府官员没有自己的、需要通过对政府及其控制来实现利益。同时,多元主义理论关于政府屈从于集团压力的观点是错误的,因为它假设政府的目标和行动是一致的,而事实上,不同政府部门的利益是不同的,有时他们对同一个问题的解释也是对立的。

新多元主义理论对多元主义理论的修订保留了集团之间的竞争的重要性,但对集团之间是基本平等的观点进行了修正,并明确指出,一些集团要比其他集团更加强大。例如,林德布鲁姆(Lindblom,1977)认为商业集团比其他集团更强有力的原因在于:一是资本主义社会的政府需要繁荣的经济作为基础,为了促进经济发展,政府需要把注意力放在商业团体的需求上;二是资本主义社会公共部门和私营部门是分开的,前者由国家控制,后者受控于商业团体,使其与其他集团相比处于特权地位,因为就业率和有关社会和经济行为很大程度上最终依赖于私营部门的投资行为。

多元主义理论关于公共政策制定的分析中存在的基本问题是,在政策过程中过分关注利益集团的作用而忽视了其他同等重要的因素,忽略了国家和国际体系在公共政策形成和执行中的角色。国家本身具有自己的、影响公共政策的利益和目标,国际经济的相互依赖也会使一个国家的政策日益受到国际上的压力。同时,由于政治制度和过程的不同,多元主义理论在美国以外国家的适用性也存在疑问(Howlett & Ramesh,1995)。

5.2.3 马克思主义

马克思主义的观点认为决策权掌握在有产阶级手中,阶层冲突和经济权力的掌握是决策制定关心的焦点。马克思的思想对于当代世界的影响极为深远,其所揭示的资本主义社会中的所有权与生产观念深深影响了权力与决策制定理论的发展。麦利本(Miliband,1969)认为,国家并不是一个中立机构,而是作为资产阶级压迫无产阶级,从而取得资本积累优势的工具。国家之所以成为资产阶级争取支配权的工具是因为:资产阶级与国家精英的社会背景类似;资产阶级可以透过个人关系与团体力量向国家机关施压;国家统治精英过度依赖成功的经济发展,以保障其职位,故在资本积累过程中欠缺自由行动的能力,无法执行客观的资本权力。基此,麦利本认为国家机关只是维护资产阶级长期利益的工具,故称为工具主义。从这个角度看,国家机关的功能在于资本积累,并为资本家创造一个足以营利生产的有利环境;为了营造这种优势环境,国家机关必须维持社会秩序,加强控制,甚至想办法降低劳动成本,减低资本家的企业发展成本。

新马克思主义者普兰萨斯(Poulanzas,1973)针对麦利本的观点提出修正:第一,在麦利本说明国家机关如何协助资产阶级积累资本的三个理由中,其实最重要的是第三项:国家机关在处理与资产阶级相关的经济议题上所产生的结构限制;第二,资本主义社会中,国家机关仍具有相对自主性,国家机关有时必须面对各种不同的派系利益,必须扮演仲裁者的角色,以维护资产阶级的长期利益。由此看来,国家机关所扮演的角色已非工具主义者所说的如此单纯,成为压迫无产阶级者的工具,而是含有更复杂的动机与政策行动。

新马克思主义者虽然修正马克思主义者对于国家机关的论点,但两者似乎都认为国家机关是为了资本家的利益而存在。其实，在当代资本主义社会中，资本家的利益是分殊化的，很多时候甚至是相互冲突的，基于此，新马克思主义者所隐含的资产阶级利益一致化与同质化论点，与目前英美资本主义社会的发展结构并不完全相符，事实上，很多资本家未必同意国家机关压迫无产阶级的方式以追求企业的成长。更何况国家机关一旦拥有自主权，面对多元化的资本家利益，将采取何种政策行动就变得难以预测，因此，新马克思主义者认为国家机关必然成为服务资产阶级的工具乃是过于武断的说法（丘昌泰，2010）。

5.2.4 统合主义

统合主义的观点认为决策权是由统合性、层级制的大型的利益团体和国家机关共同合作协商的结果。统合主义是一种利益代表的体系，它与多元主义一样，重视利益团体在公共政策中的地位，然而不同的是：利益团体在表达利益时会被组合成为数量有限的，强制的、单一的、非竞争性、阶层结构次序的与功能分化的领域；在各领域内的大型利益团体会被国家赋予代表性的垄断权，以换取他们对政治领袖的支持（Schmitter，1977）。

统合主义有国家统合主义与社会统合主义。国家统合主义的构成方式是自上而下的，中央的权力核心为国家统合主义的来源，政府操纵了利益团体的集合程序，利益团体丧失了自主权。这种高度结构化的统合主义，是用来解释权威或集权政治体系中国家与社会关系的一种理论。社会统合主义，又称为新统合主义，强调一群具有内部一致性且组织良好的利益团体，其代表性受到国家的认可，并拥有接近国家决策管道的特权。新统合主义的构成方式是自下而上的，这种过程是自动自发的，基于利益共同体的需要，遵循政府所制定的规则，组合成阶层机构的利益代表系统。以此系统的最高代表向政府或其他团体展开谈判，或参与国家政策的制定与执行。

统合主义的决策制定包含三个层面的内容：第一，统合主义是利益调和的政治系统，国家机关与社会中重要的、大型的利益团体领袖达成政策协议，但该利益团体必须约束其成员服从政策；第二，统合主义是利益调和的经济系统，国家为了应对经济危机，降低私人企业与国家利益相互冲突的现象，通过合作方式解决经济体与政治体间相互竞争所可能造成的危害；第三，统合主义是新的国家形式，通过建立以资本利益为主导的政治体制，同时不会完全根据投票结果组合行政部门，而是成立一个集行政权与立法权于一体的公共统合机构。

对于统合主义决策制定模式的批评意见认为，统合主义只是非常特殊的制度安排，它低估了自由民主社会中多元的制衡与监督力量。在多元社会中，任何一个全国性团体都无法全面地掌控其他利益团体，而大众、传播媒体和政府成员也不能够接受这种由极为少数参与者的政策制定过程。

5.2.5 专业主义

专业主义的观点认为当代社会的公共问题日趋复杂，具有专业知识的专家为决策权的掌握者。这是当代社会知识发展日趋复杂化与分化的结果，专业团体如学术界、科学家等被认为是创造公共政策知识的支持者，专家对于公共政策的影响力十分重要。专家主义代表着知识与权力的结合，专家是掌握现代科学专门知识且能在政治上发挥影响力的人群。当代工业社会中，基于官僚技术理性的考虑，经常赋予专家政治上与技术上的合法权利。

对专业主义也有许多批评，新左派认为专家阶层所建构的知识系统与意识形态，还是代表了统治阶层的利益，因而要求其直接与民众进行务实、直接的对话。新右派则针对专家权威现象进行检讨与修正，呼吁建立自由竞争的市场机制的引进。新右派认为，随着政府事务的民营化，专家的决策权威将于市场中的管理者进行公平竞争，就能降低专家对于政府的决策垄断权(丘昌泰，2010)。

5.2.6 科技官僚体系

科技官僚体系是指以科技官僚治理社会的政治结构，科技官僚体系的观点认为当代社会是科技主导的社会，科技专家是决策制定的掌握者。在公共政策领域中，最能代表科技官僚影响力的时代是詹森总统主政时期推动设计计划项目预算体系(PPBS)，由当时最积极推动该制的国防部长麦克纳马拉(McNamara)主政，麦克纳马拉曾为福特公司的工业经理人，是第一位将系统分析引进该公司的经理人，后来他担任部长后，将之运用到国防预算上。在麦克纳马拉的大力推动下，科技官僚掌控詹森政府的决策制定方向，研拟规模庞大的大社会计划(The Great Society)，后来该项计划失败，詹森政府饱受抨击，麦氏所代表的科技官僚体系也暂时消失于政府部门(Bell，1976)。贝尔(Bell，1960)认为在后工业社会中，以意识形态为形式的决策制度将会渐渐丧失影响力，决策制定将会受到拥有高度科技知识阶层的影响，以科技理性为基础的科技官僚将会支配整个社会的发展。

对科技官僚体系的反对意见则认为，科技官僚一旦进入政治场域中，其影响力就会不如政客来得大，政客的实力大于科技官僚(Henderson，1986)。新右派的公共政策学者，则警告目前公共政策已经受制于科技官僚走向"专制政策科学"，他们从自由市场原则出发，呼吁要求政府应走向更为民众参与取向的"民主政策科学"。

5.3 政策合法化

5.3.1 政策合法化概念与过程

合法化是政策制定过程的最后一个环节，经政策规划所产生的政策方案仅仅是一个草案，最佳的政策方案只有通过一定的行政程序或法律程序使之合法化，即权威部门的审核批准公布后，得到社会成员的认可和接收，才具有强制性和权威性并付诸实施。因此，公共政策的合法化是政策执行的前提条件，政策制定过程必不可少的一个环节，是保证政策目标得以实现的基础。公共政策的合法化能够有效防止决策者滥用职权，对促进决策的科学化、民主化和法制化具有重要意义，体现了我国依法治国的要求。

对公共政策合法化的理解，可从狭义和广义两个层面界定。狭义的政策合法化，仅指被选择出来的公共政策方案获得合法性，以及被批准实施的过程。广义的政策合法化，以琼斯、戴伊的观点为代表，如琼斯提出对于任何一个政治系统来说，至少可以辨别出两种合法化：政治过程包括批准解决公共问题的特定建议过程的合法化；政府项目被批准的特殊过程(Jones,1977)。戴伊认为政策合法化包括选择一项政策建议、为这项建议建立政治上的支持、将其作为一项法规加以颁布的过程(Dye,1984)。这类定义强调了公共政策合法化不仅仅包括赋予政策方案合法地位并准予实施的过程，而且还包括将具备条件的公共政策上升为法律的过程，也就是公共政策法律化的过程。政策法律化实际上是一种立法活动，又可称政策立法，是享有立法权的国家机关在法定权限内，按照特定的程序要求，将成熟、稳定并具有重大影响力的政策上升为法律的过程。

总之，政策合法化的本质是具有法定地位的国家机关为了使政策方案获得合法地位，而依据法定的权限和程序所实施的一系列审查、通过、批准、签署和颁布政策的行为过程。这一过程的行为主体是具有法定地位的国家机关，既包括国家立法机关即权力机关，也包括其他国家行政机关或半官方机构，每个层级的政策合法化主体必须在各自的法定权限内，依照法定依据，在充分考虑事项、地域、措施和手段等各方面所存在的限制因素前提下，使相应的政策方案合法化。

由于广义的公共政策合法化所包含的两个层面的意义不同，其过程也不一样。一方面是使某些公共政策获得合法地位，而准予实施的步骤、顺序、方式、时限等；另一方面是将某些公共政策上升为法律的步骤和程序。

在公共政策获得合法性的过程中，根据政策合法化主体的不同，政策方案获得合法地位的步骤、次序和方式，以及准予政策实施的过程也不一样。

国家权力机关通过法律程序使公共政策合法化。全国人民代表大会及其常务委员会是当代中国法定的最具权威性的、政策合法性的机构。按照宪法和法律的规定，全国人民代表大会及其常务委员会具有国家立法权、政策审批权、国家和社会生活重大事项的决定权等。其公共政策合法化的过程可以看作是制定法律的一般过程，包括提出议案、审议议案、表决和通过议案等。还包括对其他国家机关的政策赋予合法性的过程。比如由国务院制定的关于机构改革的方案就必须提请全国人大审议，得到正式批准、予以合法地位之后才能实施。

党的决策程序使政策合法化。党的决策机构召开的重要会议所形成的决议、决定、报告、会议纪要、会议文件也是公共政策的重要体现，是由党的组织主持政策的议程和政策的合法化的过程。

国务院及地方政府等各级行政机关使政策合法化。行政机关使政策具备合法性以贯彻实施的过程经历几个阶段：由法制工作机构审查相关部门拟定的政策方案，并供领导决策参考；决策会议讨论及征求意见；行政首长签署和发布。行政首长在各级政府机关中处于核心地位，拥有最高决策权和领导权，本级政府制定的政策，最终由行政首长签署发布。

其他主体的政策合法化主要包括各类社会团体和非政府组织的政策合法化问题，他们要在宪法和相关法律、法规所规定的授权和程序内，对本单位制定出的政策进行合法化，赋予实施的合法性。

公共政策法律化是制定法律的渠道之一，与上述公共政策获得合法性过程相比，成为法律的公共政策具备更高层次的法律效力，包括提出立法议案、立法机构议案审查、法律草案的审议、立法机关的批准和公布实施五个步骤。

提出立法议案体现在，公共政策上升为法律，必须首先由具有法律提案权的国家机关、社会组织、一定数量的人大代表向立法机关提出对某项公共政策进行立法的议案。

立法机构议案审查体现在，议案审议即由立法机关对提出的议案进行严格的审查，决定其是否需要修改以及如何进行修改的专门活动。审议内容涉及立法的必要性和政策稳定性等内容，具体包括议案是否符合政治、经济、文化和社会发展的需要；是否具有必要性和可行性；是否符合法律和公共利益；征询和协调有关方面的意见和利益；名称、体系、逻辑结构和语言表述等问题。审议的过程核心是为了判断议案是否具有立法的条件，具备立法条件的法律提案将列入立法的议事日程。

法律草案的审议，通过对法律提案的审查，将符合立法条件的提案列入立法日程之后，需要对法律草案进行审议，进行全方位的分析，并听取社会各方的意见和建议。

立法机关的批准体现在，审议通过后，法律草案的修改完毕，由立法机关批准是否通过。

最后，将经审议并批准通过的法律以一定形式予以公布，才能生效实施。公布权不一定都属于立法机关或权力机关，如在多数国家，法律由国家元首公布。

5.3.2 政策合法化策略

政治可行性评估，是政策合法化过程中，政策分析人员最重要的工作。韦默和瓦伊宁认为政治可行性评估包含以下四个要素：一是确认相关参与者。政策分析人员必须就所有可能的参与者，通过各种方式或渠道予以确认，以了解参与人数的多少、性质如何等。二是了解参与者的动机与信念。政策分析人员必须站在当事人的立场，洞察各参与者的动机与兴趣。三是评估参与者的政治资源。每一位参与者都有不同的政治资源和影响其他参与者的立场，包括投票权、议程设置、雄厚财力、专业知识、动员群众能力进行发言的舞台等，政策分析人员必须缜密评估每位参与者的各项政治资源。四是选择适当的政治舞台。在分析并评估各参与者的政治资源及对方的立场后，应设法将方案移至有力的政治舞台，包括在立法机关或行政机关或司法机关去进行正常合法化，以获得预期的结果。

美国学者霍恩(Cal E. Van Horm)、鲍默(Donald C. Baumer)与戈姆利(William T. Gormley)将政策合法化的策略归纳为包容性策略、排斥性策略和说服性策略。包容性策略包括咨询策略、建立联盟策略与妥协策略三种类型。其中，咨询策略是政策合法化，甚至整个政策运作过程，各行动主体争取他人支持的一种策略。通常对于某些共同承担责任的事务，各相关部门的行动者，在事情变得复杂不易处理之前，彼此总会设法进行协商，以求得彼此能够建立共识。建立联盟是政策运作过程中的各个行动主体，包括政治人物、政策分析人员、利益相关者等，争取政策获得接受、取得合法地位的一种策略。在一个多元民主的社会里，政策运作过程中，立场一致或利益相同的行动者常常联合起来，建立联盟关系，争取支持的多数，以支持或反对某一特殊方案。联盟的建立会随时间、空间、议题、行为关系者的变化有所差异。妥协是指在政策运作过程中，对于政策方案过各方面均有不同看法或立场的行动者，为使方案顺利运作，不致于产生全输全赢的不良结果，彼此进行协商、讨价、交换取舍后，达成虽不满意但可以接受的折中方案。

排斥性策略包括绕道策略、保密策略和欺骗策略三种类型。其中，绕道策略是指当政策方案在合法化阶段面临重大障碍时，可以采取绕道而行的方式，以避免或延缓一场激烈的斗争。绕道策略可以使放在批评者或反对者有机会予以封杀前，取得暂时性的妥协。保密策略，是指政策方案主张者在方案本身具有敏感性或尚不宜公开时，对政策运作相关者与传播媒体保密，以增加方案的可行性。但是，从世界各国的实践情况来看，保密策略在立法部门已越来越难以施展，在行政部门也受到相当的限制。所谓欺骗策略是指以欺骗方式设法使政策方案、计划或事件被他人相信会或接纳的一种策略，即采取各种欺骗的手段，从说出率直的谎言到隐瞒相关信息，以使他人相信其所言为真的一种做法。欺骗策略如果能够得手，可以化解某些重大政治事件，但是如果被揭穿，当事人将会付出巨大的代价。

说服性策略包括雄辩策略、政策分析策略和抗议策略三种类型。政策方案要成功地为他人或机关所接受，雄辩策略是一项基本技术，尤其是在寻求大众选民支持的情况下更是如此。值得注意的是，为了争取支持，方案辩护者往往夸张方案的重要性及可行性，就短期而言，这种做法确实可以引起他人的兴趣而动员足够的支持者，但是一旦辩护者由于议题设定部分延伸到政策制定及政策接纳阶段时，就长期而言，可能就会变成一项致命伤，在强化支持的力量的同时也强化了反对的力量。

政策分析策略是运用严格的实证研究结果，提供政策分析相关信息，说服他人或机关接纳政策方案，实施方案取得合法化的一种策略。政策分析信息固然具有相当大的作用，但民意代表是否充分利用这些信息，可能会依据议题本质、分析报告的详尽程度以及民意代表与政策分析人员间的互动情形而定。

抗议策略是指当议题价值的争论重于事实的争论，或政治角力重于证据呈现时，抗议策略往往是一项非常有效的方法，尤其在舆论对其有利的情况下更是如此。换言之，抗议策略过程参与者利用各种抗议手段，迫使对手接纳其政策主张的一种策略运用。需要注意的是，抗议在政治运用中固然是一种有力的方法，但也是一种危险的策略，因为它容易激发大众的情绪反应，进而爆发更激烈的冲突。

复习与思考

1. 什么是政策决策？
2. 试对全面理性模型与有限理性模型进行比较分析。
3. 林德布罗姆的渐进主义模型有何重要观点？其主要缺点为何？
4. 简要阐释综合扫描模型的主要观点，并评述其价值。
5. 简要阐释垃圾桶模型的主要观点，并评述其价值。
6. 简要阐释子系统决策模型的主要观点，并评述其价值。
7. 试对古典精英主义和民主精英主义的决策制定思想进行比较分析。
8. 试对多元主义与新多元主义的决策制定思想进行比较分析。
9. 试对马克思主义与新马克思主义的决策制定思想进行比较分析。

10. 试对统合主义与新统合主义的决策制定思想进行比较分析。

11. 政策决策过程中是否应该贯彻专业主义？新左派与新右派对专业主义有何批评？

12. 什么是科技官僚体系？科技官僚体系对公共政策的影响力如何？

13. 什么是政策采纳？政策采纳的原则有哪些？

14. 什么是政策合法化？合法化过程中有哪些参与者？

15. 我国政策合法化存在哪些不足，如何改进？

参考文献

1. Alford, R. R. (1975). Health Care Politics. Chicago, ILL: University of Chicago Press.
2. Anderson, James E. (2003). Public Policymaking: An Introduction. Boston: Houghton Mifflin Company.
3. Bell, D. (1960). *The End of Ideology*. New York: The Free Press.
4. Bentley, Arthur F. (1908). *The Process of Government*. Chicago: University of Chicago Press.
5. Brewer, Garry & Peter DeLeon (1983). *The Foundations of Policy Analysis*. Homewood: Dorsey.
6. Cohn, M., J. March & J. Olsen. (1972). A Garbage Can Model of Organizational Choice. *Administrative Science Quarterly*, 17(1): 1-25.
7. Dahl, Robert. (1961). *Who Governs? Democracy and Power in an American City*. New Haven: Yale University Press.
8. Dye, Thomas R. (1984). *Understanding Pubic Policy*. Englewood Cliffs, New Jersey: Prentice-Hall Inc.
9. Etzioni, Amitai (1967). Mixed Scanning: A Third Approach to Decision-Making. *Public Administration Review*. 27(5): 385-392.
10. Forester, John (1984). Bounded Rationality and the Politics of Muddling Through. *Public Administration Review*, 44(1): 23-31.
11. Forester, John (1989). *Planning in the Face of Power*. Berkeley: University of California Press.
12. Howlett, Michael & Ramesh, M. (1995). *Studying Public Policy: Policy Cycles and Policy Subsystems*. Toronto: Oxford University Press.
13. Jones, C. O. (1977). *An Introduction to the Study of Public Policy 2nd ed*. Mass.: Duxbery press.
14. Lindblom, Charles E. (1959). The Science of Muddling Through. *Public Administration Review*, 19(2): 79-88.
15. Lindblom, Charles E. (1968). *The Policy-making Process*. Englewood Cliffs, N. J.: Prentice-Hall.
16. Lindblom, charles E. (1997). Politics and Markets: The Word's Political Economic Systems. New York: Basic Books.
17. March, J. & J. Olsen. (1979). Organizational Choice Under Ambiguity. In J. March and J. Olsen (Eds.). *Ambiguity and Choice in Organizations*, Bergen: Universitetsforlaget.
18. Michels, R. (1915). *Political Parties*. London: Constable.
19. Miliband, R. (1969). *The State in the Capitalist Society*. London: Weidenfeld & Nicolson.

20. Mosca, C. (1939). *The Ruling Class*. London: McGraw Hill.
21. Poulanzas, N. (1973). *Political Power and Social Classes*. London: New Left Books.
22. Simon, Herbert, A. (1945). *Administrative Behavior*. Glencoe, ILL: The Free Press.
23. Simon, Herbert, A. (1955). A Behavioral Model of Rational Choice. Quarterly Journal of Economics. 69(1): 99-118.
24. Schmitter, Philippe C. (1977). Modes of Interest Intermediation and Models of Societal Change in Western Europe. *Comparative Political Studies*, 10(1): 7-38.
25. Truman, David R. (1964). *The Government Process: Political Interests and Public Opinion*. New York: Knopf.
26. Wilding, P. (1982). Professional Power and Social Wlfare. London: R-outledge & kegan Paul.
27. 迈克尔·豪利特、M.拉米什.公共政策研究：政策循环与政策子系统.北京：三联书店，2006.
28. 丘昌泰.公共政策：当代政策科学理论之研究. 台北：巨流图书，1995.
29. 丘昌泰.公共政策.基础篇. 台北：巨流图书，2010.
30. 托马斯·R.戴伊.理解公共政策.北京：中国人民大学出版社，2011.

第6章 政策执行

作为政策过程的一个重要环节，政策执行是落实政策内容、实现政策目标的必经阶段和唯一途径，也是修正政策和制定新政策的基本依据，在政策活动及其生命过程中具有至关重要的地位与作用。但是，对政策执行重要性的认识及其研究并非与政策科学的兴起同步。尽管政策执行问题可以追溯到20世纪60年代，然而直至70年代以前都甚少出现相关研究，学者甚至称其为政策过程中的“缺失环节”(Hargrove，1975)。1973年，被誉为执行研究奠基人的普瑞斯曼(Pressman)、威尔达夫斯基出版了《执行》一书，标志着政策执行研究的开始。普瑞斯曼与威尔达夫斯基通过对美国联邦创造就业机会的政策项目——“奥克兰计划”进行跟踪研究，结果表明，该计划未能取得预期目标，其关键原因在于执行方式尤其是在联合行动上存在问题。由此，从20世纪70年代开始，西方尤其是美国兴起了一股政策执行的研究热潮，并形成了一场声势浩大，持续近20年的“执行运动”。

6.1 政策执行概述

6.1.1 政策执行的含义与特征

公共政策经合法化过程确定并公布之后，便进入政策执行阶段。政策执行是实践政策内容的过程，是将政策目标转化为政策现实的重要途径。政策执行的概念，可以从三个角度加以考察：

一是政策执行为科层制的控制过程。从科层制的控制角度界定政策执行的概念，首先必须接受的前提是，政策与执行是相互独立、上下从属的关系，上层为负责设计与规划决策的政策制定者，下层为负责实现政策目标与贯彻政策意图的执行者。一项政策执行能够成功完全取决于政策执行者所设计的目标是否清晰、执行计划是否确实、能否妥善控制执行者的诱因与纪律。这是一种计划与控制模式，其基本立场是以政策本身的内容为核心。普瑞斯曼与维尔达夫斯基(Pressman & Wildavsky，1973)在《执行》一书中认为，政策执行是目标与行动的设定以及如何完成它们的互动过程。这个定义意味着政策在上层形成，并且发布执行的细节与计划，但执行则由下层来付诸实现，因此称为由上至下的模式。

二是政策执行为上下层的互动过程。从上下层的互动过程观察政策执行的概念，必须先行否定政策本身的重要性，政策的目标与执行细节并非上层领导者理性控制的产物，而是政策执行者彼此之间相互妥协的产物。上级所制定的、要求下属必须执行的政策标准，基本上只是对于执行者的一种忠告而已，不具备任何的规范性与影响力。基层的执行者足以决定政策目标是否能够实现。这种重视基层，忽略中央的模式通称为由下至上模式(Pressman & Wildavsky，1973；李允杰、丘昌泰，2008)。由下至上模式并不认为政策执行必须对政策的成败负责，相反，他们认为政策执行与政策成败无关，政策执行过程本身就是目的，执行的核心观念并非是如何才能与上级所规划的方案与意见一致，而是行动者如何在目标、自主权与对于政策的认同方面取得共识。因此，政策执行过程所出现的特质将是共识、妥协与政治计谋。

三是政策执行为政策与行动相互演进的过程。政策执行的演进观的基本前提是，承认政策与行动的连续性，政策制定与政策执行是交互行动、相互议价的过程。一方面，上层规范执行细节，希望政策目标能够付诸实现；另一方面，基层官员以自己的专业知识与经验，选择性地执行政策内涵与意旨，形成了自己的政策。政策执行并不是由上而下或由下而上的模式，而是针对政策再形成新的政策，针对行动作出回应的过程。普瑞斯曼与维尔达夫斯基(Pressman & Wildaysky，1973)认为政策执行是一个演进过程。我们经常处于该过程的中间，必须面对过去已经执行的结果与未来即将实施的蓝图。政策执行是概念与蓝图的不断实现、不断改变的结果。在这一过程中充满着权力、权威、资源与组织的交互运作。因此，政策执行是一种尝试错误的过程，或者是一种学习的过程。

综上所述，我们可以把政策执行界定为一个动态的过程，它是政策执行者通过建立组织机构，运用各种政策资源，采取解释、宣传、实验、实施、协调与监控等各种行动，将政策观念形态的内容转化为实际效果，从而实现既定政策目标的活动过程。政策执行作为政策过程中最具实践性的环节，不仅表现出政策过程各个阶段所具有的共性，也有执行过程所独有的特征，政策执行具有目标的导向性、内容的务实性、行为的能动性和手段权威性四类特点(宁骚，2011)。同时，也有研究者提出从服从和务实两个角度分析政策执行的特点(Ripley & Franklin，1986；李允杰、丘昌泰，2008)。其中，服从的观点关注执行者如何服从上级所指定的规范、时间表和限制，如何设定正确的执行行为模式就成为主要的研究特性。务实的观点着重于执行者实现政策的过程如何，即为什么会出现某些结果或是否有需要改进之处。具体来看，政策执行具有如下特点(Ripley & Franklin，1986；李允杰、丘昌泰，2008)：

(1) 政策执行包含多元的行动者。政府官员、立法者、法院、利益团体与社区组织都可能参与公共政策执行。唯有从不同的多元角度界定政策执行者，才能掌握政策执行的多元性质。比如，在各种利益集团中，以公共利益为导向的非营利组织，已成为公共事务民营化的委托对象，扮演着非常重要的政策执行者角色，其影响公共利益的程度日趋强大。

(2) 政府规模的膨胀与公共计划的繁复性。政府为了解决公共问题需要成立各类机关组织或任务小组，大量引进公务人员、增加财政支出，使得政策执行系统日趋复杂。新的公共问题不断发生，公共计划本身日趋专业，使得传统的执行技术与模式已经无法适应当前社会需要。

(3) 政策本身具有多元的、模糊的目标与期望。政策执行者众多以及公共计划本身的专业性、繁复性，使得政策目标的陈述必须尽量使用例如“公共利益”或“于必要时”等模糊性字眼，让执行者能够针对不同个案的需要，赋予更多的裁量权。

(4) 政策执行必须在府际关系的网络上运作。政策的执行不仅依赖于中央政府的责任，同时必须依靠地方各级政府的密切配合，以及政府间的交流、互助和合作机制的建立。

(5) 政策执行包括无法控制的外在因素。政策执行面临的环境充满着不确定性，是一个与环境互动非常密切的开放系统，无论是国内的政治、经济与社会因素，还是国际外交格局、政治、经济与社会因素，都会影响政策执行结果。

6.1.2 政策执行的理论演进与研究途径

在政策执行研究的相关文献中，对执行的考察具有双重特征，一是关注于解释执行"发生了什么"，二是关注于影响执行"发生的事情"(Hill & Hupe, 2002)。但是，这些研究涌现出不同的研究途径、模式或理论。依据其历史发展的顺序及研究特点与模式的不同，政策执行研究主要经历了"自上而下"、"自下而上"和"综合论"三代研究(见表 6-1)。

表 6-1 政策执行研究的主要贡献者

年 份	"自上而下"论者	"自下而上"论者	综合论者等
1973	Pressman & Wildavsky		
1975	Van Meter & Van Horn		
1977	Bardch		
1978	Gunn		Elmore; Scharpf
1979	Sabatier & Mazmanian		
1980		Lipsky; Elmore	
1981		Hjern & Porter; Barrett & Fudge	
1982		Hjern & Hull	Ripley & Franklin
1984	Hogwood & Gunn		
1986			Sabatier; O'Toole
1987			Lynn
1990			Goggin et al. ; Palumbo & Calista
1991			Stoker
1995			Matland
1997			Kickert et al.
1998			Rothstein

资料来源：Hill & Hupe, 2002: 82.

根据一般研究途径、方法论立场，以及强调网络问题或是政策类型的程度，对不同研究者进行了分类(见表 6-2)。

表 6-2 政策执行研究的理论途径

一般途径		"实证主义"方法论	注重强调	
			网络	政策类型
描述性	Pressman & Wildavsky		√	
	Van Meter & Van Horn	√		
	Lipsky	√		
	Elmore	√	√	
	Scharpf		√	
	Kickert et al.		√	
	Ripley & Franklin	√		√
	Sabatier	√	√	
	Goggin et al.	√	√	
	Palumbo & Calista			
	Stoker	√		
	Matland	√		
规范性	Bardch		√	
	Gunn			
	Rothstein		√	√
混合性	Sabatier & Mazmanian	√		
	Hjern & Porter		√	
	Barrett & Fudge		√	
	O'Toole	√	√	
	Lynn	√		√

资料来源：Hill & Hupe，2002：83.

1. 自上而下的第一代政策执行研究

第一代政策执行研究盛行于20世纪70年代，其主要特点是偏重政策执行实务、个案研究及坚持自上而下的政策执行研究路径。自上而下的政策执行分析路径的基本特征是把中央政府的政策决定作为研究起点，考察政策目标是否实现、何时实现以及怎样实现。强调政策制定者的优越地位，政策执行者必须秉承上级的意志，实现上级长官的意图与目标。这样的分析模式中，一方面强调严密的命令连锁关系与上级长官的控制指挥能力，另一方面又主张政策制定者对于政策执行架构与规范的理性设计，因此，又有人称为理性模式(Dunsire，1990；李允杰、丘昌泰，2008)。

第一代政策执行研究以普瑞斯曼和威尔达夫斯基、范米特和范霍恩、萨巴蒂尔和马兹曼尼安等研究者为代表。例如，普瑞斯曼和威尔达夫斯基(Pressman & Wildavsky，

1973)采用了自上而下的理性模式，认为政策目标与政策执行之间存在一种线性关系，所谓政策执行研究就是分析实现既定政策目标的阻碍因素。范米特和范霍恩(Van Meter & Van Horn,1975)在自上而下的分析路径下设计了一个更为详细的理论框架来讨论政策执行结果能否实现公共决策预定目标的影响因素。他们认为，影响政策与绩效之间关系的变量主要包括政策标准与目的、政策资源、组织间沟通和强制活动、政策执行机关的特征、政治与经济环境、执行者的意向六种因素。萨巴蒂尔和马兹曼尼安(Sabatier & Mazmanian,1979)以问题的可处置性、法令规章的规制能力、非法规因素三个变量对于政策执行过程的影响探讨政策执行。

第一代政策执行研究的基本命题包括四个方面(Nakamura & Smallwood,1980;李允杰、丘昌泰,2008)：

(1) 政策制定和执行是有界限的、分离的、连续的。

(2) 政策制定与政策执行之所以有界限，是因为政策制定者与政策执行者有明确的分工，政策制定者设定目标，政策执行者执行目标；政策制定者能够权威地作出决策，因为他们能够排列出诸多不同的目标的先后顺序；政策执行者拥有执行技能，服从政策制定者，并愿意执行政策制定者制定的政策。

(3) 政策制定者与政策执行者认可他们的任务的界限，政策制定过程和政策执行过程是连续有序的，政策执行过程在政策制定过程之后。

(4) 涉及政策执行的决策本质上是非政治的、技术性的决策。政策执行者有责任中立地、客观地、理性地和科学地执行政策。

虽然自上而下的研究途径应用广泛，影响力较大，但是这一研究模式的局限性也十分突出。作为一种理性模式，其试图穷尽理想的政策执行所应具备的各种条件，但实际的政策执行过程中，有效实施的前提条件是很难具备的。同时，该模式中假设目标是清晰的，而实际上却常存在模糊和冲突的目标，并且政策目标是不稳定的，会随时间而变化(Nakamura,1987)。自上而下模式的缺点可归纳概括为五项(李允杰、丘昌泰,2008)：

(1) 自上而下模式强调从中央的政策决定开始，过度重视高级长官的目标设定与方案规划的能力，容易忽视私人部门、基层官僚、地方执行机构或其他政策次级体系的行动者的角色。

(2) 当某些公共政策没有支配性的机关或法令规则时，而是由多元主体共同执行公共政策，此类模式就无法适用。

(3) 此模式容易低估基层官僚和目标团体采取各种对抗行为，企图影响政策目标的实力与潜力，即忽视了政策执行者的反生产力效果。

(4) 政策执行与政策规划之间的区分是不必要的、无意义的。例如，地方执行机构和目标团体常会自行采取规划行动，忽视中央立法者与行政者。同时，政策一旦付诸实施，必然会产生变化，因此应以政策演进的观点加以说明。

(5) 强调法令和规章对于政策执行的结构化是不切实际的，因为政策制定者本身的认知与政策规划过程中所需要的妥协都阻碍了执行结构化与定型化的可能性，政策制定者要从人性的角度注意执行者的心态、意向问题，给予执行者弹性自主的裁量空间。

总体来看，第一代研究的主要贡献在于强调政策执行与政策目标的实现是一个非直线性关系，其研究对于政策执行的研究具有开拓性意义，也大大拓宽了政策研究的视野。第一代研究被批评的地方在于其多局限于小个案的分析，很难从经验分析中概况出普遍性的命题；同时其自上而下的研究路径过多地关注中央行动者的目标和策略，忽视了基层官员的适应策略，也忽视了政府行动的意外结果。

2. 自下而上的第二代政策执行研究

20 世纪 70 年代末 80 年代初期开始，第二代政策执行研究在对第一代执行研究批评和发展基础之上建立起来。这一阶段的研究强调自下而上的政策执行模式，更加偏重政策执行理论分析框架及模式的建立，强调政策制定与政策执行功能的互动性，以及政策执行者与政策制定者的互动与合作。自下而上的研究以组织中的个人作为出发点，政策链条中的较低及最低层次被当作政策执行的基础，认为政策执行的基层官僚比高层政策制定者更接近实际和真实的政策问题。因此应给予其充分的自由裁量权，以适应复杂的政策情境，完善政策执行的过程。同时，政策执行也是一个在执行者网络中协商的过程，基层官僚则是政策传递过程的主要行动者。

第二代政策执行研究以李普斯基（Lipsky）、贺恩（Hjern）和波特（Porter）、埃尔默（Elmore）等人的研究为代表。其中，李普斯基将直接服务大众的基层公共服务工作者称为街头基层官僚，对其行为的分析研究发现，街头官僚会根据自身的决定处理突发不确定因素的经验和工作压力等重塑政策（Lipsky，1980）。贺恩和波特通过确定一个或多个地区中行为者关系网络，对其目标、策略和行动等进行调查，构建其相互联系，并在此基础上围绕政策议题建立一个包含地方、区域和国家层面的网络系统（Hjern & Poter，1981；Hjern，1982）。埃尔默对追溯性筹划的研究强调关注政策系统的底层，从政策问题解决过程中个人和组织的选择入手，反推到与之密切相关的规则程序和结构，进而反推到可供选择的政策工具，以及最终可能的政策目标（Elmore，1978）。

自下而上研究途径的基本特征是把地方执行结构作为研究起点，认为政策制定和政策执行是一个辩证的、统一的过程，强调多元的参与者的互动关系。具体来说，其基本命题包含七个方面（Hjern & Portor，1981；Elmore，1978；李允杰、丘昌泰，2008）：

(1) 有效的政策执行包含多元组织的执行结构，政策执行是否有效需要看最基层的执行结构由哪些多元组织的加入。

(2) 政策执行结构是有共识的自我选择过程，政策执行中政策制定者需要与下属机关达成执行政策的共识，因为下属机关会自行选择自认为可行的方式以实现政策目标。

(3) 政策执行以计划理性而非组织理性为基础。

(4) 有效的政策执行取决于执行组织间的过程与产出，而非政策决定者的意图和雄心。

(5) 有效的政策执行是多元行动者的复杂互动结果，而非单一机构贯彻政策目标的行动结果，因此，必须掌握多元行动者之间的互动网络关系。

(6) 有效的政策执行取决于基层官僚或地方执行组织的自由裁量权，而非等级制结构的指挥命令系统。

(7) 有效的政策执行必然涉及妥协、交易或联盟的活动，因此互惠性远比监督性功能重要。

总体来看，第二代政策执行研究强调应该赋予基层官僚或者地方执行机关自主裁量权，因地制宜地执行政策目标，并开始重视对政策过程中的利益相关者的分析。把注意力放在那些在政策的制定和执行中，构成政策网络的正式和非正式的关系。自下而上执行模式的出现代表了范式的变迁，赫恩等人的理论架构具有相当的创新，不仅在方法论方面相当新颖，而且在概念上也有突破。自下而上的研究途径具有四个方面的优点（李允杰、丘昌泰，2008）：

（1）为了掌握执行结构中的多元组织的互动状况，赫恩等人发展出政策网络的方法，这是相当新颖而且运用相当精致的科学方法论。

（2）该模式以多元行动者所认知的问题、策略与目标为基础，观点相当广博，而不仅着眼于政府计划的观察，如此可以摆脱自上而下模式过分重视政府机关角色的缺点。

（3）该模式不以正式或官方目标的完成为焦点，而以实现公与私部门计划出现的各种结果为焦点。如此可以发现政策执行的非预期结果，而非预期结果是影响政策执行得是否有效的重要因素。

（4）该模式可以处理牵涉多元计划而且没有主导机关的复杂政策情景，可以同时处理许多行动者所努力追求的策略。

虽然自下而上分析途径具有很强的解释力，但仍存在自身的缺陷，面对复杂多变的政策执行问题也显得力不从心。许多学者认为中央政府政策仍发挥作用，影响政治、资源和组织行为和执行者（Majone & Wildavsky，1978）。第二代执行研究也夸大了外部力量对中心的反作用，并把政策执行结构中的参与者当成是既定的，没有考察不同个体影响政策参与的前期努力，以及影响参与者行为因素的明确理论（Sabatier，1986）。对自下而上模式的批评主要集中在五个方面（李允杰、丘昌泰，2008）：

（1）该模式过分重视边缘而忽略中心，过分强调基层官员的自由裁量权，有顾此失彼之嫌。

（2）该模式固然肯定基层官员的角色，但基层官员的行为对于目标的贡献未必是真实和正面的。该模式对于如何改善基层官员的反制行为的讨论十分有限。

（3）该模式的分析途径着重于基层官员事实层面的经验分析，但对价值层面的伦理分析则较为欠缺。事实上，如何培养基层官员正确的服务观念与组织文化乃是当前社会中的重要课题。

（4）该模式所描绘的执行结构似乎是已然形成，对于形成执行结构之前的行动者所付出的努力则不予考虑。

（5）该模式的分析架构欠缺一个明确的理论，可以描述出我们所感兴趣的主题。网络技术不仅是认定相关行动者的网络关系，它还需要通过明确的理论，将这种网络关系放置在组成行动者的认知、资源或参与的社会、经济与法律因素上。

3. 整合的第三代政策执行研究

从20世纪80年代中期开始，第三代执行研究以第一代执行研究中对政策有效执行的关注为起点，试图把第一代执行研究和第二代执行研究的观点融合起来，从而形成一种综合的执行研究。整合式研究模型认为，政策的执行结果是由各级政府、政府能力、政府决策结果等各种变项交互影响而形成的。执行过程不仅贯穿着上下级之间的控制与互动,还包含着与政策体系内其他政策主体的谈判和影响,该研究模式在一定程度上是对自上而下模式和自下而上模式的综合运用。

整合性的研究模式以郭谨(Goggin)和萨巴蒂尔等研究者为代表。其中,郭谨的府际关系模式运用混合方法构建一个整合模式,提供了一个分析跨越不同政府层级政策执行的视角,尤其适用于分析中间层政府在政策执行过程中的作用(Goggin et al.,1990)。萨巴蒂尔等人的政策变迁的倡议联盟框架,摒弃了政策过程阶段论的视角,认为政策执行过程本身就是改变政策内涵、政策取向学习的过程,因此,用政策变迁取代了政策执行。该框架从分析政策问题入手,重构了相关行动者解决政策问题的策略,同时还强调了政策学习和外部社会、经济环境对政策制定的重要影响(Sabatier & Jenkins-Smith,1993)。

第三代执行研究主要采用综合研究途径。综合研究途径试图通过融合自上而下、自下而上和其他理论模型的观点来消除这两种研究途径的区别(Pulzl & Treib,2007)。综合研究途径的目标是在研究方法上比自上而下的研究途径和自下而上的研究途径更科学(Goggin et al.,1990)。因此,综合研究途径的研究者更强调提出明确的假设、操作化和实证观察来检验这些假设。然而,很少有研究严格地执行了这个研究方法(O'Toole,2000)。综合的研究途径的基本命题包括五个方面(李允杰、丘昌泰,2008):

(1) 执行研究的对象应着重于分析政策领域而非特定的行政和立法决策领域,以避免将执行成败原因的分析归结于单纯的决策或立法因素。

(2) 执行研究必须积累历史意识,科学知识本身是可以积累的,但必须以多元角度从事长期性的政策执行研究,以积累长期研究成果。

(3) 执行研究必须是长期的,也许至少需要10～20年。

(4) 执行研究必须整合多元观点,以发现政策执行的问题、症结。

(5) 执行研究必须从事拓展性的经验主义,个案研究已经无法满足政策执行者的兴趣,应拓展个案研究的积累性,推动更多的经验研究。

第三代执行研究聚焦于政策过程中合适的概念的实证研究,并把第一代执行研究的起点(中央政府的政策)和第二代执行研究的起点(基层的自由裁量权)结合起来,试图克服第一代执行研究和第二代执行研究的缺点,给政策执行理论带来了重要创新。但是,第三代执行研究忽视了第一代执行研究和第二代执行研究关于政策过程和决定政策结果的合法的权力分配的一些根本不同的观点。

综合以上分析可以看出,这三种执行途径都是执行运动发展的不同阶段涌现出的主流性研究模式,它们各有优缺点,很难判断孰优孰劣,只能说每一代的研究适用于不同的情境。从我国的公共政策实践来看,由于长期计划经济体制的影响,我国的政策执行理念更类似于自上而下模式所描述的情况,主要关注于上级对下级的控制与指挥,忽视了如何更好地去正视和容纳底层执行者的影响力及利益,造成了某种程度上的公共政策缺位与供给不足。因此,我们更加需要关注自下而上模式所倡导的逆向思维,广泛地吸纳各层级政府及民众的参与,从而提高公共政策的民主性和科学性。

6.2 政策执行模型

从20世纪70年代中期开始，很多研究者从不同角度对政策执行的影响因素加以研究，形成了不同的政策执行理论模型，其中最主要的包括过程模型(Smith，1973)、系统模型(Van Meter & Van Horn，1975)、博弈模型(Bardach，1977)、循环模型(Rein & Rabinovitz，1978)、组织模型(Elmore，1978)、综合模型(Sabatier & Mazmania，1979；1980)、基层官僚模型(Lipsky，1980)、沟通模型(Goggin et al.，1990)、过程—执行模型(Winter，1990)和模糊—冲突模型(Matland，1995)10个理论模型。

6.2.1 政策执行过程模型

史密斯被视为是较早构建政策执行模型的学者，他在1973年的《政策执行过程》一文中首次提出了一个分析政策执行因素及其生态—执行的理论模型，又称史密斯模型。史密斯认为，公共政策一旦出台，就必须考虑执行机构、目标群体、理想化政策和环境因素所形成的关系(如图6-1所示)。

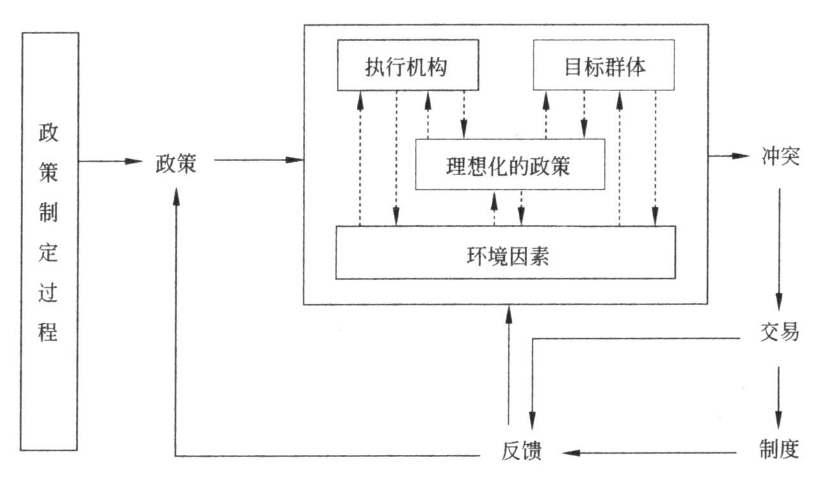

图6-1 政策执行过程模型

资料来源：Smith，1973：203.

史密斯认为，政策执行涉及的因素很多，主要包括理想化的政策、目标群体、执行机构和环境因素四个主要变量。其中，理想化的政策是指政策制定者努力达到的理想化的交易模式，包括政策的形式、类型、渊源、范围以及社会对政策的认识；目标群体是那些需要适应新的交易模式的人，是组织或团体内受政策影响最大的人，他们必须做出改变来满足政策要求；执行机构是负责执行政策的组织，在大多数情况下是一个政府行政机构；环境因素是可能影响政策执行的因素或可能受政策执行影响的因素，可以被看作是一种政策执行必须强行通过的约束性通道。上述四种要素中各要素内部或者各要素间的互动可能产生冲突。

当理想化的政策、目标群体、执行机构和环境四个要素内部或之间发生冲突时，就会产生交易。交易模式是没有定型的制度，在交易阶段不会导致永久性的制度的建立。一旦出现交易模式或制度化时，通过把冲突反馈给理想化的政策、目标群体、执行机构和环境因素，可能导致政策的变化。反馈是该模型的重要组成部分，因为它表明政策执行是一个持续的过程，而且可能不会终止。

简言之，史密斯模型认为冲突由政策执行过程中的四个组成部分内部以及它们的互动产生。冲突导致了交易模式，这种交易模式可能会也可能不会符合政策制定者期望的政策效果，还可能被制度化。通过把冲突反馈给政策制定者和实施者，可能促进或阻碍政策的进一步执行。

尽管该模型是探索性的，但不失为一种解释政策过程的有效手段。当然，更多的变量可以添加到模型中，进行更多的研究和思考。该模型对决策和执行政策的启示是，决策者应投入更多的精力去理解和掌握政策执行的策略。利用该模型，政策制定者可以尽力减少在政策执行过程中的冲突，并制定和执行更有效的政策。但是史密斯没有关注执行人员的重要性，这是该模型的缺陷。

6.2.2 政策执行系统模型

范米特(Van Meter)和范霍恩(Van Horn)在其1975年发表的《政策执行过程：一个概念性的框架》一文中提出了政策执行的系统模型(如图6-2所示)。

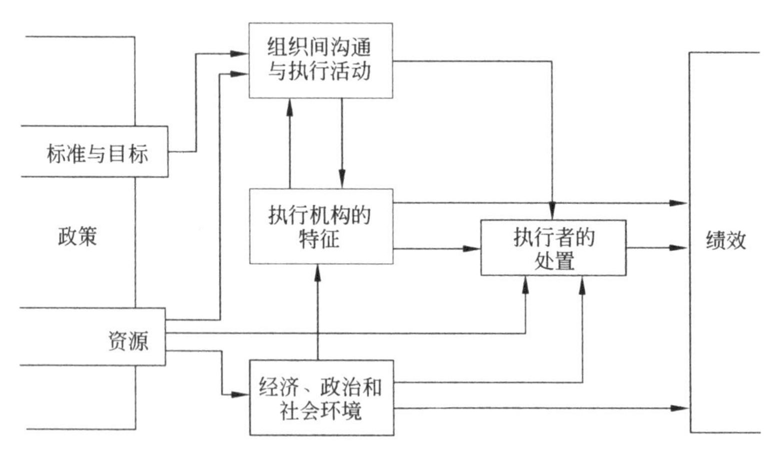

图6-2 政策执行系统模型

资料来源：Van Meter & Van Horn，1975：463.

范米特和范霍恩将政策执行视为一种过程，并将最初的政策制定视为政策执行过程的起点。政策执行是指包括公共部门和私人部门的个人(或群体)的，旨在实现既有决策目标的行动(Van Meter & Van Horn，1975)。政策过程需要经过一系列阶段，最终到达政策执行的绩效结果而非返回政策本身。在此过程中，政策与政策绩效之间存在很多中间变量，一个合理有效的政策执行模型需要重视政策标准和目标、政策资源、组织间沟通和执行活动、执行组织的特征、经济政治和社会环境，以及政策执行者的态度六个变量。

在给定决定政策绩效的主要变量的情况下，识别出政策绩效的主要指标是政策分析的一个关键阶段。本质上讲，绩效指标衡量政策的标准和目标实现的程度。政策标准和目标则详细阐述了政策的总体目标，并界定了评价政策绩效的特定标准。

政策资源即系统本身实现目标的条件，包括人、财、物、信息和其他促进政策有效执行的资源。资源的充足与否会直接影响到组织间的沟通，直接影响到执行人员是否愿意认真执行政策以及政策绩效。

有效的执行需要政策执行者充分理解政策目标和标准。因此，清晰的政策目标和标准、良好的组织间沟通对于政策的有效执行至关重要。上级对下级的政策解释和技术援助，以及上级采取的正激励和负激励对政策的有效执行也非常重要。

执行组织的特征常常影响政策执行的效果，这些特性包括：组织人员的技能和规模，组织的等级，组织拥有的政治资源，组织的活力，组织与其他组织沟通的开放程度，组织与政策制定者和政策执行者的正式和非正式的联系。政策分析者常常关注经济、政治和社会环境对政策绩效的影响，因为这些环境因素会对执行组织的特征、政策执行者的态度和政策绩效产生直接影响。

政策执行者可能在三个方面影响其执行政策的意愿和能力：一是政策执行者对政策的认知程度（了解还是理解）；二是政策执行者对政策的反应（支持、中立还是反对）；三是政策执行者对政策的反应的强烈程度。

以政策涉及的变革和政策执行过程的参与者对政策目标的认可程度为标准，范米特、范霍恩将公共政策分为“重大变革、低目标一致性”的政策、“微小变革、高目标一致性”的政策、“重大变革、高目标一致性”的政策和“微小变革、低目标一致性”的政策四类。多数的政策位于“重大变革、低目标一致性”的象限，这些政策难以执行；而“微小变革、高目标一致性”的政策属于渐进主义的政策，这种执行较易执行，这两种政策在美国是最普遍的。“重大变革、高目标一致性”的政策，执行效果较好。“微小变革、低目标一致性”的政策是与原有政策相比略有变革，但可能引起持续的目标争议的政策，执行效果不好。

总之，政策执行系统模型建立了政策与执行的关系，指出了政策标准和目标、政策资源、组织间沟通和执行活动、执行组织的特征、经济政治和社会环境，以及政策执行者的态度六个变量间及其与政策绩效的关系，描述了政策执行过程，并对政策执行的成功与失败的影响因素做了合理的解释，将普雷斯曼、威尔达夫斯基(Pressman & Wildavsky,1973)所提供的一般性研究方法向前推进，提出了可以对执行过程进行分析的模型。与其他执行研究相比，范米特和范霍恩的模型简明易行，提供了一个富有价值的研究视角，即模型建构的目的在于为研究执行问题的学者指引方向，而非为决策者提供解决问题的处方(Hill & Hupe,2002)。

6.2.3 政策执行博弈模型

巴尔达茨(Bardach)在其1977年出版的代表作《执行博弈》一书中提出了政策执行博弈模型。这一模型以近代政治学中的“博弈”概念来观察执行过程中相关参与者就政策目标达成所做的谈判、评价与妥协的互动情形。巴尔达茨将政策执行过程比喻为一个博弈过程，认为博弈框架可以说明执行过程，其中包括八个重要因素：博弈者，即政策执行人员；博弈者之间的利益关系；博弈的策略和战术；博弈的资源；博弈规则，即规定的获胜条件；博弈的公平性；博弈者之间的沟通情况；最终结局的不确定性程度。简言之，政策过程是一个为产出特定的政策结果所要求的各种要素进行组合的过程，是一个完成一系列彼此松散联系的博弈的过程。

巴尔达茨概括出表面文章、处处阻挠、发不义财、巧取豪夺、趁机搭载、比拼韧性、圈地自保和推却扯皮八类最常见的博弈类型。其中，表面文章是指试图公开表现出要为一个项目要素做出贡献，但在私下里却只肯做出最小的象征性的贡献。处处阻挠是指通过拒绝给予关键性的项目要素，或压制执行机构对不服从者实施强制惩戒的能力，来阻碍项目的执行。发不义财是指一个在私营部门中的各方所进行的博弈，他们用价值很低的项目要素作为交换，骗取政府资金。巧取豪夺是指通常一个项目的授权需要确认一个领导机构并提供一项适度的预算。但是，项目的授权却不能明确地规定可能会涉及的其他因素，或为预期的目标开出政策处方。在这种令人困惑的局面下，少数并不糊涂的授权者却在巧取豪夺，他们把大量的客户群体转变成了他们的政治资源。乘机搭载是指当旁观者看见一个项目正按照预期方向顺利推进时，一些人把它看成是一种新的政治资源，是一个可以把他们自己的总体目标和具体目标也一起搭载上去的机会。大量的额外目标附加于该项目之上，其结果是项目的规模可能会成倍地扩大。比拼韧性是指任何人都可以来参与这个博弈，它的全部所需只是具备妨碍一个项目、从中作梗直到已遂其愿才罢手的能力和意愿。尽管没有一个博弈者想扼杀这个项目，但是许多人参与比拼韧性博弈的最终结果，就是该项目遭到扼杀。圈地自保是指所有的官僚组织都奋力确保项目能纳入其管辖权限之内，而不让其他组织插手。推却扯皮是指尽管官僚机构可能试图拓展它们的管辖范围，但是一旦官僚组织发现，项目将变成沉重的工作负担或者项目将会使官僚组织陷于纠纷之中时，这种扩张领地的动机便马上消失了。

执行博弈对政策的过程有四种不利影响：一是资源的分散，尤其是钱，这些钱本应该被用来产出特定的政策结果；二是最初的授权中规定的政策目标的偏离；三是对行政机构制定的规范社会行为的制度的抵制；四是个人和政治资源的浪费。

为了规避政策执行博弈引发的不利影响，巴尔达茨对高层决策者提出两方面的建议：一是重视“方案设计”(scenario writing)，通过采用正确的方法构建“博弈”，从而获得期望结果；二是重视“控制博弈”(fixing the game)，包括“修复”和调整某些博弈的要素，以优化结果。为此，解决博弈问题者需要有正式的权威或者政治资源，能有效地干预博弈，知道何时干预、何地干预、干预什么，掌握大量信息。

总的来看，政策执行的博弈模型将执行视为一种政治性的过程，以自上而下的视角来看，要保证政策的成功实施，就必须对既定政策一以贯之，坚持到底。巴尔达茨的贡献有三：一是揭示出了政策执行过程中包含的政治性质和不确定性；二是描述了政策执行如何被拖延，从而充分地证明了决策并不是自动地能够达到所预期的效果，同时也强调了政策执行研究的重要性；三是从政策设计中寻找缓和政策问题的根本方案。

6.2.4 政策执行循环模型

雷恩(Rein)和拉宾诺维茨(Rabinovitz)在其1978年发表的《执行：一种理论视角》一书中提出了政策执行循环模型。雷恩、拉宾诺维茨认为政策执行是介于政策意向与行动之间的动态过程，这一过程由三个不同的阶段构成：制定指导方针阶段、分配资源阶段和监督阶段。这三个阶段是相互循环的，而非直线单向的过程，同时，循环过程也必然会受到环境条件的影响与制约。因此，政策执行循环模型由执行原则、执行阶段和环境条件三要素构成(如图 6-3 所示)。

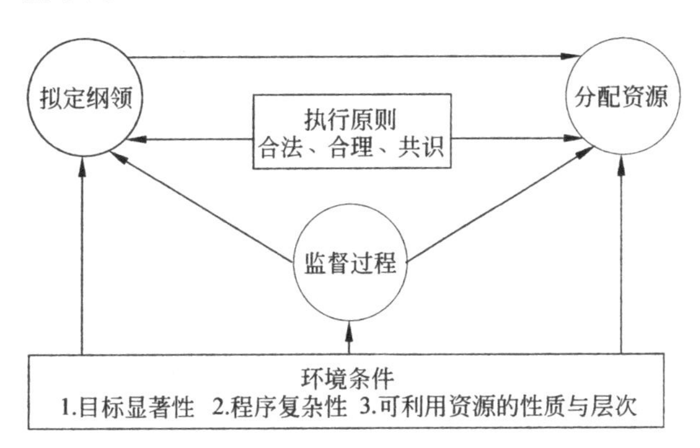

图 6-3 政策执行循环模型

资料来源：汪正阳，2010：183。

1. 执行原则

雷恩和拉宾诺维茨指出，政策执行应至少遵循合法原则、合理原则和共识原则这三个原则。其中，合法原则，即执行法律要求的事项。执行者应该考虑执行过程的结果要符合法定的目标。立法过程和法定原则的相互作用是执行的一个指导原则。影响法定原则的因素很多，其中主要的影响因素有四方面：一是通过法案的立法委员会的影响和威望；二是立法委员的专业性，借以推测法案的合理性；三是在立法辩论中不一致的观点被直接讨论和澄清的程度；四是立法者和法律针对的群体对于法律的支持程度。

合理原则，即执行符合道义的、理性的事项。即使在法定原则所要求的条件都满足的情况下，只有当法律不违反执行者关于什么是合理的和公正的判断时，法律才能被执行。因此，官僚理性有两层含义：一是原则的一致性，二是法律的执行性。

共识原则，即在存在相互竞争关系的利益相关者之间达成共识。只有立法机构、行政机构和利益团体达成一致，政策才能被顺利执行。

以上三个原则彼此相关。合法原则对应执行的第一层含义，强调下级及对上级规则的服从，执行上级的偏好；合理原则对应执行的第二次含义，强调行动者参与者利用合理的途径解决问题，即道义上正确、执行方式上合理；共识原则对应政策的第三层含义，强调立法机构、行政机构、司法机构与相应的选民等利益相关者要达成共识。

由于政府的权力毕竟是共同行使的，这三个原则常常会发生冲突。当冲突发生时，不同的政府部门会以不同的方式加以应对。雷恩、拉宾诺维茨认为，执行过程中的政治可以被解释为一种解决三个原则之间的冲突的努力。解决冲突的方式是政策的目标(清晰性、显著性和一致性)、资源(种类、层级和时限)和执行过程的复杂性的函数。具有清晰的、非象征性的目标、执行中尽可能低的复杂性、低的循环程度、大量的资源将产生随意性和延误最少、一致性最大的项目。

2. 执行阶段

执行过程由制定指导方针阶段、分配资源阶段和监督阶段三个不同阶段构成。在制定指导方针阶段，当法定目标转化为行政手段时，指导方针就得以制定并被颁布给最终执行该项目的人员。在分配资源阶段，资源被分配给负责执行项目的行政部门。然而，由于对需要分配的资源数量通常存在不同意见，因此，分配的资源总量不完全是执行前确定的。此外，资源分配到位的时间对于执行也十分关键。监督阶段，必须通过执行监督，以促进下级官僚部门负责地执行项目。如果不执行指导方针的行为很普遍，那么法律的合法性就受到威胁。监测、审计和评估是最常见的三种监督形式：监测是最少被公布的；审计是指审核财务状况，通常分为内部审计和外部审计；评估指对项目的成果的评价。

上述的三个政策执行阶段是互相依赖的。执行过程不是从立法到制定指导方针再到分配资源最后到审计和评估的一维的过程，相反，执行过程是循环的。比如，在税收领域，负责执行的公务员在制定税法前就影响了立法过程，他们通过预期执法对象的反应来思考法律的执行潜力。监测、审计和评估的结果也应该通过改变法定目标和执行过程来促进执行循环的过程。

3. 环境条件

政策执行显然依赖于环境条件。目标的清晰性、政策过程的复杂性，以及可获得的资源性质与层级是影响政策执行过程的三个关键条件。其中，目标的清晰性是指法律可以根据其计划实现的目标的清晰程度、实现其规定的目标的象征性程度、法案倡议者对于法律执行的急迫程度等分类。含糊不清的、象征性的项目以一种复杂的循环模式被执行，而目标清晰的和急迫的项目则被各级部门执行。

政策过程的复杂性是指，执行是一个关于执行层级的数量、执行部门的数量和执行者的数量的函数。参与在一定程度上阻碍了决策，即决策越开放，参与决策的人越多，决策越不可能被制定。开放的和复杂的决策过程损害了协商一致，扭曲了最初的优先性。

可获得的资源的性质和层级是指，执行也是一个关于执行所需资源的种类和层级的函数。执行的模式随着所需资源的性质的变化而变化。因此，可以根据资源需求来区分不同的法律：用来监管产品标准和个人、公司和部门的行为的法律、以现金和服务的方式提供激励或分配财物的法律。不同的法律需要不同性质的资源，导致其不同的执行方式；此外，政策的方式也受到资源层级的影响：层级越高，利益团体施加的资源分配压力越大。这些压力导致了用于决策、审计和评估的资源的减少，从而减弱了政策监督与预警。

总之，政策执行循环模型将政策执行过程看作是相互循环、流通不断的动态过程，因而侧重分析政策执行要素的重复影响力，同时强调监控在政策执行中的重要地位。由于传统政策执行研究往往根据行政组织原理来分析政策问题，从而使得行政与政策的界限混淆不清。相比之下，循环模型克服了上述弊端并重视政策研究的动态取向，在政策的动态过程中寻找解释政策运作的关键要素。该模型的贡献在于揭示了环境条件对于政策执行的影响，并同时纳入了自上而下和自下而上的研究路径。

6.2.5 政策执行组织模型

埃尔莫尔(Elmore)在 1978 年发表的《社会项目执行的组织模型》一文中提出了政策

执行的组织模型。埃尔莫尔从对古巴导弹危机这一很有影响的决策案例研究中得到启示，从组织学中整理出四种组织模型，具体包括系统管理模型、官僚过程模型、组织发展模型和冲突协商模型，并以此来观察政策执行过程，比较了四种执行方式，即作为系统管理的执行、作为官僚过程的执行、作为组织发展的执行以及作为冲突协商的执行(吴锡泓、金荣枰，2005)。

1. 作为系统管理的政策执行

系统管理模型认为组织是一种以共同目标为中心，并由能够相互协调行动的下属单位通过功能整合解决问题的系统。

系统管理模型认为下列四个要素是政策执行所必需的：一是有准确地反映政策意图的具体而明确的各种任务和目标；二是有对下属单位分配任务和成果标准的管理计划；三是有能够评价下属单位业绩的客观手段；四是有能够使下属单位负责其任务的管理控制系统和社会制裁。因此，政策执行失败的原因主要在于计划、具体化、控制等方面的失误。

系统管理模型的最大价值在于，它使分析家们能够注意到结构化并控制下级官僚行为的机制是什么的问题。系统管理模型的优点在于，它可以成为对政策执行过程的规范性处方。但组织能否按系统管理模型所规定的那样构成，却令人怀疑。因为这一模型的前提全都是组织应该如何发挥功能的规范性东西，而不是描述组织的现实。

2. 作为官僚过程的政策执行

官僚过程模型从裁量权和官僚化这两个现象中寻找官僚组织的属性。官僚过程模型认为，虽然政策上有很大变化，但官僚制却与以前一样运行，政策如果经过官僚制，就很难找到它的原来面貌，其原因就在于裁量权和惯例化了的业务处理过程。政策分析的中心任务就是把握裁量权的情况并探索控制它的方案，以及发现如何把原来惯例化了的业务处理过程符合政策目标的方法。官僚过程模型与系统管理模型的最大区别在于，系统管理模型假定通过管理手段可以使部下的行为程序化，而官僚过程模型却认为这种控制并不容易，而应从变化的抵抗中寻找组织的主要特征。这种抵抗来自于不想变而要维持现状的动态性保守主义，而不是来自消极的惯性。官僚过程模型认为，存在最难以克服的裁量权和惯例化过程的地方就是基层官僚制。基层官僚们在同顾客或服务对象的接触和细节上的决定方面拥有很大的裁量权，但高层次官僚却很难控制它。

官僚过程模型的优点在于，可以把分析家们的注意力集中在如何把政策渗透到官僚制的生活方式上去。实际上，新的政策不能得到实际效果的主要原因之一，就是决策者的意图不能有效地影响执行者的裁量权和惯例化了的过程。官僚过程模型认识到了执行失败的最为普遍的方式，这就是高层官员通过等级制的控制不能对实际上决定政策成败的下级官僚们的行为发挥影响。

3. 作为组织发展的政策执行

组织发展模型不是以组织的抽象特征，而是以组织成员每个人的要求作为问题的出发点。这一模型的立场是，组织任务不能顺利完成的根本原因在于，组织成员具有自主、参与、投入的要求，但组织却只想对其成员强化控制并要求他们服从。

组织发展模型所主张的组织具有以下特征：一是把决策的责任下放到组织下级，二是组织活动的中心要转移到由履行共同任务的人们组成的作业小组,三是信息要在组织的一切层次上自由地交流。组织发展模型要表达的是,政策执行的能力始于组织的下层而不是其上层。组织发展模型认为,等级性的控制对政策执行的结果几乎不起任何作用。与自上而下的研究路径相反,组织发展模型将分析家们普遍当作正常来接受的政策从上而下的流向倒过来认识,认为如果政策得不到下级执行者的支持就很难顺利执行。

组织发展模型的优点在于,它把分析家的注意力集中到提高或阻碍下级执行者之投入的组织内部结构上。从下级官僚的教育水平和专业化程度越来越高的现实情况来看,以组织成员的要求为中心的组织发展模型确实有一定的说服力。但是,特别强调组织成员之间的合意、协作、密切的人际关系等的这一模型,具有忽略组织冲突之作用的偏见。因此,这一模型虽然在信任、诚实、爱、协助等条件上是合适的,但在与此相反的条件下却并不合适,这就是它的局限性。

4. 作为冲突和协商的政策执行

冲突协商模型的特征在于,把组织界定为具有独立利益的各组织成员及下级单位之间的冲突、协商、联合等过程。

根据这一模型,缺乏对整体目的的同意不能被看作是组织的失败,上下级的想法也没有什么特殊的意义。同时,组织的实际结构不是在正式等级结构或惯例化了的过程中,而是在协商过程中得到发现。这一模型认为,组织中的冲突就意味着依赖。换言之,任何组织参与者为了达到自己的目的,在一定程度上都不能不依赖于那些处于同自己对立关系的参与者的决策或选择。所以,能够成为评价政策执行的唯一而客观尺度的就是能否保存协商过程。

冲突协商模型的贡献在于,它给分析家提供如下观点:即执行过程的参与者除了协商的必要性以外,对其他任何事情都不必同意。这一模型特别强调的是,无论是组织中的个人之间还是不同层次的政府机关之间,执行过程不是依赖于等级性控制或意见一致,而是通过协商过程来进行。但是,由于一切规范性判断都是主张相对有利的方面,因此根据这一模型无法界定政策执行的成败。同时,该模型将组织中发生的混沌和毫无定向的漂流提高到原则层次,也无助于改善政策执行过程。

总之,埃尔莫尔认为政策执行是包括很多变量的复杂过程,而对此的研究方法应该根据具体情况和问题的性质而有所区别。这种努力把组织理论吸收到政策执行的研究领域上来,从而为分析政策执行问题上的原因与表现形态提供多种理论根据。但是,由于他只是个别地介绍和分析多种组织模型,却没有企图探索这些模型之间的有机联系,从而没有能够形成一种具有内在逻辑的整体性执行理论框架。

6.2.6 政策执行综合模型

萨巴蒂尔与梅兹曼尼安(Sabatier & Mazmanian,1980)在《公共政策的执行:一个分析框架》一文中构建了一个较为完整的政策执行框架,即政策执行综合模型(如图 6-4 所示)。该模型主要针对监管型政策,即政府试图改变私人目标群体的行为的政策,其主要目的在于识别影响法定目标实现的主要因素。

萨巴蒂尔与梅兹曼尼安认为,影响政策执行过程的因素可以分为问题的易处理性、法规对政策执行的结构化能力和影响政策执行的非法规变量三大类(Sabatier &

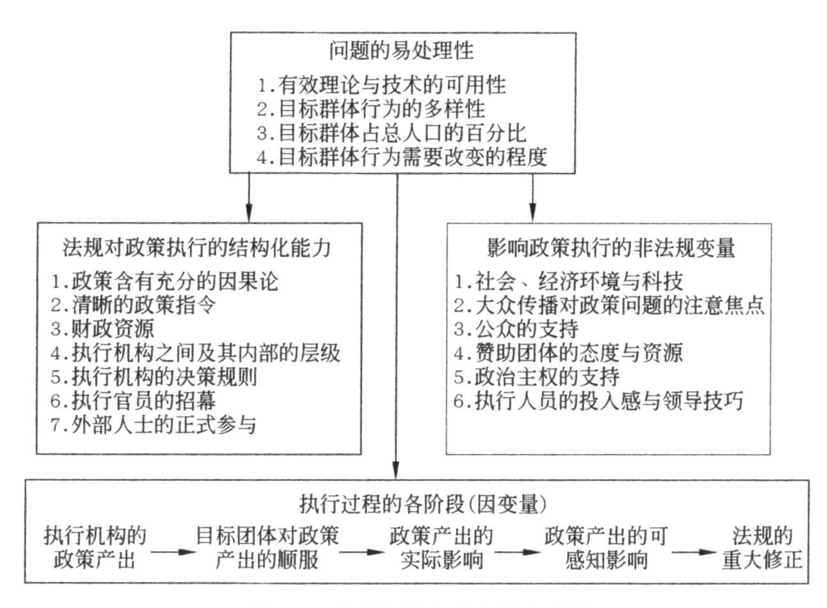

图 6-4 政策执行主要变量流程图

资料来源：Sabatier & Mazmanian，1980：542.

Mazmanian,1980)。其中,问题的易处理性指的是政策问题本身是否具有易于被解决和处理的特性,具体内容包括：有效理论与技术的可用性、目标群体行为的多样性、目标群体占总人口的百分比和目标群体行为需要改变的程度等。

法规对政策执行的结构化能力,指的是政策本身的资源、地位、目标或指示能否有效规范政策执行的能力,具体内容包括：政策含有充分的因果论、清晰的政策指令、财政资源、执行机构之间及其内部的层级、执行机构的决策规则、执行官员的招募和外部人士的正式参与等。

影响执行的非法规变量指的是政策本身以外影响政策执行的因素,包括：社会、经济环境与科技;大众传播对政策问题的注意焦点;公众的支持;赞助团体的态度与资源;政治主权的支持;执行人员的投入感与领导技巧等。

上述自变量将会影响因变量,即政策执行过程中的每一阶段。政策执行过程被分为五个阶段,依次是执行机构的政策产出、目标团体对政策产出的顺服、政策产出的实际影响、政策产出的可感知影响和法规的重大修正。

政策执行的困难就在于,影响政策执行的问题的易处理性和非法规因素,以及法规对政策执行的结构化能力三类变量之间的相互作用,对政策执行过程可能产生关键影响(Hill & Hupe,2002)。要使政策最容易得到成功执行和达到法定目标,需要具备以下三个条件(Sabatier & Mazmanian,1980)：一是法定目标是清晰和一致的;二是联系主要影响因素和政策结果,即实现法定目标和改变目标群体行为的因果关系理论;三是法规不仅给予政策执行机构对目标群体充足的司法权,并对政策执行过程结构化,以使目标群体的行为最大化符合法规要求。

总之,萨巴蒂尔、梅兹曼尼安以问题的易处理性、法规对政策执行的结构化能力和非法规因素对政策执行的影响三方面探讨了政策执行,形成了一个较为完整和综合的执行理论模型。这一模型对自上而下的方法做出了贡献，提出了包含识别“障碍因素”和“可控因素”的方法论，并有助于向高层决策者提出可取的执行控制建议。总体上看，这一模型应用相当广泛。

6.2.7 政策执行基层官僚模型

利普斯基(Lipsky)在其1980年出版的专著《基层官僚：公共服务中的个人困境》中提出了基层官僚模型。基层官僚是指那些在工作进程中直接与市民互动的公共服务人员，以及对任务执行具有实质性判断力的公务员，比如警察、公立学校的教师、社会工作者、法官、公职律师、公共福利机构的工作人员、收税员等。虽然基层官僚的地位不高，但是这些人员不仅在政府雇员中占有较大比重，而且直接与目标群体互动，并拥有广泛的自由裁量权，其决策和行为将直接影响执行结果，是政策执行的关键人物。

利普斯基(Lipsky,1980)认为，和大多数组织中的低层职员不同，基层官僚在决定他们的机构供给的利益和惩罚的性质、数量和质量时拥有相当大的自由裁量权。基层官僚所执行的政策往往是针对公民个人的，他们常常需要利用自由裁量权来作出现场决策，且其决定完全是针对个人的。基层官僚所作出的决策，常常具有分配和再分配的属性。他们对稀缺资源的分配和再分配对公民的生活产生重大影响。从某种程度上说，基层官僚在公民和国家的关系的许多方面，无形中处于一种居间调节者的地位，他们掌握着公民权利的尺度。

总的来说，在广度上，基层官僚的作用等同于政府的功能；在强度上，基层官僚的作用表现为市民不得不日复一日地与那些负责教育、纠纷处理、健康服务的街道主管相互交涉；作为整体，基层官僚汲取了大部分公共资源，并成为社会期待在公共服务的供给与公共开支的合理负担之间维持平衡的焦点；作为个体，基层官僚承载着市民对政府公正和有效对待的希望，也正是从这一点，他们清楚地看到了政府在有效干预和公民回应方面的不足(Lipsky,1980)。因此，基层官僚所作出的决定、所确定的执行程序、所创造的用于处理不确定性和工作压力的方法，都是影响政策执行的重要因素。

在实践中，影响基层官僚工作程序或是给其带来压力的因素主要有四方面(Lipsky,1971)：一是资源的稀缺性，由于基层官僚机构所拥有的资源经常是不足的，因此基层官僚往往以某种机制来对服务进行分配：或增加服务成本，或减少服务总量，或是选择性提供服务。二是自身权力不足，基层官僚的工作往往面临直接的生理或是心理压力，比如，直接暴露在危险环境或是直接面对棘手的复杂问题，而自身的条件或是能力又不足以去应对。三是工作要求的矛盾或是严苛，基层官僚的义务或责任往往受同事、机构或公众的影响，不同的对象对基层官僚有不同的期许，使得基层官僚在工作绩效标准上面临不确定或是巨大压力。

上述因素都使得基层官僚常常处于矛盾的情绪中：一方面，他们有强烈的责任感，另一方面却因工作的繁重与复杂而使其服务热忱降低；一方面被要求对公民一视同仁，另一方面却对特定对象提供特权或走后门的额外服务与便利。因此，看似理性的科层组织，实际上却是充满妥协和不理性的。基层官僚常见的矛盾行为包括对顾客需求的修正、对工作目标的修正和对顾客概念的修正(汪正阳,2010)。当顾客或是服务对象的要求越来越多时，基层官僚开始设法自行修正服务标准，比如，延长顾客等待时间、降低服务标准、拒绝提供详细资讯，等等。除了修正顾客的需求标准以外，基层官僚也会修正对自己工作目标的认知，往往以保守和纵容的态度来缩短实际情况与预期目标之间的落差。在工作日益增多的情况下，基层官僚会对顾客进行分类，优先处理那些最容易成功的个案，而非最需要服务的个案，以此舒缓自身工作压力。

为确保基层官僚作为实际的政策制定者在制定和实施某种政策时是可靠的，可以减少其自由裁量权并约束其可用的各种手段来实现。比如，通过制定充分完整的工作手册，尽可能对执行工作中会出现的各种情况加以规定；通过对基层官僚机构及人员的绩效进行审计，并将其作为奖惩的依据；通过详细说明工作目标，使得基层官僚能够被有效的监督。这些控制手段虽然在有些情况下确实能发挥作用，但是仍可能被基层官僚轻易摆脱。因此，需要使用各种办法来确保政策执行者的责任性，确保地方公众的期望能够得到有效满足。

总之，基层官僚模型表明，基层官僚实际上是政策制定者。如果只是局限于立法机构或是高级政府官员，就不可能真正理解公共政策。利普斯基强调基层官员在政策执行中起到的决定性作用，而这一理念已经被其他学者用来发展方法论策略。这些策略关注执行工作本身，而非政策输入。更重要的是，利普斯基的研究强调了控制基层官僚的困难性，认为传统的自上而下方法并不切题，由于政策执行是基层官僚在重压之下发挥其自由裁量权的工作，因此任何具有等级制特征的控制手段都无助于保证政策的成功执行，反而会适得其反，迫使基层官员更加无视顾客或服务对象的需要。

6.2.8 政策执行沟通模型

郭谨等在其1990年出版的《政策执行理论与实践：迈向第三代执行》一书中提出了府际政策执行模型。郭谨等人的府际政策执行模型属于第三代执行模型，他们认为第一代执行研究单个的决策如何被执行，第二代执行发展了执行的分析框架，而第三代执行则发展和检验解释性和预测性的执行理论（Hill & Hupe，2002）。作为一种系统化研究途径的开拓者，郭谨等人的目标是促进一种“更加科学的”执行研究途径。为此，他们提出了一个用于执行分析，特别是强调影响政府不同层级之间接受或拒绝信息的因素的“沟通模型”（如图6-5所示）。

在这一模型中，关于衡量变量的问题在每一种情形下都得到仔细考虑。该模型建立在如下三个假设前提的基础之上：一是中央政府与地方之间具有冲突或合作关系；二是州政府具有自主裁量权，可以解释联邦计划的内容或充分了解地方政府亟须谋求解决的问题；三是不同时间或不同管辖权下具有不同的执行形态变项。

该模型包括三个变量：一是因变量，即州政府的政策执行；二是自变量，包括两项：一是联邦政府层次的诱因与限制，二是州与地方政府层次的诱因与限制，两者形成交互依赖关系；三是中介变量，包括州政府本身的决策后果与州政府本身的能力。具体来说，联邦层级的诱因与限制，与州政府和地方政府层面的诱因与限制，会对州政府的政策执行能力及其决策结果产生影响，进而影响政策执行的最终结果。当政策无法达成目标或需要进行协调、合作时，政策便会进行重新设计。

关于联邦层级的诱因与限制，国家政府决策的内容与形式都会影响政府层级执行者

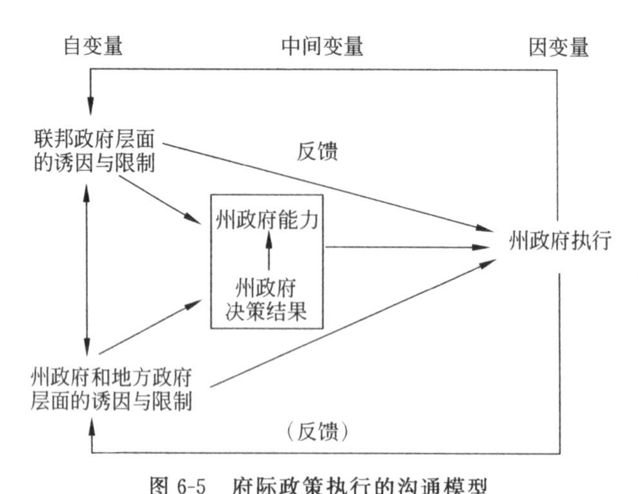

图 6-5 府际政策执行的沟通模型

资料来源：Goggin，Bowman，Lester & O'Toole，1990：32.

的选择与行为，而联邦政府层级即是通过法规与权威来影响执行，其中"决策内容"变量包括政策类型、问题解决的急迫性、结果明确性的程度、法规的强制性、财力的配置等。而"决策形式"则可能会影响到决策信息的接收方式。

关于州与地方政府的限制与诱因，此变项的内涵主要是三组制度的互动，利益团体、州政府、地方上经选举产生的官员以及其相关的政治制度、执行机关。在这个层级上所做的执行决定与行动，都可能因管理者在方案运作所需的资源、州政府民选官员的偏好等方面，加入个人判断而发生消费者与服务提供者之间讨价还价的情况。

关于州政府决策结果与州的能力，郭谨等人认为，执行的产生必须存在两个条件：一是做出执行的决定，二是采取行动的州的能力。此外，还要考虑到州的组织与生态能力，组织能力是指采取行动的制度能力，生态能力是指州政府运作的相关环境条件，如社会、经济、政治条件等。

关于州的执行，必须由产出与结果两方面来定义：产出指的是计划目标被满足的程度如何；结果是指在广泛的社会问题中，方案修正的变化如何。因此，州的执行应包括执行过程、执行方案的产出与最后产生的结果，这决定了州政府能否顺从联邦政府的指令推动政策、能否具体地达成既定目标、能否解决所涉及的社会问题。

关于回馈与政策再设计，冲突是政策执行过程中所必然产生的现象，也会对整个政策产生许多的回馈(不论好或坏)，当政策无法达成目标或需要进行协调、合作时，政策便会进行重新设计。这也反映了府际政策执行容易变动的本质。

为了使该模型更具经验性，郭谨等人还提供了两项可验证的假设：一是各州政府在执行时机上的差异性，即各州在执行与沟通形态上的差异所引起政策内容的改变程度；二是各州政府在执行行动上的变异性。在郭谨之后，其追随者进一步丰富与发展了沟通模型。瑞利、富兰克林(Ripley & Franklin，1991)认为，典型的公共政策是发生在一个复杂的府际关系网络上，其中多个参与者经常持有冲突的目标和期望。因此，各层次的政府间的沟通是否顺畅，自然与政策执行密切相关。谢博利(Scheberle，1997)认为，政策的有效执行关键在于培育积极的府际关系，他根据联邦与地方官员之间的信任度以及上级机构的监督程度，把府际关系分为合作共事型、合作但自治型、逃避性各自为政型、竞争性各自为政型四种类型。

政策执行的沟通模型在一定程度上提供了一个综合的和普遍使用的科学框架（Hill & Hupe，2002）。该模型关注联邦制度中相关的政治或行政层面问题，致力于解决满足关于执行成功或失败的命题的实用性要求与他们所关注现象的复杂性之间的矛盾；重点分析了政府间关系对政策执行的影响，强调了政策执行者和政策制定者反馈的重要性，以及各层级政府间沟通的重要性，重视影响各层级政府间的信息的接受与拒绝的因素。不仅避免了在处理正常执行和政策形成的反馈上存在困难的早期的静态研究的状况，而且避免了自上而下方法为试图控制执行过程者确定特别规则的刻板与僵化。

6.2.9 规划过程—执行结果模型

温特（Winter）提出的“规划过程—执行结果”模型，试图建构政策执行的一般性理论。温特认为，公共政策主要是受到组织与组织间的执行行为、基层官僚行为和目标团体行为等三项因素的影响。政策执行结果主要是受到执行过程的影响，而政策规划过程与立法过程也通过政策执行过程的中介作用，间接影响政策执行的结果（如图 6-6 所示）。

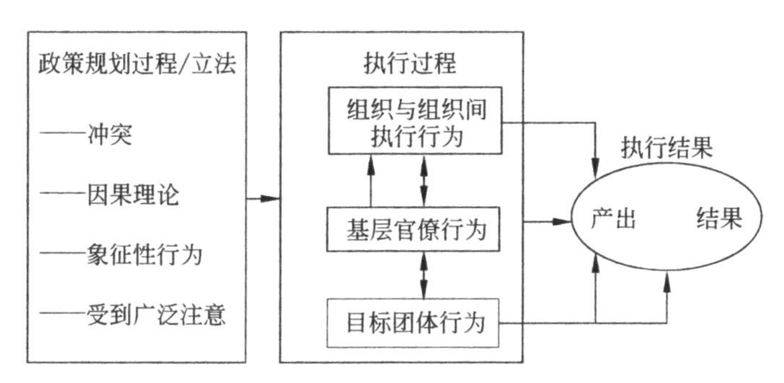

图 6-6 温特的规划过程与执行结果模型

资料来源：李允杰、丘昌泰，2008：78。

该模型存在三类变量：一是因变量，即执行结果，可以从产出与结果两方面加以观察，产出是抽象的政策后果，结果则是指产出之后，该产出对于社会或目标团体的影响；二是自变量，即政策规划过程与立法，主要是受到规划过程中的冲突程度、因果理论有效程度、象征性行动程度、受到广泛注意的程度四个因素的影响。三是中介变量，即执行过程，主要是受到组织与组织间的执行行为、基层官僚行为、目标团体行为三项因素的影响。

1. 执行结果

在执行研究中，明确界定执行结果非常困难，但政策执行学者已经提供若干可供评估的标准。从官方目标角度，将执行结果与官方目标比较，看看发生何种行为的改变或社会现状的改变，凡是与官方结果一致者为成功的执行结果，否则为失败的政策执行结果。从利害人关系角度，将执行结果与那些在这些过程中拥有各种权益的不同行动者的利益相互比较，凡是政策执行结果让多数的利益相关者得到好处的就是成功的政策执行结果，否则就是失败的政策执行。从问题解决角度，将执行结果与是否能够解决社会问题的程度相互比较，凡是能够解决社会问题者为成功的政策执行，否则为失败的政策执行。

2. 政策规划过程

政策规划对于政策执行的影响，可以从四项命题观察出来。一是成功的政策执行与政策规划阶段的冲突程度成反比关系。冲突性高的政策，各种行动者都必须投入妥协过程，而所有决策都是妥协的结果，会使政策本身的不确定性增高，失败的可能性增大。二是成功的政策执行与政策支持者的决策奠基于有效因果理论的程度成正比关系。政策工具与行为后果之间的因果关系越强，政策决定就越可能受到支持，政策执行就越顺畅。三是成功的政策执行是不可能的，如果政策之所以被采纳是基于象征性的理由，政策本身必须具有让执行者解决问题、热诚投入的真正理由。四是成功的政策执行与政策规划过程中受到支持者注意的程度成正比。政策规划过程中的参与人数越多，参与的时间越长，政策议程中相互争议的议题越多，则政策执行成功的机会就越大。

3. 组织与组织间的执行行为

几乎每一项政策都需要组织的参与，任何一项政策都涉及联邦、州与地方政府的介入，更涉及公私部门的介入，因此，欠缺协调行动是政策执行失败的主因之一。在政策执行过程中，虽然有从上至下、结构完整的政策执行系统，如果事事都需要其他机关、单位或个人的同意才能贯彻，则政策的执行不可能产生任何效果。

4. 基层官员行为

基层官员是政策成败的关键，他们为民众提供服务，也负责管制民众过度膨胀的需求。要政策执行成功，必须注意基层官员的若干反制行为，通过在职训练与职业生涯教育计划、工作轮调、提供诱因与奖励制度等方法促使基层官员采取积极服务民众的行为。

5. 目标团体与社会、经济环境

目标团体的行为是决定政策执行成败的重要因素。不少学者指出，凡是能够让目标团体得到好处的政策，称为服务导向的政策，在执行过程中不容易受到阻碍。但限制目标团体利益的管制政策，其目标就较难达成。因此，要建构整合型模式，应该将目标团体行为纳入执行过程中，找到评估目标团体之社会、经济结构与政策需求的方法论与理论架构，以形成执行过程架构。同时，积极参考法律、社会学者对目标团体对于法律规范的响应与影响的关注。

规划过程—执行结果模型从多方、动态、融合的角度去探讨政策执行过程。与自上而下研究途径和自下而上研究途径相比，政策执行的规划过程—执行结果模型是一种整合的研究路径，采取了较为全面的视角来看待政策执行过程，将政策执行与政策制定的过程融为一体，既考虑了决策者在政策执行过程中的影响，也分析了基层官员所拥有的自主权及其对政策结果的影响。总体而言，规划过程—执行结果模型较好地解释了政策执行过程的动态性与复杂性。

6.2.10 政策执行模糊—冲突模型

马特兰德(Matland)在其1995年发表的《整合政策执行研究：政策执行的模糊—冲突模型》一文中，提出了政策执行的模糊—冲突模型。马特兰德认为，模糊性和冲突性是政策的本质特性。当多个组织认为政策直接关系到自身利益并且组织间的观点不一致时，就会发生政策冲突——关于政策目标的政策冲突或关于执行方式的政策冲突；而执行中政策的模糊性总体上可以分为两类：目标的模糊性和执行方式的模糊性。目标的模糊性经常造成误解和不确定性，执行方式的模糊性表现为实现政策目标所需要的技术手段模糊或者不存在。政策的冲突性和模糊性不可避免，会直接影响到执行的效果。

模糊性＼冲突性	低	高
低	行政性执行 资源条件	政治性执行 权力
高	试验性执行 环境条件	象征性执行 联盟力量

图 6-7　模糊—冲突矩阵：政策执行过程

资料来源：Matland，1995：160.

基于政策的模糊性和冲突性的不同，存在四种不同的政策执行模式（如图 6-7 所示），包括低冲突—低模糊（行政性执行），高冲突—低模糊（政治性执行），高冲突—高模糊（象征性执行），和低冲突—高模型（试验性执行）四类。

1. 行政性执行：低政策模糊—低政策冲突

在决策理论中，低模糊和低冲突提供一个理性的决策过程的先决条件。目标的是给定的，为解决现有问题的技术或方式是已知的。行政执行的核心原则是政策结果是由资源决定的。只要有期望足够的资源来保证政策的执行，预期的政策结果几乎能得到保证。

低模糊性意味着各执行人员都明确其职责。低冲突性意味着上级的指令被认为是合法的，行政执行的冲突很少，执行人员规范地执行政策。在此情况下，执行过程是一种自上而下的理想过程，可以被比作一台机器，在机器的顶部，是中央权威。权威有信息，资源和决策能力，以帮助制定所需政策。信息流自上而下。执行过程是以等级制的方式自上而下执行。每个层级都明晰政策，并且对其职责和任务都很清楚。这种行政执行模式是韦伯式的官僚制模式，官僚忠实履行其指定的职责。

2. 政治性执行：低政策模糊—高政策冲突

低政策模糊和高政策冲突是典型的政治执行模型，执行结果由权力决定。这种执行模式意味着执行人员有清楚明确的政策目标，但政策冲突会发生，因为这些明确的目标是冲突的。同样，执行方式也可能发生冲突。政治执行的核心原则是执行的结果是由权力决定。某些情况下，一个决策者或者决策者联盟有足够的权力让执行者贯彻自己的意志。在其他情况下，决策者诉诸交易来与执行者达成一项执行协议。

这种类型的政策，执行者不会自动遵照执行。虽然有一个明确的政策，但必要资源掌握在对政策持怀疑态度或者反对态度的人手里。政治执行比行政执行更易受环境的影响。政治执行就要确保掌握资源的人的同意，也要避免持反对态度的人的阻碍。成功的执行要么取决于有足够的权力来强制其他不赞同政策的人参与，要么取决于有足够的资源通过交易来达成执行协议。在此情况下，突出相互作用和政策/执行反馈的理论显得特别适用，而那些强调微观层次的决策理论则不然。

3. 试验性执行：高政策模糊—低政策冲突

试验性执行的核心原则是环境条件主导政策执行过程。政策结果在很大程度上取决于微观执行环境中的资源和执行者。试验性执行指政策偏好和执行方式都不确定的情况。在试验性执行的情况下，对结果有影响的环境因素非常重要，当不同组织在不同环境下执行不同政策时，就会产生项目变化。

如果政策的模糊程度高而冲突程度低，政策结果将在很大程度上取决于那些执行者积极参与的。政策模糊的结果是，执行的项目因政策背景而异。随着政策背景的变化，行动者的参与度、对其他行动者的压力、对政策的理解、可利用的资源以及可能的执行方式都不同。低政策冲突很可能吸引大量的参与者，为那些有强烈的兴趣，或有大量的闲置资源的参与者一个执行政策的舞台，也为那些需要制定满足当地需要的政策的官员提供了很好的机会。

试验性执行比其他执行方式更加易受环境影响。随着不同的组织在不同的环境中执行不同的政策，政策方式会发生变化。这些变化可以被视为自然试验，这对政策设计者积极利用这些试验来增加他们关于政策执行过程的认知，尤其是过程评估是很重要的。对于具有清晰目标的政策来说，可以用结果来评估政策是否实现预期目标。但是对于没有清晰目标的政策来说，过程评估是一种更有用的评估方式。

政策目标和执行方式都不确定的政策，自然采用试验执行的方式。此外，具有清晰和广泛接受的目标但执行方式不明确的政策，也采用试验执行的方式，并可能导致开发新的执行方式。

4. 象征性执行：高政策模糊—高政策冲突

在象征性执行情况下，政策既有高度的模糊性，又有高度的冲突性。许多学者建议制定较为模糊的政策以减少冲突。不过，既有高的模糊程度，又有高的冲突程度的政策确实存在。象征性比较强的政策往往导致高的冲突，即使其比较模糊，旨在重新分配权力或收入的政策是典型象征性政策。模糊的政策目标往往给执行设计者提供很少的信息来执行政策，但象征性足以在任何政策出台前创造冲突程度较高的反对者。象征性政策在确定新的目标、重申对原来目标的承诺以及强调重要的价值观和原则方面发挥了重要的作用。

象征执行的核心原则是掌握政策资源的行动者联盟决定政策结果。因为行动者的利益系于政策，所以拥有共同利益的行动者可能会形成联盟。这些联盟的力量各不相同。通过对联盟力量的影响，环境条件也影响了政策结果。不同的政策会形成不同力量的联盟和居于主导地位的联盟。

高度的模糊导致了政策结果的不确定性。对于象征性政策，职业培训可以发挥特别重要的作用。职业培训提供了一套强有力的行为规范和有效解决问题的方法。当面对一个模糊的政策目标和含糊不清的行动方案时，受过职业培训的行动者很可能会迅速根据其职业背景提出执行建议。不同的职业背景和不同的政策目标常常构成联盟的核心。

高度的冲突是重要的，因为它结构化了解决方案的拟定。象征性执行的政策是高度冲突的，因此表现出与政治执行的相似之处。行动者都积极地参与，并通过强制手段或交易手段解决冲突，解决问题的手段或说服的手段只起到有限的作用。各个行动者的影响力是与所属联盟的力量联系在一起的。

象征性执行与政治执行的不同之处在于微观层面的联盟力量，而非宏层面的联盟力量，决定了政策执行结果。这是由高度的模糊性政策造成的。当政策的目标和手段都模糊时，它是象征性政策。随着模糊程度的降低，政策向上移动，趋于政治执行。模糊程度的降低给行动者施加影响的机会。当政策目标和手段清晰时，宏观层面的政治力量可以发挥作用，就变成政治执行了。

模糊—冲突模型的价值在于启发我们用不同的思维方法来分析不同的政策。鉴于自上而下的研究倾向于选择相对清晰的政策，而自下而上的研究倾向于研究具有较大的不确定性的政策，而且这些研究都是单个案例研究，很少考虑不同种类的政策执行有何不同，模糊—冲突模型指出了对不同类型执行进行区别对待的重要性。因此，更有效的执行模型需要更仔细地评估政策的特点，模糊—冲突模型正好为理解执行提供了一个更加综合一致的基础。

6.3 公共政策的有效执行

6.3.1 成功执行的标准

在政策执行过程中一种主要的冲突来源于不同的政策执行主体或参与者，如决策者、行政人员、民众、专家学者等对于什么是有效的执行均持有不同的看法。而不同人对于执行过程的常规和目的的不同观点，也造成了对于执行过程的不同研究方式，概括起来包括理想主义的观点、守法主义的观点、回应的观点、实验的观点四种(Johnson，1996)。

理想主义的观点认为成功的执行是执行的中心目的，即彻底对政策的目标问题予以解决。这种观点认为问题与解决方式之间存在直接的因果关系，因此，执行是一个大致可预期的过程。在此过程中，人们在熟悉的情境中使用经过验证的方法。而政策执行的失败必然是源于执行人员的疏忽或故意不使用正确的执行方法。执行的次要目的则是执行的效率，以最少的成本来完成执行的任务。可见，理想主义的观点只能应用于极少数的情况中，执行的任务必须有非常清楚的范围和标准的解决方法。

守法主义的观点主张成功的执行就是行政机关或政策执行人员完全遵照、不背离政策的规定和内容。执行机关从属于立法机关的指令，而立法机关则代表和反映民众的意志。与理想主义相似，此观点赋予行政人员较少的自由裁量空间，不同的是，此观点认为成功或正确的政策是法律所指示或规定的，但不一定是问题的永久解决之道。理想主义和守法主义观点都采用“自上而下”的政策执行途径，认为政策的执行随着组织阶层由高至低来实现。此观点也只能应用于简单的任务，且必须有精确的、不模糊的法律和政策指示语言。

回应的观点认为成功的政策执行是一项政策持续地由其所处的情境、所影响的民众的意愿和价值观，以及由低级行政人员的看法和态度所形成的。不成功的政策是无法顺应环境，以及对政策目标群体的需求不具有回应性的。这一观点采用“自下而上”的观点，与前两种观点强调政策决策者不同，回应的观点认为执行人员可以适当地偏离政策的内容和指示，或者政策内容和指示可以具有模糊性，以赋予执行者更多的自由裁量权和独立地位。

实验的观点适用于使用全新的、没有经验验证为有效的问题解决方法的情况，政策的内容可以是极为模糊的，但是执行的方法或工具必须以试错的方式产生。试验的观点也是一种“自下而上”的途径，此类观点中，政策执行者具有极大的自主权以试验解决方法、评估结果，并据此改变政策方案。因此，成功的执行是指由执行人员在遇见困难、寻求解决困难的过程中所积累的经验形成的。而失败的政策则是由于执行人员的固执、缺乏弹性，以及没有能力从经验中汲取教训。

回应的观点和实验的观点具有更好的适用性，尤其是当公共政策的解决是多重、不确定的且具有争议性时。对于这些公共政策，执行方法和标准必须有执行者辨别出变化中的情势和需求。

6.3.2 成功执行的条件

政策的执行如何能够成功地实现政策的目标，就需要明确有效地执行所需要的条件，并以此为依据提高执行的效果，具体来看包括以下十项基本条件（Hogwood & Gunn，1984；李允杰、丘昌泰，2008）：

第一，没有无法克服的外在限制。在政策执行中，以执行机构本身的权力、人力与资源，存在许多无法克服的外在环境的限制，使政策无法落实。但是如果没有外在限制，就容易形成完美的政策执行。

第二，充足的时间和资源。时间过于短促易造成政策的失败，若干政策的执行结果需要长时间的观察才会出现改变，例如，教育改革政策，因其涉及家长、学校和全社会教育观念的转变，不宜躁进，要求短期出现成效的教育改革是危险的。

第三，充分整合必要资源。公共政策所需要的资源相当广泛，如人力的配置、经费的提供、时间的充裕与健全的组织系统，这些必要的资源的有效整合是成功执行的基础。例如，为有效缓解节假日期间高速公路严重堵塞现象，交通部门所研究和拟定的各项政策，包括交通承载管制、匝道管制、仪控管制等多方面的内容。

第四，政策以有效的理论为基础。政策制定者对于公共问题的认定是否符合多元利益群体的期望和价值，政策议程是否确实反映民众的关注点和意向。

第五，直接而清晰的因果关系。有效的理论固然重要，但是有效的理论中如果不能建立直接而清晰的因果关系，执行就不可能成功。

第六，最低度的依赖关系。政策执行中，要尽量避免出现政策执行机构由多头领导，需要征询不同机关的意见才能执行政策的情况，而应赋予执行机关拥有相当的自主权和责任。例如，公共安全问题，对于建筑安全的监察机构在执行业务安全检查时，涉及多方面的权限如警察、税务、城市规划和消防等都必须配合。

第七，充分共识与完全理解的政策目标。如果政策制定者与执行机关对政策目标的认识是相互冲突的，执行者的认识也不够清晰，则政策的执行就会存在很大困难。

第八，任务必须在正确的行动序列上陈述清楚。对于政策执行涉及的一系列逻辑性的任务组合，需要遵循一定的行动序列，并且厘清各行动主体的权责划分，保证执行的有效性。

第九，完美的沟通与协调。政策执行过程中所有的参与者都必须在相同的信息基础上进行沟通与协调，以充分了解彼此的立场。

第十，权力与服从。需要克服现实政策执行中的重重困难和限制，使政策执行者必须拥有真正实质的权力，且目标团体忠心服从，这样的权力与服从关系是成功执行的关键因素。

6.3.3 邻避情结和政策服从

邻避情结(Not In My Backyard)是指别在我家后院，除此之外还有其他一些相近的称谓，如地方厌恶的土地使用(Locally Unwanted Land Use)、不要在任何人的后院(Not In Anybody's Back Yard)等。产生邻避情结的公共设施统称为邻避型设施，例如，焚化厂、有毒废弃物处理厂、掩埋场等环保设施；核电站、发电厂、加油站、变电站等能源设施；飞机场、高速公路、高铁等交通设施；高尔夫球场、游乐场等娱乐性设施；水库、水力发电站等资源设施；监狱、精神病院等社会服务设施等。这些设施虽然具有较大的社会效益，但由于其有可能会给周围居民造成生命、财产和环境的风险，而招致反对，甚至激烈的抗争，致使政府、社会和企业都付出较大的社会成本。因此，邻避情结是一种反对邻避设施在我家后院兴建的自私心理，往往会导致在公共政策的制定和执行过程中出现政策瘫痪或政策停滞的现象，影响公共政策的有效实施。

维特斯等人(Vittes、Pollck & Lilie，1993)认为邻避情结具有三方面的特性：第一，它是一种全面性地拒绝被认为有害于民众生存权和环境权的公共设施的消极态度；第二，它基本上是一种环境主义的主张，强调以环境价值作为衡量是否兴建公共设施的标准；第三，它的发展不需任何技术、经济或行政层面的理性知识，它是一种情绪性的反应。

列克(Lake，1993)认为邻避情结建立在两项前提之上：一是，公共设施本身是社会所需的，并且能产生重要的社会效益；二是，自私的地方偏狭主义阻碍了社会良善实现的可能性。丘昌泰(2010)认为邻避情结具有四项基本特征：邻避设施所产生的效益是全体社会所共享的，但负面的外部效果却由附近居民所承担；邻避情结是复杂的因素结构，既有理性的一面，也有非理性的一面；邻避情结有理性的一面，是因为政府关闭了参与的渠道，民众的抗争有其理由，但是如果民众基于自利自私的观点要求环保回馈，就不能视为理性的邻避行为；邻避设施的兴建往往涉及专家、政府官员与社区居民之间的价值与目标冲突。

邻避情结主要围绕邻避设施的选址和建造所产生，因此不少学者从公共产品负外部性的角度，探讨邻避情结发生的原因。例如，摩尔(Morell，1984)认为，引起邻避抗争的原因主要可概括为心理因素、公平性问题、邻避设施对于地方形象的影响、政府在环保配套方面的失职四个方面。其中，心理因素是指居民担心邻避设施可能对人体健康及其生命财产造成严重威胁；公平性问题则是指大部分居民都了解邻避设施对于社会全体所具有的效益，但问题在于他们会质疑为什么这项设施偏要设置在他们附近而不是设置他处；居民担心邻避设施带来环境污染，进而影响地方形象及当地房地产价值；由于政府在环保配套方面的失职，对于环保工作一贯以来的漠视，增加了居民对于邻避设施的不信任和反对。

政策服从是指与政策利益相关者，如政策执行机构、目标群体、民众、社会团体、企业等愿意接受并配合政策的推动，以达到政策目标的行为。政策服从包括行动服从和心理认同两个层面。从行动上来看，由于法律法规、政策指示等强制性措施的存在，不遵守者会受到行政、财政或法律上的惩罚，基于这种压力，政策目标群体出现政策服从。而从心理认同的层面来看，如果仅局限于外在压力促使目标群体服从政策，心理上却存在反抗情绪,就会出现表面上的服从。真正的政策服从应同时包括这两个层面,才是有效政策执行的必要条件。

因此,要化解邻避冲突,使政策目标群体服从如下政策(丘昌泰,2010)。

(1) 运用政府管制策略以解决邻避情结中的违法行为。政府机构对于经过合法化过程的政策决定,采取依法行政的态度,无论是从业者或社区居民都应服从政府法令,以行政处罚或法律形式对违法行为进行处罚。

(2) 运用社区参与策略以解决邻避情结的决策独裁问题。决策独裁、不尊重少数,是引发邻避冲突的原因之一,因此公共设施地址的选取过程必须加强民众的参与,让决策过程更加民主。积极正面的社区参与能够降低邻避意识,增加彼此信任,减少暴力冲突。

(3) 运用市场导向策略,选择自愿性社区兴建邻避设施,或对非自愿性社区提供补偿。政府可以鼓励有意向接纳邻避设施的自愿性社区所提出的要求,并与设施兴建者进行合理的协商或通过提供财政上的实质补偿来进行协商。无论是自愿性或强制性社区都应该成立由社区代表、厂商和社会人士组成的委员会,共同进行合作性的污染监督,以改善社区生活环境。

(4) 运用政策对话谈话策略以解决邻避设施的各种争议。通过大众传播媒体,建立自由讨论的政策论坛等形式,让专业人士、社区居民、业界代表、政府官员等公开交流或辩论,使社会各界全面了解和评论各自的观点,让不理性、以私利为中心的论点呈现在民众面前,也监督政治人物的决策。

(5) 运用风险沟通策略以化解邻避情结。具体步骤包括认定利益相关群体,发展一个公平开放的对话平台;接受民众对于风险认知的差异性,尊重不同的看法和观点;避免僵化执行邻避设施的兴建,而应特别关注社区居民和地方团体的感受和意见;执行社区调查,追踪风向认知的趋势,评估风险沟通的效果。

复习与思考

1. 试述政策执行的含义与重要性。
2. 试对政策执行的自上而下、自下而上和综合论三代研究途径进行比较分析。
3. 简要阐释过程模型的主要观点,并评述其价值。
4. 简要阐释系统模型的主要观点,并评述其价值。
5. 简要阐释博弈模型的主要观点,并评述其价值。
6. 简要阐释循环模型的主要观点,并评述其价值。
7. 简要阐释组织模型的主要观点,并评述其价值。
8. 简要阐释综合模型的主要观点,并评述其价值。
9. 简要阐释基层官僚模型的主要观点,并评述其价值。
10. 简要阐释沟通模型的主要观点,并评述其价值。
11. 简要阐释规划过程—执行结果模型的主要观点,并评述其价值。
12. 简要阐释政策执行模糊—冲突模型的主要观点,并评述其价值。
13. 论述政策成功执行的标准与条件。

14. 什么是邻避情结？邻避情结有哪些特征？

15. 什么是政策服从？化解邻避冲突，使政策目标群体服从政策的策略有哪些？

参考文献

1. Bardach, E. (1977). *The Implementation Game: What happens after a Bill Becomes a law.* Cambridge: The MIT Press.

2. Dunsire, Adrew (1990). Implementation Theory and Bureaucracy. In Younis T. (ed.). *Implementation in Public Policy*. Aldershot: Dartmouth.

3. Elmore, R. F. (1978). Organizational models of social program implementation. *Public Policy*. 26 (2): 185-228.

4. Goggin, M. L., Bowman, A. O. M., Lester, J. P. & O'Toole, L. J. Jr. (1990). *Implementation Theory and Practice: Toword a Third Generation*. New York: Harpor Collins.

5. Hargrove. E. C. (1975). *The Missing Link: The Study of the Implementation of social Policy*, Durham, Washington ,DC: Urban Institute.

6. Hill, M. & Hupe, P. (2002). Implementing *Public Policy*. London: Sage Publications.

7. Hjern, B. & Porter, D. O. (1981). Implementation Structures. A New Unit of Administrative Analysis. *Organization Studies*, 2(3): 211-227.

8. Hjern, B. (1982). Implementation Research. The Link Gone Missing. *Journal of Public Policy*. 2 (3): 301-308.

9. Hogwood, B. W. & Gunn, L. (1984). *Policy Analysis for the Real World*. Oxford: Oxford University Press.

10. Johnson, William C. (1996). *Public Administration: Policy, Politics, and Practice*, Madison, WI: Brown & Benchmark.

11. Lake, R. W. (1993). Rethinking NIMBY. *Journal of American Planning Association*, 59(1): 87-93.

12. Lipsky, M. (1971). Street Level Bureaucracy and the Analysis of Urban Reform. *Urban Affairs Quarterly*, 6: 391-409.

13. Lipsky, M. (1980). *Street-Level Bureaucracy: The Dilemmas of Individuals in the Public Service*. New York: Russell Sage Foundation.

14. Majone, G. & Wildavsky. A. (1978). *Implementation as Evolution. In E. H. Freeman(ed) Polioy studiers Review Annual*. Beverly Hills: Sage.

15. Matland, R. E. (1995). Synthesizing the Implementation Literature: The Ambiguity-Conflict Model of Policy Implementation. *Journal of Public Administration Research and Theory*, 5(2): 145-174.

16. Morell, D. (1984). *Siting and Politics in Japan: Energy Siting and Management of Environmental Conflict*. NY: ConellUniverstity Press.

17. Nakamura, R. T. & Smallwood, F. (1980). *The Politics of Policy Implementation*. New York: St. Martin's Press, Inc. pp. 7-19.

18. Nakamura, R. T. (1987). The Textbook Policy Process and Implementation Research. *Policy Studies Review*. 7(1): 142-154.

19. O'Toole, L. J. Jr. (2000). Research on Policy Implementation: Assessment and Prospects. *Journal of Public Administration Research and Theory*, 10(2): 263-288.
20. Pressman, J. L. & Wildavsky, A. B. (1973). *Implementation*. Berkeley: University of California Press.
21. Pulzl, H. & Treib, O. (2007). Implementing Public Policy, in Frank Fischer, Gerald J. Miller & Mara S. Sidney (eds). *Handbook of Public Policy Analysis*. Boca Raton: CRC Press.
22. Rein, M. & Rabinovitz, F. F. (1978). Implementation: A Theoretical Perspective, in Walter D. Burnham & Martha W. Weinberg, eds. *American Politics and Public Policy*. Cambidge: MIT press.
23. Ripley B. Randall & Franklin A. Grace. (1991). *Congress, the Bureaucracy and Public Policy*. Pacific Grove, C. A. : Brooks/Vole Publications.
24. Ripley, Randall B. & Franklin, Grace A. (1986). *Policy Implementation and Bureaucracy*, Chicago, ILL: The Dorsey Press.
25. Sabatier, P. A. & Jenkins-Smith, H. C. (1993). *Policy change and Learning: An advocacy coalition approach*. Boulder, CO: Westview Press.
26. Sabatier, P., & Mazmanian, D. (1980). The Implementation of Public Policy: A Framework of Analysis. *Policy studies journal*, 8(4): 538-560.
27. Sabatier, P., & Mazmanian, D. A. (1979). The Conditions of Effective Implementation. *Policy Analysis*, 5(4): 481-504.
28. Sabatier, P. A. (1986). Top-Down and Bottom-Up Approaches to Implementation: A Critical Analysis and Suggested Synthesis. *Journal of Public Policy* 6(1): 21-48.
29. Sabatier, P. A . & Mazmanian, D. A. (1983). *Implementation and Public Policy*. Glenview: Scott, Foresman.
30. Scheberle, D. (1997). *Federalism and Environmental Policy: Trust and the Politics of implementation*. Washington, D. C. : Georgetown University Press.
31. Smith, T. B. (1973). The Policy Implementation Process. *Policy Sciences*, 4(2): 197-209.
32. Van Meter, D. & Van Horn, C. E. (1975). The Policy Implementation Process: A Conceptual Framework. *Administration and Society*. 6(4): 445-488.
33. Vittes M. E, Pollck P. H & Lilie S. A. (1993). Factors Contributing to Nimby Attitudes. *Wasted Management*, 13(2): 125-129.
34. Winter, S. (1990). Integrating implementation research. In Palumbo, D. J. & Calista, DJ. (ed). *Implementation and the Policy process: opening up the black box*. New York: Green—Wood Press.
35. 李允杰、丘昌泰. 政策执行与评估. 北京大学出版社, 2008.
36. 宁骚. 公共政策学. 北京: 高等教育出版社, 2011.
37. 丘昌泰. 公共政策. 基础篇. 台北: 巨流图书, 2010.
38. 汪正阳. 图解公共政策. 台北: 书泉出版社, 2010.
39. 吴锡泓、金荣枰. 政策学的主要理论. 上海: 复旦大学出版社, 2005.

第7章

政策评估

公共政策评估作为一种对公共政策效益、效率和价值进行综合评价的政治行为，是政策运行过程中的一个重要环节。通过政策评估，人们不仅能够判定某一政策本身的质量和价值，从而决定政策的延续、革新或终结，而且还能够对政策过程各个阶段进行全面系统的考察和分析，总结经验，汲取教训，为以后的政策实践提供良好的基础。因此，规范、科学的政策评估不仅是政策过程中的关键一环，同时也是迈向高质量政府决策的必由之路。

7.1 政策评估概述

7.1.1 政策评估的含义

评估，也可称为评价，通常是指根据一定的标准去判断某一特定系统的整体，或系统内部诸多要素和环节的结构与功能的状态，判断系统产出的数量和质量水平及与预定目标的差距等基本情况，从而得到特定信息的过程。目前，由于认识上的分歧，学术界对政策评估的内涵存在一定的争议。关于政策评估的含义，具有代表性的观点可以概括为三类。

第一种观点以侯雷(Wholey)、利奇菲尔德(Lichfield)和阿尔金(Alkin)为代表，认为政策评估主要是对政策方案或政策计划的评估。持该种观点的学者将政策评估视为决策前的一种分析过程，其任务在于确定重要的决策范围，搜集、筛选、分析所获信息，为决策者的决策活动提供适当的政策方案基础。例如，侯雷在其1970年出版的《联邦评估政策》一书中指出，政策评估是评估一项国家计划在符合目标方面的总体影响，或者评估两个或更多计划在符合共同目标方面的相关效能(丘昌泰，1999)。利奇菲尔德则认为，评估是一种描述各种解决政策问题的方案，陈述各种方案的优劣点的过程(Lichfield，1975)。阿尔金认为评估是一种过程，这个过程在于确定重要的决策范围，选择适当的信息，搜集和分析这些信息并形成有用的摘要资料，作为决策者抉择适当的政策方案的基础(Alkin，1972)。

第二种观点以内格尔为代表，认为政策评估是对政策全过程的评估，既包括对政策方案的评估，还强调对政策执行以及政策结果的评估。公共政策缝隙可以定义为一个过程，即依照政策与政策目标之间的关系，在各种备选的公共或政府政策方案中，确定一个能最大限度地达到一系列既定政策目标方案的过程(斯图亚特·内格尔，1994)。这一定义引出了政策评估的四个要素，一是目标，包括规范性确属和个目标的相对权重；二是政策、项目、计划、决议、可选权、手段，或其他用以达到目标的方案；三是政策与目标之间的关系，包括运用直觉、权威性典籍、统计数字、观测、推理、猜测和其他手段建立的关系；四是根据目标、政策及其相互关系，得出应当选择哪一个政策或政策组合的结论。

第三种观点以戴伊为代表，认为政策评估的着眼点应是政策效果，即政策评估就是对政策的效果进行的研究。政策评估的主要目的是评价所执行的公共政策在达成其目标上的效果，确认政策对问题的解决程度和影响程度，并运用研究设计的原则，通过对政策效果的透视和分析，辨析形成当前政策效果的成因，分析某种效果是政策本身的作用还是其他因素所致，以求通过优化政策系统及政策运行机制的方式来强化和扩大政策的效力。戴伊认为，政策评估就是了解公共政策所产生的效果的过程，就是试图判断这些效果是否是所预期的效果的过程，就是判断这些效果与政策成本是否符合的过程(Dye,2001)。林水波、张世贤(1997)认为，政策评估的内涵是评估某一现行政策在达成目的上的效果，并利用研究设计的原则来区分在某种情景内政策本身或者其他因素所形成的效果。最后试图以修正现行政策的方式，增进其效果。

总的来看，公共政策评估应以政策结果为核心概念，政策结果有两类，一是政策产出，是政府从事某项活动的计划结果，是目标群体和受益者所获得的货物、服务或其他各种资源；二是政策影响，是政策产出所引起的人们在行为和态度方面的实际变化。因此，公共政策评估就是评估主体依据一定的评价标准，通过相关的评估程序，考察公共政策过程的各个阶段、各个环节，对政策产出和政策影响进行检测和评价，以判断政策结果实现政策目标的程度的活动。

政策评估具有四项特质使其区别于其他政策分析方法(Dunn, 2008;李允杰、丘昌泰,2008)。

(1) 以价值为焦点。评估不同于追踪监测之处在于它不仅只收集政策行动的结果与信息，而是必须判断一项政策或计划的价值或社会效用，并非简单地收集预期和非预期的政策行为结果方面的信息。这种价值的大小要以社会和公众需求为衡量标准，因此，政策评估应当符合基本公共价值需求。

(2) 事实与价值相互联系。评估结果应追求价值与事实并重，政策评估在于公共政策的价值判断，必须以事实证据为基础，政策评估的活动过程不可能避免事实与价值之间的互动。对某项政策的评估，不仅要求政策结果对个人、团体或社会是有价值的，也需要政策结果实际上是为了解决某项特定问题而采取行动的结果。

(3) 当前与过去都需关注。政策评估不同于政策倡议，其重点不在于对未来提出建议，而是在于将现在和过去的情况进行对比分析。评估是回溯性的，政策评估活动分析公共政策当前的发展状况，了解政策发展的方向是否按照政策目标进行。同时，政策评估也需要收集过去政策的发展经验，才能进行较完整的评估与比较。

(4) 价值的双重性。政策评估所处理的价值具有双重特质，可以被作为目的和手段，目的是内在价值，而手段则是外在价值。例如，全民医保政策的内在价值是保证公众的健康，而公众的健康又可以衍生出国民生产力这一外在价值。

7.1.2 政策评估的类型

由于政策的复杂性、广泛性以及人们关注政策的角度差异，政策评估的类型呈现出多样化的特点。不同研究者基于不同的标准，将多样化的政策评估活动划分为不同的种类，比较有代表性的评估分类包括卡罗(Caro)、布兰德(Polland),以及美国评估研究会(李允杰、丘昌泰,2008)。卡罗(Caro,1969)根据评估主体的不同,将评估分为内部和外部评估,内部评估是指政府内部的评估机构和人员所进行的评估;外部评估是指由机关组织外的学者专家所作的评估。布兰德(Polland,1974)提出效能、效率和折中评估三种类型,效能评估通过控制实验设计或准实验设计来判断一项计划的成功与否,并且计算目标的达成率;效率评估使用成本效益分析法计算一项政策或计划的成本;折中评估分析一项政策的次级标准,如输入、输出及过程等,以辨别计划最需要补充的地方。美国评估研究会所设计的前置分析、可行性评估、过程评估、影响评估、计划与问题追踪、后评估六类计划评估框架也受到广泛关注(李允杰、丘昌泰,2008)。其中,前置分析是指在进行新计划前所做的评估研究;可行性评估通过对政策规划与目标的比较来评估计划的合理性,以及达成计划目标的概率;过程评估是描述具体计划活动的过程,例如,管理、策略计划、操作、成本及执行过程的细节;影响评估关注公共政策或计划能够达成目标;计划与问题追踪是持续性的评估,目的在于提供问题相关信息,或同时追踪一项计划在不同区域的短期及长期现象;后评估又称混合评估,是重新分析过往评估研究,是一种回溯性研究,使研究者从过去的公共政策中吸取结论和经验。

综合各种政策评估的分类标准和体系,可根据评估主体、评估进行的时间、评估被主导的方式、评估的基础对其进行具体划分。

1. 依据评估主体的划分

根据评估主体的不同,可分为内部评估、外部评估和特定评估机构三类。其中,内部评估来自政府机构本身。内部评估者对政策的规划和执行过程较为熟悉,容易掌握主要的现象和信息,且因其构成执行系统的一部分,因此能够将其发现和建议快速传递到领导和管理层,可立即发挥纠正效果或其他影响。

外部评估来自执行系统之外。外部评估者比较能够超越执行系统既有的观点,保持客观的立场。例如,一般民众、传播媒体、公益团体的评估,目的在于确定政策执行对社会利益的影响。但是外部评估者的局限性在于,无法理解执行者的处境和困难,难以获得充足的资讯,或缺乏专业的知识。

特设评估机构一般可以由专家学者、政府官员、各界领袖等组成,就政府相关政策进行较为专业性的评估并提出改进建议。此类评估的重点在于超越既有制度或先行政策,从更深入地了解问题本质与解决之道的角度开展分析。特设专业机构通常出现于重大事件发生后,或当议题引起高度重视时。

2. 依据评估进行时间的划分

依据评估进行的时间,即评估的阶段来看,政策评估可以分成预评估、过程评估和结果评估三类。

预评估是指在政策规划阶段进行的评估,是一种带有预测性质的评估,其目的是了解一项政策方案或计划的预期影响和效益,以便在方案执行前及时发现问题,对资源的配置进行初步估算,或在方案执行一段时间后进行探测性的评估,对政策进行修正。预评估又包括规划评估、可评估性评估和修正方案评估三类。其中,规划评估是指在政策规划阶段针对各种备选方案的可行性、执行成本、结果的影响等进行判断，从而在政策正式执行前对政策资源进行调整和配置。可评估性评估是指在政策执行一段时间后，对初步的成果加以评估，以了解方案执行是否和原先的预期和规划存在差距，并以此作为全面评估的基础。同时也对政策是否能够被评估、评估是否存在价值等问题加以判断。修正方案评估是指在政策执行过程中，若及早发现政策规划的缺失与不足，或为了提升方案的执行效率、扩大政策利益相关群体的范围，往往会设计政策的修正方案，此类评估就是对这些修正方案进行评估的过程。

过程评估是对政策运行过程所进行的评估，包括问题的确认、政策规划、政策合法化、政策执行等全过程的评估。其目的在于通过分析政策运行过程中的各种情况，将政策过程信息提供给政策主体作为政策制定和执行的基础，以便修正决策和调整执行计划。因此，过程评估的价值在于能够根据实际政策执行情况作出政策调整决定，使政策更有可行性和有效性，它在整个评估过程中发挥着非常重要的作用。

结果评估是政策执行后对政策所取得结果进行的评估，其作用在于客观、全面地对政策制定与执行过程进行评判，分析政策对政治、经济、社会、环境所产生的影响，从而判断预期改进是否得到实现，对下一次政策制定和执行过程具有参考价值。这一过程又包括政策产出评估和政策影响评估两类。产出评估关注数量的计算，例如，执行机构对政策目标人群给予服务的次数、资金支持的数量、产出的公共财政的数量等，偏重政策效率的衡量。影响评估泛指对于政策执行结果产生所有的有形和无形的影响的评估，例如，了解政策实施是否使目标人群的行为产生了预期的改变，政策所欲处理的问题是否得到了改善。影响评估比产出评估更难处理，其标准的设置和具体评估的方法更不易确定，但对于公共政策来说却更重要。

3. 依据评估主导方式的划分

根据政策评估被主导的方式的不同，可以将其分为行政评估、司法评估和政治评估三大类(Howlett & Ramesh, 1995)。

行政评估通常在政府内部进行，由财政的、法律的以及政治的主管人员执行，这些人员通常来自政府部门、专业的执行机构、立法机构以及司法机构等，也可由专门进行政策评估的专业机构进行。行政评估通常用来检验政府服务提供的有效性，以及在尊重正义和民主原则的同时，相关政策目标的实现程度。该评估关注效率的问题，使政府在可能的最小成本和对公民的最小负担基础上，确保政策实现其预期的目标，例如，政府管理绩效评估、审计和预算系统等。行政评估需要收集政策执行的精确信息，并以标准的方式呈现，以对成本和结果进行时间上和不同行动主体之间的比较。

行政评估主要包括投入努力度评估、绩效评估、绩效充分性评估、效率评估和过程评估五种类型(Suchman,1967)。投入努力度评估是指政策投入的数量与质量的评估，投入可包括人力资源、基础设施、通信、运输等以货币成本的方式计算；绩效评估关注政策目标与产出的差距，仅仅确定政策的结果是什么，例如，学校的数量、医院的床位、受教育儿童数量等；绩效充分性评估也称为效能评估，是指政策绩效能够充分反映目标的程度，将政策的绩效与其目标进行比较，以评估政策目标的实现情况，来确定目标是否需要调整；效率评估是指政策产出的成本效益评估，以投入和产出评估为基础，通过估计一项政策的成本判断其效率；过程评估是对政策是否按照预定计划和目标得以执行的评估，检查政策执行的组织方式，包括规则和操作规程，其目的通常是看过程能否合理化并且变得更加有效率。

司法评估关注与政府政策的执行方式相关的法律问题，由司法部门执行，主要评估政府部门的行为是否符合宪法、法律的规定或已经被确立的行政行为标准以及个人基本权利，例如，司法审查和行政裁量权等。司法部门有权主动审查政府部门的行为，也有权在个人或组织起诉某个政府机构时予以受理，对政府进行审查。审查的基础通常包括对执行的政策的合法性，是否遵循相关法律法规或预定的程序，以及执行和进展是否违反社会中的自然权利原则和正义原则。

政治评估与行政评估和司法评估不同，其通常不具备系统性和精确的技术性，其目标不是为了改进政府的政策，而是为了支持或挑战它。政治评估试图评判政策是否成功或失败，来判断是继续或改变一项政策。政治评估会在特殊场合进入政策过程，如选举中公民对政府的表现进行评估，选票表达了投票者对政府及其政策的效率和效果的非正式的评估。政治评估还涉及相关政策子系统中其他成员进行咨询的过程，例如，公众听证会、行政论坛，或以咨询为目的而成立的特别咨询委员会或特别工作组，这些政策评估的政治机制有助于查明政策子系统成员和受影响的公众对于特定政策问题的观点。

4. 依据评估基础的划分

邓恩根据评估的假设标准不同，将政策评估分为伪评估、正式评估和决策理论评估模式三种模式，每一种模式的目标、前提假设、主要形式和实现手段都不尽相同(见表7-1)。

表7-1 评估的三种方式

方式	目标	假设	形式	技术
伪评估	采用描述性方法获取关于政策结果可靠而有效的信息	评估的价值是不证自明的，或不容置疑的	社会实验、社会系统核算、社会审计、综合实例研究	图示法、表格法、指数法、间断时间序列分析、对比序列分析、不连续回归分析
正式评估	采用描述性方法获取关于政策结果可靠而有效的信息；这些结果已被宣布为政策目标	政策制定者和管理者正式宣布的目的和目标是价值评估的基础	发展评估、实验评估、回顾性过程评估、回顾性结果评估	目标图形化、价值澄清、价值评估、限制图形化、交叉影响分析、折现法
决策理论评估	采用描述性方法获取关于政策结果可靠而有效的信息；利益相关者明确这些结果的价值	利益相关者潜在的，以及正式宣布的目的和目标是价值评估的基础	评估力估计、多属性效用分析	头脑风暴、论证分析、政策德尔菲法、用户调查分析

资料来源：作者根据威廉·N.邓恩(2011)整理所得。

伪评估，也可称为虚拟评估，是用描述性的方法产生相关政策结果的信息，至于政策结果是否符合个人、组织或整个社会的价值，则不在伪评估研究的范围中。其主要假设认为，评估的价值是不证自明、没有争议的，而一般人对于评估结果的看法应该是一致的。

在评估过程中，分析人员有代表性地采用大量方法，如准实验设计、问卷调查、随机抽样、统计技术等，通过政策输入变量和过程变量来解释政策结果的变化。评估的主要形式包括社会实验、社会系统核算、社会审计和综合实例。

正式评估和虚拟评估相同，也采用描述性方法，获取关于政策结果的可靠而有效的信息。但不同的是，正式评估依据决策者所正式宣布的目标作为评估政策与方案价值的有效基础。正式评估中分析人员所使用的方法类型与伪评估中所使用的相同，不同点在于正式评估采用法律、项目文件以及同政策制定者和行政人员的面谈来判断、界定和明确正式的目的和目标。其中最常用的评估标准类型是效果和效率类型。

正式评估可以是总结性或形成性的(见表 7-2)。总结性评估是在项目执行一段时间之后监测和评估正式目的和目标的成果，适用于对稳定、完善的公共政策和项目的成果进行评估，适用于结构良好的政策问题。而与之相反的是，形成性评估则是对正式目的和目标的完成情况进行持续的监测，而非仅在执行后才去评估。

正式评估也可涉及对政策输入和过程的直接或间接控制。直接的评估可直接控制支出水平、项目规模或目标群体的特征，即评估可能具有作为一种监测方法的社会实验的一个或多个特征。间接的控制根据已经出现的行为进行回顾性分析。

根据政策过程总结性或形成性的不同定位，以及对行为控制直接的或间接的区分，可以将正式评估划分为发展性评估、回顾性过程评估、实验性评估和回顾性结果评估四类(见表 7-2)。

表 7-2　正式评估的类型

政策行为的控制	政策过程定位	
	形成性	总结性
直接的	发展性评估	实验性评估
间接的	回顾性过程评估	回顾性结果评估

资料来源：威廉·N. 邓恩，2011：251。

发展评估是指用于满足项目人员日常需要的评估。这是一种逐渐发展、修正的评估，可以协助政策规划人员了解政策方案形成初期的缺点，有利于未来更好地执行政策。例如，发展评估可应用于对学校新式教学方法与教材进行评估，以获得立即的修正。

回顾性过程评估是指项目在执行一段时间之后对其进行监测和评估。此类评估关注政策和项目执行中遇到的问题和瓶颈。因此需要一个完善的内部报告系统，以持续了解政策在执行上的问题及相关信息，例如，接受服务的目标群体的数量、所提供服务的类型等。政府机构中的信息管理系统可以协助此类评估的进行，以提供政策过程与产出的相关资讯。

实验性评估是指在对政策输入和过程进行直接控制的条件下对结果进行监测和评估。其理想状态一般是控制科学实验，在这种状态下，除了特定的输入变量或过程变量之外，其他所有可能影响结果的因素都被控制、保持不变或被当作合理的竞争假设。由于监测系统必须在充满不确定性的复杂关系中获取可靠的资料和信息，而科学的实验方法较难实现，实验性评估往往不符合真实的控制实验，因而通常被称为“准实验”。

回顾性结果评估也包括对结果的监测和评估，但是不对政策输入和过程进行直接的控制。控制可以是间接或统计上的，评价者试图利用定量方法将不同因素的影响分离开来。一般又包括横向研究和纵向研究，横向研究是指在同一时点对多个项目进行监测和评估；纵向研究则是评估一个或多个项目的结果在两个或多个时点上的变化。

邓恩的第三类政策评估即为决策理论评估。由于政策和计划不论是在规划或执行阶段，都会有许多利益团体或个人的介入，此类评估以多元的价值观点来评估政策与计划的结果。因此决策理论评估是一种多元化利益相关者观点的政策评估，目的在于凸显利益相关者的显性和隐形目标，再根据多元目标及其目的加以评估。

决策理论评估包括评估力估计和多属性效用分析两类，其中，评估力评估是一套用于分析决策系统的程序，假定可以从绩效信息中获益并可澄清绩效衡量所依据的目的、目标及假设。一项可以被评估的政策应具有清晰的计划；清楚的目标；明确的假定，即指采取行动会达成预期结果的逻辑关系。

多属性效用分析是探究多元利益相关者对政策结果价值的主观判断，以揭露既存的多元冲突目标。其优点在于：将多方利益相关者的价值判断表面化；承认在政策和项目的评估中存在相互冲突的多个目标；可提供更为有用的绩效信息。

7.2 政策评估的过程与模式

7.2.1 政策评估的基本流程

政策评估是一个由多阶段、多环节组成的连续的动态过程，是有计划、有步骤进行的一系列活动。尽管由于评估类型和评估模式的差异而使这一过程在实践中有所不同，但是任何规范化、科学化的政策评估活动在流程上都大致要经历五个相互关联又相互区别的阶段，即启动政策评估、收集政策信息、分析政策信息、撰写政策评估报告以及评估报告的交流与采纳。

1. 启动政策评估

启动政策评估是评估活动的第一阶段，也是正式评估之前的准备阶段。由于政策评估的时间性强、涉及面广、内容复杂，做好启动阶段的工作对于确保政策评估的成功具有极为重要的意义。当评估者面对既定的政策评估对象时，他所要做的工作主要包括：了解被评估政策的内容与背景、设计政策评估方案、做好政策评估的组织准备三个环节。

了解被评估政策的内容与背景主要可以从以下几个方面着手：首先，分析政策所要解决的社会政治问题；其次，鉴别政策的利益相关者；最后，重新界定政策目标。

评估方案简单与复杂的程度主要取决于所评估的政策对象与环境。一个好的评估方案应当既能够适应评估环境，又能找到解决问题的可行和有效的方法。按照罗西等人(Rossi, Freeman & Lipsey, 1999)的看法，任何政策评估方案都应包括四个方面的内容：评估要解决的问题；解决问题的方法与程序；评估者与政策利益相关者的有效互动；评估结果的发布程序。

一般来说，政策评估的组织准备是政策评估方案的一部分，主要任务是落实执行机构，制订人员计划，着重包括三个方面的内容：确定评估机构和评估队伍的规模；确定评估团队成员的知识结构；确定是否需要外部的支持。

2. 收集公共政策信息

经过充分的准备和精心的策划后，政策评估就进入到实质性阶段，即政策信息的收集和分析阶段。政策评估结果的科学性、可靠性在很大程度上有赖于充分的政策信息和正确的信息分析方法。在收集政策信息阶段，评估面临的第一个基本问题是收集什么政策信息，到哪里寻找所需要的政策信息。

根据政策评估的需要，政策信息大致可分为两大类，一是与公共政策相关的客观性信息。这类信息大致包括政策目标、政策方案、政策效能、政策效率、政策执行过程以及政策执行后的综合效果等，基本上是一种客观存在，应是一种确定性信息。二是与政策评估相关的主观性信息。这类信息实际上是政策利益相关者对公共政策执行过程与政策效果的认知、态度、观点和要求，由于这类信息存在于人的大脑之中，具有相当大的主观性、随意性、不确定性、可隐蔽性等特点，因此要获得这类信息相对比较困难。

上述两类信息的存在方式或来源差异决定了评估者获得这些信息的方法必然有所不同。一般来说，与公共政策相关的客观信息可以通过文献研究法获得，而与政策评估相关的主观性信息可以通过观察法、调查法和实验法获得。这四类方法的具体内容可参考有关社会调查原理与方法的各类书籍。

政策评估者利用上述方法得到的各种信息可能在可靠性方面存在问题，因此，评估者必须对政策信息的质量进行鉴别和评估，以消除资料中的虚假、差错、短缺、冗余等问题。随后，在鉴别和评估的基础上对信息资料进行整理，如分类、简化等，使之系统化、条理化，并为信息资料分析打下基础。

3. 分析公共政策信息

在完成了政策信息的收集、质量评估与整理后，接下来的任务是对这些信息进行科学分析，基本的分析方法有三种，包括统计分析、逻辑分析和理论分析。由于评估者在第二阶段所收集的政策资料多属于经验性资料，除非将其转化为相关的信息或证据，这些经验性资料不能说明任何问题。为了理解数据资料的真正含义，从而为进一步的分析论证打好基础，评估者必须用描述统计对资料进行简化和概括。同时，由于相当多的政策信息资料是通过抽样调查获得的，而抽样调查的目的不是对样本本身进行认识，而是通过样本来认识总体，因此还需要通过统计推断判定从样本中获得的信息是否准确反映了那些没有被调查的对象的相关情况。

4. 撰写公共政策评估报告

政策评估报告是整个评估活动的结晶，也是评估成果的集中表现，更是评估者能力与水平的重要体现。要撰写一份优质的政策评估报告，并被政策评估的委托者所采纳首先需要综合分析与沟通论证。在完成了政策信息资料的收集、整理与分析后，还不能直接进入撰写政策评估报告阶段，而是要经过综合分析与沟通论证，即根据信息资料的各个方面进行检验和衡量。政策评估中的分析论证应当围绕四个主要方面展开：政策目标的公正性与适当性、政策执行过程、政策效能与效率以及政策的综合效果。

与此同时，尽管政策评估报告的书写形式不尽相同，但是任何一份规范化的书面政策评估报告都应该由以下八个部分组成：标题页、评估摘要、目录、图表与说明、导言、评估结果、结论与建议、附录（Welch & Comer，2001）。

此外，在绝大多数情况下，政策评估报告不是学术论文，不供同行品评之用，而是供政务官员们阅读使用的。一份评估报告如果晦涩难懂，即使很有思想深度，其命运也不会很好。优质的政策评估报告不仅应当满足结构形式上的基本要求，在文字表述上也要遵行一定的要求。首先，要尽可能的简明扼要、清晰生动，避免使用技术行话。其次，要准确并值得信赖，观点或结论要有证据支持，并坦承报告存在的不足。

5. 政策评估报告的交流与采纳

政策评估报告的完成并不意味着整个评估过程的结束。从某种意义上说，政策评估报告仅仅为解决政策运行中的问题、改进权力结构和公共政策系统提供了潜在的可能性。将这种可能性转化为现实的一个重要阶段就是政策评估报告的交流与采纳。因此，评估者既应当看到政策评估中的技术因素，尽可能使评估结论客观公正、科学可靠，也应当看到这一过程中的政治因素，注意掌握一些行之有效的传播与交流方法。

7.2.2 政策评估的主要模式

豪斯曾归纳出西方政策评估的八大模式，包括系统分析模式、行为目标模式、决策制定模式、无目标模式、技术评论模式、专业总结模式、准法律模式、案例研究模式。并根据评估主体、方法论、产出和涉及的典型问题对它们进行了分析（见表7-3）。

表7-3 豪斯评估方法分类

模 型	主要对象	一致意见	方法论	产 出	典型问题
系统分析	经济学家、经理	目标、已知原因和效果、定量变量	规划、计划和预算系统、线性计划、规划和改进、成本效益分析	效率	获得了预期效果吗？可以使用更经济的方法获得该效果吗？使效率最高的计划是什么？
行为目标	经理、心理学家	预先确定的目标、定量产出变量	行为目标、成就测量	产率、责任	获得预期的效果了吗？计划起到作用了吗？
决策制定	决策者，尤其是行政人员	一般目标、指标	调查、问卷、采访、自然改进	效果、质量控制	计划有效吗？哪些部分有效？
无目标	消费者	结果、指标	偏见控制、逻辑分析	消费者选择、社会效用	整体效果是什么？
技术评论	内行、消费者	批评意见、标准	评论总结	提高标准、增强意识	批评家会同意计划吗？顾客的赞赏增加了吗？
专业总结	专业人员、公众	指标、工作程序	专门小组总结、自学	专业接受	专业人员认为该项目的等级是什么？

续表

模 型	主要对象	一致意见	方法论	产 出	典型问题
准法律	陪审团	程序和判断	准法律程序	决议	支持和反对项目的观点是什么?
案例研究	客户、实践者	谈判、活动	案例研究、采访、观察	理解多样性	对于不同的人,项目有什么不同?

资料来源:卡尔·帕顿、大卫·萨维奇,2002:282。

韦唐(Vedung)在《公共政策和项目评估》(1997)一书中,从政府干预的实质结果入手,根据评估的组织者的不同对评估模式进行分类,提出了一个关于政策评估模式的系统分类框架(如图7-1所示)。评估模式可分为效果模式、经济模式和职业化模式三大类。其中,效果模式由一个相当大、各不相同的团体组成,包括目标达成评估模式、附带效果模式、无目标评估模式、综合评估、顾客导向评估和利益相关者模式;经济模式关注成本问题,包括生产率模式和效率模式两类;职业化模式强调执行评估的主体而非评估本身的内容,最具代表性的是同行评议模式(Vedung,1997;陈振明,2003)。

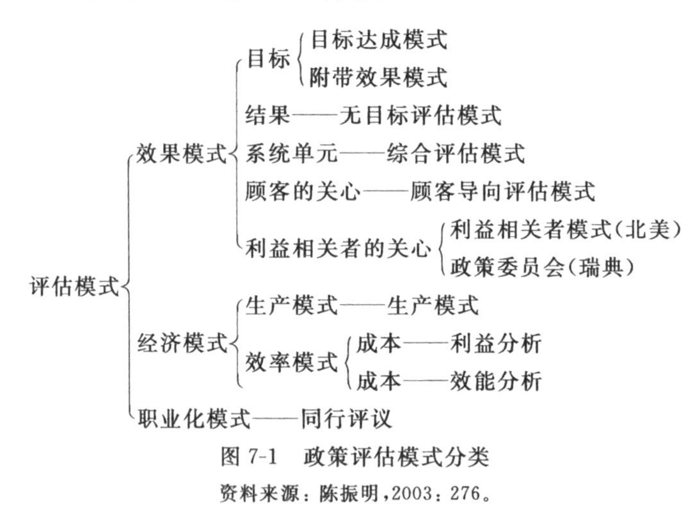

图7-1 政策评估模式分类

资料来源:陈振明,2003:276。

目标达成模式是探讨评估问题的传统方法,主要由目标达成评价和影响评价组成。其中,目标达成评价关注结果与政策或项目的目标是否一致;影响评价关注的是结果是否由政策或项目所造成的。该模式以预定的政策目标作为评估的标准和组织者,政策评估意义在于比较预期结果和实际结果间的差异性,以是否达到特定政策目标作为政策是否成功的依据,重视结果与目标间的内在比较。应用目标达成模式的三项基本步骤包括,明确政策目标及其含义,并将其按照重要程度进行排序,转变成可测量客体;测定预定目标可实现的程度;明确政策促使或阻碍目标达成的程度。

附带效果模式是指对政策目标范围之外的影响效果的评估,关注非预期或预料之外的政策效果。附带效果可以是预期的,也可能是非预期的。附带效果不管是否有利,都是综合评价政策活动的关键因素。政策可能产生附带的影响,而附带效果反过来组成新的问题,从而产生新的政策。附带效果模式的特征是政策预定的目标仍然是基本的评估主体，但是也要充分考虑附带效果的存在。

无目标模式关注计划内或计划外的结果，评估者的主要任务是全面观察政策实施，找到所有相关的效果，对结果进行全面的关注。无目标模式完全抛开政策的预定目标和其他事前标准，只分析研究结果，单纯评判结果的价值。可见该模式弥补了目标达成模式忽视附带效果，以及在目标模糊时难以实施的弊端。但是，完全忽视评估标准和预定目标，只依赖决策者的公正判断，易导致主观因素对评估客观公正性的影响，在实践操作上也存在困难。

综合模式认为评估不应只局限于已得到的结果，还应包括执行或计划，其评估范围比目标达成模式广泛。该模式除了关心预期目标和实际结果是否相符合之外，还包括了判断政府干预的计划、决策和执行阶段。综合模式在公共政策的投入、转换和产出三个阶段中区分了描述和判断两个范畴，描述又细分为意图和观察，判断细分为标准和判断，从而细致划分了整个评估的活动。对每一阶段全面而细致的描述为评估提供了丰富的信息，使主观判断建立在客观描述的基础上，在每个阶段都对政策价值的实现进行了衡量。

顾客导向模式将政策干预对象的目标、期望、关心甚至需要作为评估的组织原则和价值准则，其核心是项目是否使顾客的关心、需求和期望得到满足。应用顾客导向评估的关键是明确政策的顾客，得出顾客对项目的看法。价值的多元化是顾客导向模式的一个显著特征。其优点在于体现了民主和参与，顾客根据自己的价值观评估公共服务，使顾客居于主动地位。同时，顾客对于服务提供者的需求和不满也会影响服务提供者，使其提高公共服务的质量和水平。但是由于顾客的价值标准以个人利益倾向为准，个人价值的多元化难以形成对政策总的看法，且需花费大量时间获取资讯。

利益相关者是指所有对政策的目标和执行感兴趣并对其具有影响的团体和个人。与顾客导向模式关注政策受影响利益群体不同的是，利益相关者模式关心所有的对象，包括目标群体、直接受益者、直接管理者、资源提供者、外部咨询顾问、计划支持个人或团体，以及可能受政策或计划影响的其他机构等，范围较广。

经济模式最典型的特征就是关注成本，又可分为生产率模式和效率模式。其中，生产率是产出与投入的比率；效率通常被当作公共行政的价值，可从成本—利益分析和成本—效能分析两个方面测量。经济模式克服了所有效果模式忽视成本的缺陷，把成本即政策投入作为一个重要指标纳入评估范畴。但是，经济模式无法对政策的社会影响、象征性的效果和软目标等无法用数字精确表达的项目进行评估，也忽视了民主社会政府干预的其他诸如公正、公平、民主等的价值准则。

职业化模式指职业人员根据自身的价值准则和执行的质量标准来评估其他人员的执行情况，主要是同行评议，依靠专业人员对评估对象进行全面的质量判断。同行应该是具有专业知识的专家，且是独立的没有实施一领域的工作。评估者与被评估者应相互作用，评估者充分考量被评估者的观点，被评估者也要提供相关的资料。职业化模式主要应用于公共生活中一些目标较复杂、技术难度较大的领域。

7.3 政策评估方法

7.3.1 政策评估的方法演进

作为一种特殊的人类活动和政治现象，政策评估是伴随着政策问题的出现而产生的，其历史与公共政策的实践同样久远。一般认为当代较为科学化的政策评估始于20世纪30年代美国的新政时期，社会学家史蒂芬(Stephan)以实验设计的方法对罗斯福总统的社会计划进行评估，政策评估才发展成为一门系统的学科。从政策评估方法的演进和变迁来看，可分为两大阶段、四个时代：第一个阶段称为实验政策评估或量化政策评估阶段，以量化方法为基础，包括第一代的实验室评估、第二代的实地实验、第三代的社会实验；第二个阶段是质性评估阶段，强调以定性方法为主体，并以利益相关群体的需求为基础，包括第四代的回应性评估(见表7-4)。

表7-4 政策评估的四个时代

	第一代	第二代	第三代	第四代
主要活动	测量	描述	判断	协商
时间	1910年至第二次世界大战	第二次世界大战至1963年	1963—1975年	1975年至今
理论基础	实证论	实证论	实证论	自然论
活动内容	工具导向	目的导向	决策导向	公平、公正
评估角色	技术人员	描述者	判断者	技术人员、描述者、判断者、协力者、变革推动者

资料来源：Guba & Lincoln，1989.

1. 第一代评估：实验室评估

最初的评估起源于工业界的管理领域，其标志性工作主要有科学管理学派的泰罗所进行的动作与工时研究以及梅奥主持的霍桑实验。前者旨在评估工作行为对管理效率的影响，后者目的在于评估非正式组织对于生产效率的影响。从19世纪末起，政策研究者开始将现代科学技术方法应用于公共计划的评估中。至20世纪初期，评估研究已发展成为一种有明确主旨的研究范式，初步形成了一些被普遍认可的研究技术。但是，政府体系内部的评估活动正式始于20世纪30年代。在美国，这一时期的评估主要是针对罗斯福新政进行的，政策评估的代表人物是史蒂芬和凯平(Chapin)。前者主张用政策实施前与实施后对比的试验方法来评估新政，后者则主张社会科学家应该尽量用物理学的实验方法来评估公共政策。

由于实验室评估法非常重视测度、测量的问题，因此本阶段的评估又被称为测量评估。第一代实验室评估重在对效率的评估，对政府的公共计划对于经济和社会的一般性影响进行测评。不仅重视革新性管理技术对生产力的影响，更重视管理策略对小团体与管理策略之间互动的影响。其核心特征是评估者的角色是技术性的，应当掌握可利用的工具，任何指定的调查变量都可以被测量。如果合适的工具不存在，那么，评估者还要应用必要的专门技术加以创造。

在评估方法上，第一化评估主要选用技术性测量工具，以实验室内实验的方法为主。通过科学家在封闭的实验室环境中设置一个实验组，控制各种变量及测量工具。由于早期的政策评估标准与理论演变均着重于政策的效能和效率能否有效达成目标，因此实验设计、准实验设计与相关统计方法的应用和分析就凸显其科学性和必要性。这种以追求政策影响的精确测量为主要特征的方法虽然受到研究者的推崇，但也存在明显的不足，主要表现在过分强调评估者测量角色的扮演，反而导致测量的无效率。此外，实验控制虽然最符合科学的严谨方法，但在真实社会中，存在太多不可控制的因素，并不能符合真正的政策评估需求。

2. 第二代评估：实地实验

由于实验室评估是在一种严格控制的环境下进行的，实验条件与现实的环境存在较大的距离，因而评估结论在大多数情况下难以适用于现实环境，无法直接推论到一般日常生活情境，欠缺外在的效度。这促使一部分政策评估研究者开始走出实验室，到现实社会环境中进行评估研究和实地试验。由于受到这种研究倾向的影响，从第二次世界大战到20世纪60年代初，政策评估的研究模式开始发生转变，实地实验逐渐成为主流。具有代表性的研究是霍夫兰(Stoufler，1949)运用社会与心理研究方法，分析军队的宣传政策对部队士气的影响。

实地实验即为田野实验，评估主要在现实环境中进行实验，如学校、工厂、街头或战场等，主要强调个人人格与态度。这一时期的评估方法除了仍然保留技术测量的特征外，更加强调对政策效果和影响的客观描述，测量只是评估的手段之一。强调评估者身历其境的重要性，但要尽量避免主观因素对评估工作的影响。实地实验讲究在真实情景中了解政策执行的效果，有助于政策的运作与改进，但是这种评估模式的缺陷在当时也是显而易见的，它所强调和追求的完全价值中立的主张在政策评估中往往难以真正实现。同时，由于面对过多的难以控制的变量，往往难以确定目标群体的改变是由何种因素所造成的，提升了外在效度，内在效度却降低了。

3. 第三代评估：社会实验

20世纪60年代中期以后，政策评估已经初步确立其在社会科学中的独立地位，成为西方国家，特别是美国社会科学领域中最具活力的领域。政策评估的经费有了较大幅度的增长，政策评估的学术研究及专业人才的培养有了长足的进展，政策评估逐步走向职业化。政策评估在政府管理中的重要性进一步提升，评估研究成为政府公共政策制定过程的核心内容。专业化的评估人员对目标和实现过程进行判断，并不断开发出一系列新的评估模型来提升判断的准确性。评估地点也主要发生在政府部门内，1970年美国国会开始立法规定所有的公共计划都必须进行政策评估，如1967年儿童健康法、1967年小学教育法以及1967年经济机会法(李允杰、丘昌泰，2008)。

社会实验的研究重点在于评估当时的社会行动计划能否有效解决社会问题，并将实验研究法用于一般的社会情境中。对政策所推行的价值与成败，通过一套有效论证来做详细而审慎的判断与分析，使政府能因推行恰当的政策而实现预期的目标。这一阶段的核心特征是，评估是以努力得出判断为目标的，对政策目标本身的价值应进行判断与评论。评估者在其中扮演评判员的角色，评估者是依据其专业水准而产生的。

强调价值判断的第三代评估除了维持测量、描述性功能的评估特性之外，更着重社会公平性的议题，强调评估者即判断者，以及政策评估即为社会实验。政策评估此时不仅在社会科学中成为一门独立的学科，更成为社会科学中成长最快的领域。但是由于实验对象是更为开放的空间，太多因素可能影响政策评估结果的精确性。

4. 第四代评估：回应性评估

前三代实验性政策评估都陷入工具理性的迷思，存在管理主义倾向、忽略价值的多元性以及过分强调调查的科学范式等限制，使评估只在意数据而非政策利益相关者的真实感受。同时实验评估希望获得的结果是放诸四海皆准的政策公式，也忽略在不同社会文化背景下，人们不同选择的可能性。因此，一些政策科学家提出了第四代评估的概念，主张政策评估应特别重视政策利益相关者对政策的态度与意见，不再只从政策规划者角度思考问题，即所谓的回应性评估。重在建立定性评估的系统，和被评估者建立良好的互动，在不同意见的群体中凝聚对评估问题的共识，并持续沟通和协商，以取得人性化的评估结果。代表人物古贝(Guba)与林肯(Lincoln)提出回应性评估，特别强调对政策利益相关者内心感受的回应。这些感受包括他们的要求、关切及疑问(Guba & Lincoln，1989)。

第四代评估中评估者扮演问题建构者的角色，通过与政策利益相关者的反复论证、评判与分析过程，建构其对问题的共识。该阶段的核心特征是，在评估取向上重视非正式的评估，在价值观点上强调多元化的价值观，容忍各种价值的冲突。在评估设计上，重视利益相关者的要求。第四代评估从价值和伦理出发，质疑效能或效率究竟是为了谁的问题，注重正当性、民主性和公平性的价值考量，强调利益相关者的诉求和争议观点的表达。在评估方法上采用主观的质性研究方法，并逐渐走向多元的途径，如运筹研究、预测监视、管理分析、计划配置预算、系统分析与成本利益分析等，前阶段的实验设计方法也在这一阶段更趋成熟。

7.3.2 量化评估与质性评估

政策评估的路径可以分为量化评估，通常以实验评估的形式出现；质化评估，通常以个案研究的形式出现两类。在现实中，它们常常互为补充。

1. 量化评估

量化评估也称定量评估，指的是通过数理统计分析，对收集到的与政策方案有关的量化性资料进行分析，并以统计资料作为因果关系的推论与解释，从而从样本推断出总体的情况。在前三种政策评估方法的演进过程中，均重视实验，属于量化评估。

量化评估方法通常采用问卷、访问、观察等手段，以标准化的测量工具，收集评估所需的资料，再以数值的形式表现，进行描述或推理的分析解释。这种方法能够进行大面积的比较与分析，使得评估者得到精简的、广泛的与普适化的研究发现。量化评估的效度依赖于测量工具是否设计严谨，是否可以有效测出所欲探讨的现象的本质。

典型的量化评估研究路径，包括真实验设计与准实验设计、回归分析、反身控制和专家判断四种。

从真实验设计与准实验设计的方法来看，确定了分析单元之后，即明确所要评估的目标群体的种类，如个人、家庭、社区、学校、企业组织等，就可以进入到真实验设计或者准实验设计环节。真实验设计几乎排除了所有外在的干扰因素，它具有两个特征，一是有实验组和控制组，用以对照，比较接受政策方案的实验组与未接受政策方案的控制组之间的差异。二是随机化设计，即根据随机数表或具有随机数表功能的方式把有限的受试者分派到实验组与控制组。这种方法是社会实验法在政策评估中的具体运用，属于典型的对比评估方法，但要求政策执行部门的大力支持和配合。准实验设计与真实验设计一样也具有实验组和控制组，其差异在于，准实验设计是以非随机化的方式来组成控制组，它适用于无法通过随机化的方式构建实验组和控制组的情形。

回归分析是社会科学研究中十分重要的量化工具，例如，研究失业人口增加是否造成了治安恶化问题时，可以将失业率作为自变量，犯罪率作为因变量来进行回归分析。在政策评估领域，回归分析也同样适用，通常政策方案是自变量，政策执行后产生的影响为因变量。其中最常用的是简单线性回归分析和多元回归分析两种路径。事实上，公共政策面临的问题通常都并非单一因素所能解释，而是多种因素相互影响。因此，在评估某项政策时，其他相关的环境变量也要加以考量，故多元回归分析是较为贴近真实世界的分析工具。

反身控制的方法也是对比评估方法的一种，指接受方案的群体与其本身进行比较，从而呈现和测量方案实施前和实施后的区别。在运用反身控制时，必须假设在观测点时间没有任何事件或变动影响分析单元，即假定随着时间发生的任何改变都是政策方案的净结果。因此，随着时间的改变，会有许多的观测点出现。一般而言，如果准实验设计可行，则不建议使用反身控制方法。该方法由于缺乏比较而存有先入为主的偏差，因此常常受到批判。

专家判断方法，通过使用专家、方案执行人员、方案参与者的判断来对政策方案进行评估，此法也称为影子控制。它是一种成本花费最少的设计选择，但缺点是缺乏可信度，无法合理评估净结果。适用的情境为小方案、非常成功的方案或具有明显结果的方案。评估者想设计公民参与政策的影响评估时，也可应用专家判断法。遴选专家的原则在于，专家所使用的知识必须与政策方案有关，专家对于专业知识有相当程度的了解，或对相关方案的评估结果有相当程度的了解，专家不应太依赖政策方案方所提供的资料。

2. 质性评估

质性评估也称定性评估。当代的政策评估已经进入回应性评估阶段，越来越多的评估者开始强调被评估者对于评估的参与和投入。这种对政策利益相关者内心感受的响应更趋向质性的分析，而不仅局限在量化分析层面。

泰勒与包登（Taylor & Bodgan，1975）将质化评估方法界定为产生描述性资料的研究过程，包括人类自我的书面或会话的文字与可观察的行为。由此可知，质性评估包括下列要素，一是资料来源是多元化的，可能来自深度访谈与行为观察，也可能来自官方文献与会议记录；二是必须要有建立理论或获取发现的分析路径与解释程序，如数据输入、备忘录撰写等；三是根据不同的读者需要，可以撰写成不同的学术性书面报告或演示文稿性的口头报告。

在评估方法上，质性评估采用自然调查法，即评估者应深入情境使政策评估人性化。但是质性评估并不是非量化的研究，它是一种分析归纳法，内容分析法、诠释学研究法和生活历史的系统研究方法。访谈与观察固然是一种定性方法，但处理这些资料时常常会设法使之量化，以便展现出统计分析的资料形式。评估者需要批判性地分析问题情境，了解并避免偏差的存在，以获取有效可靠的资料，进行抽象的思考，同时也需要具有理论与社会敏感性。因此，质化评估既可解释社会现象背后更多不为人知的事实，又弥补了量化评估无法说明的有关社会现象的细节。

从质性评估的应用来看，需要采取质性评估的时机主要包括以下七个方面(汪正阳，2010)：

第一，过程评估。了解方案执行的动态和情况，包括方案的优缺点、方案服务对象的表现和互动，以对方案进行详细的描述。因此评估者可以通过访谈、实地观察等方法。

第二，评估个别性结果与个案研究，即评估政策方案是否符合个别服务对象的需求。由于政策对象的差异化和多样性，难以发展统一的标准化的量表进行评估，因此需要评估人员记录个别对象的执行结果，以了解目标群体对政策执行的满意程度。例如，社会福利政策或教育政策经常需要采取此类评估方法。

第三，执行评估。通过收集并描述方案执行的资讯，了解目标人群接受了怎样的服务，执行人员的具体工作和流程及其工作是如何开展的等问题。

第四，描述方案在不同地点执行的差异。中央规划的政策方案往往由地方政府予以落实执行，而地理位置、人文风俗、经济发展的差距都会使中央的规划标准产生差异和不适应，这就需要对不同地区的目标人群进行整体性了解，掌握地方执行上的独特性。

第五，形成性评估。以改善方案执行为目的所进行的评估。在评估过程中，需要了解不同参与者对方案执行的看法，以作为改善执行品质的参考依据，因此目标人群与执行人员的意见相当重要。

第六，评估政策品质。方案执行的质量往往无法以量化的方式表现，例如，教育政策的评估中，学生与老师互动的次数虽然可以测量，但互动的质量和内容，以及师生互动后对学生行为的改变和影响，评估者必须贴近师生观察才能得知。

第七，立法监测。重视方案的传输系统的价值，即公共服务实施的过程。过程的价值往往难以以量化方式精确表现，如政策的结果是否让目标群体满意等问题，就需要评估人员进行质性的描述和评判。

一般而言，质性政策评估通常需要经历以下主要步骤(李允杰、丘昌泰，2008)：

第一，明确承担风险的政策利益相关者是谁。任何一项公共政策都必然涉及利益相关者，他们当中有些是政策受益者，有些则是政策牺牲者。当我们进行评估时，要特别注意那些已有或潜在的政策牺牲者，倾听他们的声音。

第二，明确政策利益相关者所提出的要求、关注与议题。必须以开放性的态度面对，不能存有任何偏见，从而了解到各利益相关者内心的真正需求。

第三，建构定性评估的系统和方法论。从人性角度关怀承受风险的政策利益相关者的内心需求，以建构一个适用于定性评估方法论的系统环境。

第四，在政策利益相关者的要求中寻找共识。利益相关人可能各自拥有不同的要求，但评估者必须设法建构出共识性的项目，即找出最大公约数，使得利益各方的要求与需求能够趋于共识。

第五，为无法达成共识的要求设定协商时间表。在建构共识的过程中，存在多样的要求与冲突，为了寻求问题的解决，必须设定时间表来开展谈判与妥协。

第六，收集关于协商议程的信息。包括文献或实务上的议题信息，都应该尽量搜集，如民意调查结果、灾害损失统计、相关法令规定等。

第七，为利益相关者提供交流的平台。为利益相关者或其代表提供一个能够自由讨论和发言的空间，让他们彼此了解对方的诉求，加深理解。

第八，将已经达成共识的事项提交有关机构。及时将谈判或妥协的结果整理成书面材料提交至相关部门，以便及时进行处理和解决。

第九，对仍未达成共识的议题重新循环建构，直到完全解决为止。

3. 量化评估与质性评估的互补

量化与质化评估都各有优缺点，并非互相排斥，可以同时作为研究策略。质化评估可以强化量化评估。质化评估可以形成量化评估所要检验的假设，也可以形成量化评估所要建构的量表与指标，并且定性资料可以增强量化资料的分析，提升其解释力。量化评估可以促进质化评估，量化评估对于质化评估的主要功用在于量化评估结果可以促使质化评估者对某一情境感兴趣，从而找到进行质化研究主题。

量化评估与质性评估可以从不同的研究阶段中产生不同的互补作用（Walker，1985）：以研究的准备阶段而言，如果质性评估为主要的研究方法，它在概念形成与理论建构方面就扮演重要角色；如果定性评估仅是量化评估的辅助性研究方法，则它将有助于概念的澄清、工具的设计与初步研究。

以研究的主要阶段而言，选择质性评估为主要研究方法时必须考虑：研究主题为敏感的、复杂的、无法测量的、关注互动与过程的；研究对象的数量较少或非常珍贵；研究目的是脑力激荡或行动取向的。但如果只是将其视为辅助性工具，则它对量化关系的解释、说明与阐述应该有所助益。

以研究的确认阶段而言，选择质性评估为主要研究方法的理由是可以借此确认方法上的多元视角，同时也可以考验消费者对于政策建议的响应态度；但如果视之为辅助性的工具，则其结果可与量化结果交叉验证，可以发挥不同方法间的多元视角功能。

7.3.3 政策评估的问题与陷阱

虽然从20世纪60年代以来政策评估研究已蔚然成风，然而大量的评估研究成果却并未受到决策者的应用，体现出评估研究结果应用性较低的问题。根据邓恩（Dunn，1994）的看法，影响评估研究结果是否受到青睐与重视，主要取决于以下五项因素：

第一，信息的特色。评估报告所呈现的信息的特色往往能够影响决策者使用报告结果的决定，评估研究的成果若能转化成具体明确的报告，则评估结果较容易受到决策者的采纳,尤其是报告能反映决策的需求与价值时,更容易受到重视。

第二,研究的形式。研究报告的品质、研究过程的严谨程度,都是影响决策者采用的重要因素。评估报告若能在一定时效性的基础上维持科学方法及研究品质,则较容易被决策者所重视和使用。

第三,问题的结构。决策者应用评估结果的程度也因调查方式与问题形态之间的契合度而不同。结构良好的问题形态是指对于政策目标、方案及政策结果有相当一致的共识,而结构不良的问题则相反。

第四,政治与官僚结构。评估结构是否受到重视与应用,与公共组织的正式结构、程序、激励系统也相关。不同的政治与官僚结构对评估研究结果有着不同的应用情境,一般而言,大多数决策者与官僚组织对于保守的评估结果的接受性要高于对较具创新性的评估结果。

第五,利益相关者的互动。在政策过程中,利益相关者之间的互动也会影响评估结果的应用。政策分析不仅是一种科学的技术过程,也是一种社会的政治过程。许多政策问题涉及多方利益相关者,都会影响评估信息的形成、转换和应用。因此需要针对政策相关信息,进行理性的论证与辩论,寻求能够协调各方利益的适当的解决方案。

列维顿和休斯(Leviton & Hughes,1981)也提出了影响评估研究应用性的五项主要因素:

第一,相关性,研究成果与政策问题相契合时,较能受到决策者的重视。

第二,研究者与决策者之间的沟通,当研究者与决策者双方的沟通频繁无障碍时,研究者较能了解决策者的需求,研究结果能够为决策者所接受。

第三,决策者所拥有的信息,决策者所拥有的信息越多,越会从不同的层面检视评估的结果,对于评估结果的要求与应用也可能越多。

第四,评估结果的合理性,评估结果的合理性越高,被决策者考虑采纳的机会也会越高。

第五,使用者的介入与提倡,当决策者或使用者介入问题情境,同时倡导问题应如何被解决时,则评估结果能受到重视与使用。

政策评估在实际的操作和应用中仍面临着许多的限制和困难。而诸如攻击政敌、官官相护、责任推诿等现象的存在,也使人们对政府机关所进行的政策评估产生质疑和不信任,同时政策评估过程中的结构性、技术性问题也会制约评估的效果。戴伊(Dye,2008)认为政策评估主要面临以下六个方面的问题:

第一,政策评估可能引发冲突。任何一个要评估公共政策的人所面临的首要问题是,确定政策方案的目标是什么?目标群体和预期效果分别是什么?但政府经常寻求一些互不相容的目标以满足多元化的利益群体。全面的政策规划和评估会揭示出公共政策存在互相矛盾的方面,并迫使政府重新考虑最基本的社会目标。如果对公共政策的目标缺乏共识,评估研究就会造成大量的政治冲突。政府机关通常倾向于避免政治冲突,所以也倾向于避免可能产生此类问题的研究。

第二,许多计划和政策具有重要的象征意义。这些政策事实上不会改变目标群体的状况,而仅仅使这些群体感受到政府对他们的关怀。政府机关一般不喜欢揭示其政策毫无实际效果的研究，因为这种揭示本身可能会向目标群体传达政策方案无效的信息，从而降低政策的象征性价值。

第三，政府机关存在强大的既定利益，要证明其政策方案是有积极效果的。行政人员常常将评估他们政策效果的努力看成是对其方案的限制或破坏，甚至将其看成是对行政人员的能力提出的质疑。

第四，政府机关通常对当前的政策和方案有巨大的投入，包括组织上、财政上、物质上和精神上的投入。因此，它们事先就倾向于反对证明这些政策无效的研究结果。

第五，政府机构承担的任何一项重要的政策效果研究，都将对正在实施的计划活动造成干扰。完成日常事务通常会优先于政策研究和评估。更重要的是，进行实验可能不得不剥夺一些个体或群体(对照组)按照法律应该享受的服务，这种实验是很困难的。

第六，政策评估需要资金、设备、时间和人力，这些都是政府机关不希望在实施政策时付出的成本。而政策效果研究是需要消耗资金的，如果当成业余或兼职的工作，就不可能把政策效果研究做好。将资源用于政策研究，意味着要牺牲执行政策所需的资源，而这是行政管理人员不愿意看到的。

霍格伍德和冈恩(Hogwood & Gunn，1984)提出了对评估公共政策或计划项目构成严重问题的七项因素：

第一，政策目标厘清不易的问题：以政策目标的实现程度作为评估方式是政策评估者的共识，但是何为政策目标？可以找到一个明确的、系统的政策目标吗？很多学者发现，当代民主社会中的目标是很含糊的、多元价值取向的，甚至是难以排列评比的，因此，有些学者甚至认为评估过程就是一个界定目标的过程。

第二，政策成败标准的界定不易的问题：要评估公共政策的成败，首先面临的是政策成败的标准是什么，是否可找到共识且公平的标准呢？事实上，政策成败的评判标准是相对的，因不同政策偏好于政治态度而异，例如，多少的失业率才算是理想的数据？多少的师生比是不合格的比例？当数据落于成败边缘时，如何界定其成败？

第三，公共政策副作用问题：许多公共政策彼此都是交互影响的，当评估某项公共政策时，可能会引起其他政策的反效果问题，以至于影响政策评估的结果。其他政策或计划会对被评估的政策或计划产生影响。当试图确定和测量副作用并把这些副作用与正在评估的政策或计划分开时，就会遇到困难。因而存在如何把其他因素纳入评估和如何相对于中心目标来衡量这些因素的问题。

第四，资讯与资料缺乏的问题：目前政策评估的最大困难在于资讯与资料的缺乏，以至于无法进行科学的判断。资讯与资料的深度与广度非常重要，深度方面希望能够了解政策对于民众内心想法的影响，广度方面则希望能够知道政策对于国际关系的影响。例如，我国英语教学政策的成效如何？不仅要从英文检定考试成绩来判断，也要从国民与外国人打交道时，英语使用的流利程度来评估，层面甚广，资料的收集甚为不易。

第五，评估方法论的问题：政策评估方法论目前正处于多元途径相互竞争的时代，有以实验导向的量化评估方法论，也有以自然调查为导向的质化评估方法论，任何一个途径都无法对政策评估提供一致性的满意方法，导致实际进行政策评估的困难。

第六，政治敏感性问题：政策评估对于某些人来说是一种威胁，容易造成反弹情绪，影响评估工作的顺利进行;首先受影响的是实际负责该项政策的制定者或行政官僚,担心政策失败的政治与行政责任,影响仕途升迁。其次是与该项政策有关的政策受益者,担心一旦评估效果不佳,将失去该项政策利益。评估对某些人的威胁较大,评估会影响政治家或官僚的个人名誉和职业生涯,并决定了委托人群体从中获得好处的某项政策或计划的成败与否。评估也可能被看作是对延续一个政策或计划构成的威胁,因为有许多人的利益牵扯其中。这些考虑都会影响评估结果如何被利用,以及评估能否顺利进行,因为在评估中常常需要公共官员和委托人的合作。

第七,评估成本问题:政策评估需要大量的经费,成本所费不菲,当政府实施赤字预算时,评估往往成为削减预算下的牺牲品。因此,如何降低评估成本,减少政府财政负担,同时产生实际效益,乃是政策评估者必须克服的重要课题。

需要指出的是,即使在最好的条件下,评估计划项目或政策的影响也是十分困难的。尽管政策分析人员在评估过程中总会遇到一些必须加以解决和克服的困难和问题,但他们不应当过度气馁而放弃评估。应当把这些困难看作对设计有效评估的挑战,而不是看作无法克服的障碍(斯图尔特等,2011)。

复习与思考

1. 何谓政策评估?政策评估的特征有哪些?政策评估有哪些类型?
2. 何谓过程评估与结果评估?请举例说明。
3. 请举例说明预评估与可评估行评估。
4. 正式评估的类型有哪些?
5. 试述政策评估的基本流程。
6. 评述豪斯的政策评估模式分类。
7. 评述韦唐的政策评估典型模式分类。
8. 什么是第四代评估?如何实施?
9. 量化评估与质性评估有何不同?二者是否相互冲突?
10. 影响评估研究结果应用的因素有哪些?
11. 政策评估相当困难,有哪些问题需要克服?

参考文献

1. Alkin, M. C. (1972). Evaluation Theory Development, in C. H. Weiss(ed.), *Evaluating Action Programs*, Boston: Allyn and Bacon Inc..
2. Caro, Francis G. (1969). Approaches to Evaluative Research: A Review. *Human Organization*, 28 (2): 87-99.
3. Dunn, W. N. (1994). *Public Policy Analysis: An Introduction*, Englewood Cliffs. N. J. : Prentice-Hall.
4. Dunn, W. N. (2008). *Public policy analysis: An introduction (4th ed)*. New Jersey: Prentice-Hall.

5. Dye, Thomas R. (2001). Top Down Policymaking. Chatham House Publishers.
6. Dye, Thomas R. (2008). *Understanding Public Policy*. New York: Prentice Hall.
7. Guba, E. G. & Lincoln, Y. S. (1989). *Fourth Generation Evaluation*, Newbury Park, C. A.: Sage Publication.
8. Hogwood, Brain W. & Gunn, Lewis A. (1984). *Policy Analysis for the Real World*. New York: Oxford University Press.
9. Howlett, Michael & Ramesh, M. (1995). *Studying Public Policy: Policy Cycles and Policy Subsystems*. Toronto: Oxford University Press.
10. Leviton, L. C. and Hughes, E. F. X. (1981). Research on the Utilization of Evaluations: A Review and Synthesis, Evaluaton Review, 5(August), 525-548.
11. Lichfield, N. (1975). *Evaluation in the Planning Process*, Oxford: Pergamen Press.
12. Polland, O. F. (1974). Program Evaluation and Administrative Theory. *Public Administration Review*, 34(4): 333-338.
13. Rossi, Peter H., Freeman, Howard E. & Lipsey, Mark W. (1999). *Evaluation: A Systematic Approach*. Sage Publication.
14. Stoufler, Samuel A. (1949). *The American Soldier: Adjustment During Army Life*, N. Y.: Princeton University Press.
15. Suchman, Edward A. (1967). *Evaluation Research*, New York: Russell Sage Foundation.
16. Taylor, Steven. J., Robert Bogdan (1975). *Introduction to Qualitative Research Methods: A Phenomenological Approach to the Social Sciences*, New York: John Wiley& Sons.
17. Vedung, Evert (1997). *Public Policy and Program Evaluation*. New Brunswick and London: Transaction Publishers.
18. Walker, Robert (1985). An Introduction to Applied Qualitative Research, in Robert Walker (ed). *Applied Qualitative Research*. Brookfield, Vermont: Grower Publlishing Company.
19. Welch, Susan & Comer, John (2001). *Quantitative Methods for Public Administration: Techniques and Applications*. Harcourt.
20. 陈振明. 公共政策分析. 北京：中国人民大学出版社，2003.
21. 卡尔·帕顿、大卫·萨维奇. 政策分析和规划的初步方法. 北京：华夏出版社，2002.
22. 李允杰、丘昌泰. 政策执行与评估. 北京：北京大学出版社，2008.
23. 林水波、张世贤. 公共政策. 台北：五南图书出版公司，1997.
24. 丘昌泰. 公共政策. 台北：巨流图书公司，1999.
25. 斯图亚特·内格尔. 政策研究：整合与评估. 长春：吉林人民出版社，1994.
26. 威廉·N. 邓恩. 公共政策分析导论. 北京：中国人民大学出版社，2011.
27. 汪正阳. 图解公共政策. 台北：书泉出版社，2010.
28. 小约瑟夫·斯图尔特、戴维·M. 赫奇、詹姆斯·P. 莱斯特. 公共政策导论. 北京：中国人民大学出版社，2011.
29. 张金马. 政策科学导论. 北京：中国人民大学出版社，1992.
30. 张金马. 公共政策分析：概念、过程、方法. 北京：人民出版社，2004.

第8章 政策变迁

目前政策变迁正日益成为西方政策研究的最重要领域之一。政策变迁的研究往往着眼于特定的政策领域并置于较长的时间框架中，致力于解释某一政策领域在长时期内政策如何以及为何变化(岳经纶、庄文嘉，2009)。作为政策循环概念的最新发展，政策变迁指的是一项政策被评估和重新设计以至于整个政策过程重新开始的那一点(Stewart, Hedge & Lester, 2008)。政策变迁研究是以政策循环或周期中对政策评估及其终结的关注为起点的(Deleon, 1978)。对政策循环最后阶段的分析，经历了从对政策评估的最初关注到对政策变迁与稳定及其影响因素的广泛探讨的实质性转变(Jann & Wegrich, 2007)。未来多数政策分析的重点，将是对政策随时间的变化进行分析(Stewart, Hedge & Lester, 2008)。

8.1 政策变迁研究的兴起与发展

公共政策学界对政策变迁的认识可以追溯到20世纪50年代，但从严格意义上讲，20世纪80年代以前，传统的政策过程研究并没有对政策变迁进行系统探讨。自拉斯韦尔提出传统的阶段分析框架以后，政策过程一般被划分为议程设置、政策规划、决策制定、政策执行和政策评估五个阶段，之后即是政策终结(Jann & Wegrich, 2007)。在这里，一旦到了政策评估阶段，就到了政策循环的尽头。这种观点可能忽视政策评估的后果，以及旧政策是如何引入到一个新的政策循环的。同时，在渐进主义模型看来，政策制定并非是一个完全理性的过程，也不是一个分析的结果，而是政治互动的结果。因此，各种决策在本质上是保守的，停滞状态是组织与个人决策的典型特征，即便政策过程的确会根据经济和社会需求发生变动，也只是渐进累积的结果。因此，政策变迁在早期研究中基本上是缺失的。

到20世纪七八十年代，无论是实践上还是理论上都迫切要求将政策变迁研究提上议事日程。一方面，随着社会的不确定性增加，政府政策运作的社会经济环境发生急剧的变化，迫切要求政策系统改变现行政策以适应现实的要求。促使政策变迁日益受到重视的原因主要有三：一是政府多年来在特定政策领域中逐步扩大活动，使得全新的政策活动几乎不再有；二是由于既存政策的缺陷或不利的副作用，需要对现行政策进行改进；三是经济增长的相对速度与现行政策承诺的财政支出，意味着政策项目需要以新换旧(Hogwood & Gunn, 1984)。因此，要建构完整的政策动态过程，便不能排除政策变迁这一重要议题。

另一方面，民主化浪潮使得政策制定不再仅限于政府部门，公民参与成为普遍趋势；同时，社会经济环境的复杂化使得政策目标趋于多元，社会利益趋于分化，各行动主体的诉求日益异质化，而知识技术在不断发展的同时也带来更多争议与对抗。虽然传统的阶段分析模型有助于理解整个政策的循环过程，但是它在逻辑上缺乏因果机制，在描述上不够准确细致，在应用中存在盲点和过于简化(Nakamura，1987；Sabatier，1999；Sabatier & Jenkins-Smith，1993)。对于渐进主义模型而言，也并不足以描述和解释所有的政策变迁现象(Hogwood & Peters，1983)，比如，突发的政策剧变。因此，传统的政策理论难以适应新形势，无法对政策过程中出现的"上下互动"、"目标冲突"、"突发剧变"等新特征做出有效解释。

真正将政策变迁作为一个明确的研究主题缘于对政策评估及其终结的关注，主要是由萨巴蒂尔及其同事在20世纪80年代中期发现的，它囊括了政策制定、实施、评估和终止四个不同阶段。自拉斯韦尔(Lasswell，1971)及其学生布鲁尔(Brewer，1974)将政策终结纳入到政策分析框架中后，学者们认识到，大部分政策都不是从议程设置到政策终结的线性发展过程，绝大多数政策都会经历次数不等、规模不一的非线性变迁过程，最后才走向终结；在此过程中，政策还可能经历多次的次循环或再循环，即便是政策演变结束，也不意味着其作用随之消失，依然可能为其他政策所继承(DeLeon，1978；Hogwood & Peters，1983；Sabatier，1987)。因此，政策评估的完成并非一定是政策的结束，而是政策向另一个阶段发展的开始(Brewer，1978)；政策评估的结果，通常标志着政策变迁。

政策变迁研究已经经历了三个阶段，20世纪70年代末期至80年代中期，主要是对政策变迁概念的研究，包括政策变迁的含义与类型(Hogwood & Peters，1983)，并在此基础上开展了对政策变迁因果过程的早期研究；20世纪80年代中期开始到90年代末期，主要是建构多种更为复杂的理论模型或框架，比如，政策循环模型(Schlesinger，1986；Amenta & Skocpol，1989)、倡议联盟框架(Sabatier & Jenkins-Smith，1993)、间断均衡模型(Baumgartner & Jones，1993)、政策范式理论(Hall，1993)和政策建制理论(Wilson，2000)等，为政策变迁因果过程提供更加综合、系统的解释；20世纪90年代末至今，主要是对已有的政策模型加以验证、修正和整合。目前，政策变迁研究正日益成为西方政策研究的最重要领域之一。

8.2 政策变迁的概念与类型

霍格伍德、彼得斯(Hogwood & Peters，1983)在《政策动力学》一书中指出，"变迁"是政治和政策领域中的普遍现象，但是大部分政策研究者仍未能理解"变迁"这一议题的真实含义，因而无法掌握政策的动态过程。虽然我们常用"创造"、"诞生"、"创新"等名词来形容新政策的提出，但是新政策在政策议程中所占的比例很少，大部分政策制定都是以政策接续的方式出现，即以另一个政策、方案或组织来取代现行的政策、方案或组织。无论是受到外在条件或内在因素的影响，很少有政策一直维持着当初被规划的形式，相反的，它们处在持续不断的演化之中(Hogwood & Peters，1983；Stewart，Hedge & Lester，2008)。简言之，政策变迁强调了政策过程的动态性本质，从这个角度讲，政策过程即政策变迁。

安德森(Anderson，1979)从政策变迁的结果来界定政策变迁的意涵，认为政策变迁指的是现有政策被一个或多个政策所取代的现象，包括新政策的采纳和现有政策的修正或废止。他认为，政策变迁是政策评估的反馈导致的，过去的政策决定和效果能产生变革的要求或对政策支持。政策变迁可能以以下三种形式出现：一是现行政策的渐进改变；二是在特定的政策领域实行新的法令法规；三是选举后政府换届引起公共政策的重大变化。但是，就重大的政策和计划而言，撤销或终止它们不大可能发生。

彼得斯(Peters，1986)从政策变迁的原因与结果两方面来描述政策变迁，认为政策评估之后即政策变革，并且政策几乎一直处于变化之中。这些变化有时候是评估的直接结果，但更多时候是出于适应社会经济和政治环境的变化，项目中管理者认识的变化，或者是对现有结构或想法的细化。当重新审议或评估某一政策或项目时，有三种可能的结果：政策维持、政策终结、政策更新。由于工业民主国家的大多数政策领域早已充斥着众多政策与项目，因此通常需要的是改革而非创新。因此，政策更新(或用一政策替代另一政策)是检测确定当代公共政策的一个重要思想。

斯图尔特等(Stewart，Hedge & Lester，2008)从政策周期的角度对政策变迁进行界定，提出了政策周期的六阶段模型。作为一种分析性概念，政策变迁是政策周期的一个环节，即一项政策被评估和重新设计以至于整个政策过程重新开始的那一点。作为政策周期研究在概念上的最新发展，政策变迁囊括了政策规划、执行、评估和终结四个不同阶段。政策评估之后的阶段是政策变迁，然后才是政策终结。在这两个阶段中，政策要重新评审，有时被终结，有时被大幅度修改，当政策重新制定和重新实施时，整个周期就重新开始。在这个意义上讲，政策制定过程就是政策变迁的过程。

也有学者从政策行动者出发来定义政策变迁。林水波、张世贤(2006)认为，政策变迁是政策行动者通过对现行政策或项目进行慎重的评估后，采取必要的措施，以改变政策或项目的一种政策行为。其中，政策调整是政策变迁行为最常见的一种形式。由于任何一项政策都需要做出一定的调整以适应情况的变化，因此政策调整是政策过程中不可缺少的环节(张国庆，2011)。不过，西方学者很少把政策调整作为一个专门的论题来进行研究，而只是将其作为渐进决策的一个结果或是政策部分终结的一种表现(宁骚，2003)。

总体而言，政策变迁既是政策过程的总体特征，也是政策制定的必要环节。作为一种描述性概念，政策变迁突出了政策过程随着时间推移所呈现出的连续演进的本质特征，强调了政策的改革和发展变化；在这一过程中，包含了政策变迁的原因、阶段和结果。作为一种分析性概念，政策变迁是根据政策评估的结果或是外部环境的变化对既有政策的调整，包括修正、替换或终止既有政策，以更好地解决相关政策问题。这就涉及政策变迁的类型、方式与策略。

按照不同的标准可以把政策变迁划分为不同类别(宁骚，2003)：政策变迁按照变动的程度可以分为部分变动、重大变动和完全变动；按照变动的内容，可以分为目标变动、计划或项目变动、工具配置变动、机构或人员变动、政策本身的变动等；按照变动的规律性可以分为周期性变动和不规则变动等；按照变动的动力来源可以分为主动变动和被动变动。具有代表性的分类模式包括常规变化与范式转移；周期型与锯齿型；政策创新、政策维持、政策接续与政策终结三类。

1. 常规变化与范式转移

根据库恩(Kuhn,1970)的科学进步模式,政策变迁也具有常规变化模式和范式转移模式两种类型:常规变化是指政策在保持基本方向或目标不变的前提下发展变化,或新旧政策之间保持较大程度的连续性;范式转移也成为间断均衡模式,即政策连续过程中出现的中断或飞跃,新政策取代旧政策。霍尔(Hall,1993)将政策制定视为一个包括三个关键变量的过程:指导特定领域政策的总体目标、用以实现这些目标的方法或政策工具、这些工具的精确设置。由此,可以区分出三种不同类型的政策变迁:第一序列变迁,即政策工具的设置被调整,但总体目标和政策工具不变;第二序列变迁,即总体目标依旧不变,但政策工具以及工具设置发生变化;第三序列变迁,则是三个变量同时发生变化(见表 8-1)。

表 8-1 政策变迁类型

政策变迁		政策制定		
		工具设置	政策工具	政策目标
第一序列	渐进变化	√		
第二序列		√	√	
第三序列	范式转移	√	√	√

注:√="改变"

其中,政策的第一序列和第二序列变迁可被看作渐进型政策变迁或是常规性政策变迁。常规政策变迁涉及在吸取教训的基础上对政策和计划相对更为细微的修补,涉及政策工具及其设置的变化,并不挑战政策总体框架。但第三序列变迁则非常不同,它打破了现有政策样式,是一种在社会学习的基础上更为根本性的模式,涉及从政策工具到政策目标的显著变革,意味着原有政策的终止或中断,被称为范式性政策变革或非常规政策变迁(Howlett & Ramesh,1998)。

2. 周期型与锯齿型

在政策循环论的观点看来,政策本身就是一个运动、发展的过程,旧的政策趋于终结,新的政策不断产生的周期现象。施莱辛格(Schlesinger,1986)提出周期论点(Cylical Thesis),假设公共政策的演进遵循着一个相当可预测的模型,即从自由主义倾向逐渐转化为保守主义倾向,而后又会再次趋向自由主义,整个周期不断自我重复。根据这一理论,整个美国 20 世纪的政策变迁被划分为交替存在的两种样式,即 30 年代、60 年代和 90 年代是自由主义时期,20 年代、50 年代和 80 年代是保守主义时期。

施莱辛格研究发现,联邦政府总在公共目的和私人利益的参与之间不断变化。确切地说,美国的政治跟着国民情绪走,相当有规律地在保守主义和自由主义之间循环交替,即国家在一段时间承诺私人利益是解决问题的最佳手段,另一段时间又承诺公共目的是解决问题的最佳手段。他发现,这一周期间隔大约是 30 年。比如,老罗斯福总统在 1901 年开创进步主义时期,小罗斯福总统在 20 世纪 30 年代实行新政,肯尼迪总统在 60 年代提出新边疆计划,而里根总统在 80 年代开创保守主义时代,再现了 50 年代与 20 年代的保守主义特征。

施莱辛格认为，这个30年周期并不神秘，因为30年正好是一代人的跨度。人们的政治倾向一般在年轻时受到主流意识形态影响而确立，当他们在30年之后掌权时，年轻时培养的政治觉悟就开始发挥作用。在理想主义和改革时代，强有力的总统提倡国家事务要积极关注公共利益，并且把政府当作促进社会福利的工具，最后却被整个过程耗尽精力，并对最终结果感到彻底失望。于是人们又开始转向另一政策主张，宣称在不受管制的市场下的私人行为和自我利益才是解决问题之道。但这种情绪最终使问题更为严重，甚至走向危机，面临失控的危险，不得不要求政府出面解决。于是，公众情绪的变化引入了新一轮改革与政府干预。

同样是基于对美国政策历史的研究，阿门塔、斯考克波尔（Amenta & Skocpol，1989）却提出了不同于周期论点的锯齿形论点（Zigzag Thesis）。该论点提出：在美国公共政策史上存在一种反复无常的模式，其一大特征是刺激与反应的交替作用或者是锯齿效应；与其说政策是在自由主义与保守主义之间变换，不如说政策是在从有利于某一群体转变为有利于另一群体，两者之间是一种反作用关系。换言之，一个时期的公共政策为下一时期的反对提供刺激，因此作为对前一时期政策的反作用，政策会经历重大变迁。

阶级斗争或竞争性的社会联盟的概念有助于解释锯齿效应。比如，19世纪末期，美国政策基本上由激进的共和党人把持，联邦政府职位与政策利益均按照政党分肥制进行，使得共和党人获益，引起了南方各州的反抗。在随后的进步主义时期（1900—1930年），人们就试图清除旧有的政治机器和政治关系，大力推行功绩制，并实施各种社会保护与救助计划，民主党人的权力由此扩大，并与工人运动联盟，几乎成为一个社会民主党。到新政时期（1930—1950年），民主党人继续占据上风，实行了很多社会保障与福利计划，尤其是通过了《1935年社会保障法》，政府成为实施大规模社会开支与福利分配以及直接干预经济的机构，“二战”老兵和退休工人得到相对更多的利益。最后到战后时期（1950—1980年），之前民主党的过度开支又产生了反作用，尤其是20世纪70—80年代的新联邦主义开始反对大规模的福利支出，新的经济政策建立在财政刺激而非新政式的自由主义上。但是，军事投入却有增无减。因此，阿门塔、斯考克波尔认为，锯齿形论点能最好地解释1890—1990年的美国公共政策演进。

3. 政策创新、政策维持、政策接续与政策终结

霍格伍德、彼得斯（Hogwood & Peters，1982）根据政策循环的结果，提出了政策变迁的四种理想类型：政策创新、政策接续或政策更新、政策维持和政策终结。他们指出，这四种类型只是一种简化的分析框架，现实中的政策变迁很复杂，并不局限于这四种类型，但是，任何一种政策变迁都处于这四个维度所组成的连续光谱上，尤其是“创新—接续”光谱。

其中，政策创新是指某一政策、项目或组织的全新创造、诞生或创制。但是，“新”政策很少能够平地而起，大多数时候是建立在既有政策基础之上。因此，大多数政策制定其实是一种政策接续，即在同一政策问题或是政策对象的前提下，对现有政策、项目或组织进行替换。政策接续是替代议题进入相关政治议程后，某一倡议联盟推动当局进行政策替换，并且替换被成功执行的结果。政策接续的每一阶段都受到旧政策的影响，影响程度取决于政策更替的程度。由于政策更新包含了大部分与既有政策相同的政策制定过程，因

此政策接续比政策创新相对容易(见表 8-2)。

表 8-2　政策创新与政策接续的基本特征比较

	政策创新	政策接续
议程设置	·议题必须克服合法性的初始障碍 ·没有现成的议程 ·没有产生核心议题的现成制度 ·问题认知缺乏政策经验 ·倡导新条款对政治家有好处 ·政治精英具有关键作用	·议题具有合法性 ·可能重复常规程序 ·服务供给组织为广泛交流提供制度议程箱与感知器 ·问题认知是既有政策的不足(尽管在问题被认为"已经解决"的情况下重新打开议题可能存在困难) ·倡导政策修正机会没有好处 ·服务供给者与顾客群体发挥更多作用
政策选择	·现存组织在利用资源促进提案方面具有较少核心利益;通常具有防备性 ·无结构的潜在客户 ·服务提供方和客户的潜在利益面临风险 ·传统行业充分动员起来,并且可以感知到威胁;新兴行业未充分动员起来,且感知到机会 ·目前没有关于服务提供的"意识形态"的组织基础 ·对立法时间和信用的投资具有高回报性	·存在具有核心利益的组织,并且拥有抵制或推进政策的资源 ·明确的和结构化的客户(通常包括强制性咨询) ·服务提供方和/或客户的实际利益可能面临风险 ·存在专业的服务提供方,并已动员起来,可能会意识到其工作和服务提供标准受到了威胁 ·存在服务提供的"意识形态" ·对立法时间和信用的投资产生低回报的概率较大
政策执行	·需要设计全新的组织 ·需要招募并整合新的人员 ·需要制定运作规则(包括非正式规则) ·可能与既有项目存在相互影响,但是政策空间相对充分	·需要变更或巩固当前组织结构 ·需要对现有的基层和高层人事进行重新整合(一些人可能仍然效忠旧政策) ·需要调整运作规则(尤其是既有的非正式规则通常难以改变) ·与其他现有项目之间的相互影响可能很大
政策影响	·象征性回报高 ·产生实质影响的可能性大;对实际工作有影响 ·评估相对容易(没有政策比较)	·象征性回报低 ·产生实质性影响的可能性相对更低;对旧项目有影响,但是通常较低 ·评估更加复杂

资料来源:Hogwood & Peters,1982:233.

政策接续还可以细分线性接续、政策合并、政策分解、部分终结和非线性接续五种形式(Hogwood & Peters,1982)。其中,线性接续是建立某一新的项目、政策或组织直接取代另一项目、政策或组织,或是简单改变现有项目的位置,来满足相同目标。线性接续通常涉及旧政策或项目的终结与新政策或项目的引进。政策合并是一项更为复杂的政策接续形式,当两个或更多项目要全部或部分终结时,用一项项目、政策或组织来整合替代几个分散的项目、政策或组织。政策分解,即某一个项目、政策或组织被拆分为两个或多个项目、政策或组织。部分终结即对既有项目、政策或是组织进行部分缩减。非线性接续,即具备替代、合并、拆分等多种变化特征的政策变革。

政策维持是政策变迁的第三种类型，即既有政策、项目或组织在相同的任务定义下继续运转。由于没有任何项目或政策在一开始很完美，以至于不需要后续改进，因此，政策维持很少是出于有意选择，通常是不能做决定所致。政策维持具有多种原因(Hogwood & Peters,1982)：一是政策惯性(policy intertia)，由于无法达成决策共识或是将政策替代提上政治议程，因此现在政策不会受到评估或挑战；二是有限理性，由于缺乏更好的可替代方案，支配联盟在政策评估后可能对既有政策表示接受但并非满意；三是政策终结失败，由于结束政策的努力可能被扼杀在议程设置、决策制定或是政策执行阶段而不得不继续现行政策；四是政策接续失败，由于无法进行政策更新而被迫维持现状。

政策变迁的第四种类型是政策终结，即某一政策、项目或组织的完全废止，并且没有替代性政策。在大多数情况下，政策终结意味着政策领域转向私人部门，而不再需要政策的关注或行动。但是，政策终结的情况十分少见，即便有推动政策终结的内部因素，政策终结也并不容易实现。因为政策终结等于承认过去的失败，或使得政策既得利益者遭受损失而引发抗争。政策终结的失败会导致现有政策的维持、全部替代或是部分替代(政策部分终结)。

8.3 政策变迁的研究路径

政策科学产生以来，很多学者对政策变迁的研究做出了贡献。尽管在20世纪70年代末期以前，政策变迁研究并未获得重视，但是早期研究仍然为后续的系统研究累积了丰富的学术视角。关于政策变迁的流派和研究路径主要可以分为政治过程与决策制定、精英主义与新马克思主义、意识与文化和国家中心四种路径(Wilson,2000)(见表8-3)。

表8-3 政策变迁的研究路径

研究路径	理论
政治过程与决策路径	团体理论
	议程设置理论：政策企业家、多源流框架
	决策理论：理性决策、渐进决策、投机增加、技术决策、公共选择理论
精英主义和新马克思主义路径	精英主义理论
	新马克思主义理论
意识与文化路径	政策范式
	社会运动理论
国家中心路径	国家中心理论

政治过程与决策路径更多地聚焦于利益集团、政治领袖、政策制定者，以及议程和决策在公共政策变迁中的作用。该研究路径衍生了诸如团体理论、议程设置理论和决策理论等不同的解释理论(Wilson,2000)。其中，团体理论认为，公共政策的突然变化反映了权力配置的变化，即旧有政治联盟的解体与新兴政治联盟的建立，既有利益集团的衰落和新兴利益集团的涌现；议程设置理论则认为，政策突变是由于政府议程变化导致的，比如，灾难、经济衰落、战争等突然事件引发的议题提出、公共意识增强或是问题夸大。政策倡

议者将利用这些事件形成问题情境要求政府采取行动。政策企业家则将这些政策情境输入政府内部并带来突然变革。其他议程设置理论，比如多源流框架则聚焦于政府内部的政策行动者，并将问题流、政策流和政治流加以区分，认为政策变迁是政策企业家在合适的时机将问题流、政策流和政治流予以结合的结果。

决策理论关注政策制定者围绕各种政策备选方案所进行选择的方式，可以分为理性决策、渐进决策、投机增加、技术性决策和公共选择理论五种方式（岳经纶、庄文嘉，2009）。理性决策认为政策变迁应当是政策制定者在搜集大量信息，并清楚界定所面对的问题是什么以及哪些政策方案可供选择后作出理性决策的过程；渐进决策则关注政策实际上是如何制定出来的，认为政策变迁是渐进式的，只是在有限信息基础上进行小幅度调整后的结果，是一个利益重新分配的过程；技术性决策则强调政策制定者是基于关键信息推动政策变迁；公共选择理论作为决策理论的另一解释路径，将决策主体扩大，认为政策变迁是政策制度者和公民追求自身利益最大化的结果。

政治过程与决策路径强调了政策制定者和利益集团的作用，但是忽略了企业、权力配置变化，以及政策范式和统治阶级的影响。很多研究都聚焦于国家和制度行动者，而忽视了通货膨胀、人口变化和城市化等外来因素对制度和政府行为的推动作用。

精英主义和新马克思主义路径与政治过程与决策路径不同，并未将焦点放在政策制定者和利益集团上，而是聚焦于统治阶级、阶级斗争和经济制度等因素在政策变迁中的作用。精英论者认为政策制定的权力集中在小部分经济组织或集团精英手中，这些人才是直接推动政策变迁的人。新马克思主义承认意识形态在政府合法化和公共政策稳定方面的作用。在新马克思主义框架下，统治阶级的意识形态一旦被统治阶级接受，就会在制度维持和政策偏好中扮演重要角色，并在长期内保持稳定。公共政策领域重大的转变部分源于政治斗争而产生的意识变化。新马克思主义又可以分为工具主义、结构主义和阶级斗争三种流派（Wilson，2000；岳经纶、庄文嘉，2009；朱亚鹏，2013）：工具主义将国家视为资本主义经济的产物和统治阶级的工具，强调政府官员影响政策变迁的作用和能力；结构主义认为生产方式和生产关系的改变影响了社会和政治制度，进而引发政府行为和公共政策的改变；阶级斗争则认为政策变迁取决于劳动部门权力的大小和政府调节劳资冲突的方式。

但是，精英主义也受到不少批评。多元主义者认为，精英主义理论将名义上享有权力的集团领袖和实际上参与政策制定过程并直接施加影响的政治领袖混为一谈，而且精英理论也错误地假设权力是固定不变地集中在经济精英手上，实际上权力在不同时期和不同政策领域都是流动和变化着的（岳经纶、庄文嘉，2009）。新马克思主义则聚焦于结构与阶级斗争，而忽视了制度内部导致政策变迁的过程因素。

意识形态和文化路径强调从文化或者主导的意识形态的变化来解释政策变迁，类似于政策范式。与新马克思主义框架强调以被统治阶级是否接受主导意识形态来解释政策稳定和变化不同，文化路径更注重文化本身（朱亚鹏，2013）。意识形态和文化路径认为，主导文化有助于维持既有公共政策的不断延续，而相反的文化则会削弱政策的稳定性，并推动政策变迁。政策意识或是政策文化与政策范式极其相似。在社会运动理论中，很少有研究注意到政府政策制定与政府外部运动之间的联系。实际上，政策领袖、政策研究者和媒体会形成一个新的政策叙述，并导致政策变迁。他们聚焦于政策范式，即政策问题和解决方式，但是忽略了导致新政策范式的外生性因素。

国家中心路径与其他人理论的观点截然不同，认为国家是政策变迁的支点。该路径分析了国家结构对社会各阶层相对力量的影响，国家资源和能力推动公共政策的独立作用，以及国家领导人整合各联盟以改变政策的能力(Wilson，2000)。但是，国家中心路径也因其忽略了政策变迁中的权力关系、社会运动的作用和观念及范式的功能而遭受批评，被认为太过狭隘(岳经纶、庄文嘉，2009)。

8.4 政策变迁的理论模型

在研究初期，制度、社会经济、理性选择、网络结构和观念等因素变化，构成了对政策变迁的主要解释路径，但都较为片面，只能对政策变迁作出部分解释(杨代福，2007)。因此，很多学者开始为政策变迁构建更具整合性的理论模型。目前，学术界已形成了几种主流的政策变迁模型，包括倡议联盟框架、间断均衡模型、社会学习理论和政策建制理论等。这些理论从不同的角度分析了政策变迁的原因和动力，揭示出事物之间的因果联系，并得到广泛的经验验证，在不同国家与不同地区显示出良好的适用性与发展前景。

8.4.1 倡议联盟框架

20 世纪七八十年代，民主化浪潮使得政策制定不再仅限于政府部门，公民参与成为普遍趋势；同时，社会经济环境的复杂化使得政策目标趋于多元，社会利益趋于分化，各行动主体的诉求日益异质化，而知识技术在不断发展的同时也带来更多争议与对抗。虽然传统的阶段分析模型有助于理解整个政策的循环过程，但是它在逻辑上缺乏因果机制，在描述上不够准确细致，在应用中存在盲点和过于简化，因此无论从理论上还是从实践上，都难以适应新形势，无法对政策过程出现的上下互动、目标冲突的新特征作出有效解释。正是在此背景下，倡议联盟框架以阶段分析模型的替代理论出现并不断发展，成为众多替代理论中最具影响力的代表之一。

所谓倡议联盟是指具有某种共同信念体系的政策行动者群体或政策共同体，由于共享一套基本价值观、因果假设以及由此形成的对问题的认知体系而能进行长期的深度协调与合作(Sabatier，1993)。倡议联盟框架从系统论的观点出发，认为某一特定政策子系统内部至少存在两个或两个以上相互竞争、跨越不同层级并拥有共同核心信任系统的各种机构所组成的倡议联盟。政策变迁是几个倡议联盟相互竞争、政策导向学习和系统外部事件震动共同作用下的产物，一般需要十年乃至数十年间的时间。倡议联盟框架重点关注政策子系统和不同政策层级之间如何互动与彼此影响，尤其强调信仰系统的作用。一般来讲，当政策子系统受到外部扰动或事件影响，少数联盟就有机会通过政策导向学习和增加自身资源将其政策主张转化为实际政策，从而引发政策变迁。

倡议联盟框架的最初观点是萨巴蒂尔率先提出的。1978 年，萨巴蒂尔介绍了行政机构对技术性信息的获取与利用，初步形成框架萌芽(Sabatier，1978)。随后，他对政策执行中的自上而下和自下而上的模式做了分析和建议，并初步提出政策变迁的倡议联盟框架理论(Sabatier,1986)。1988 年,萨巴蒂尔对倡议联盟框架进行了系统阐述,分析了政策学习的作用,由此形成了初始框架(Sabatier,1988)(如图 8-1 所示)。

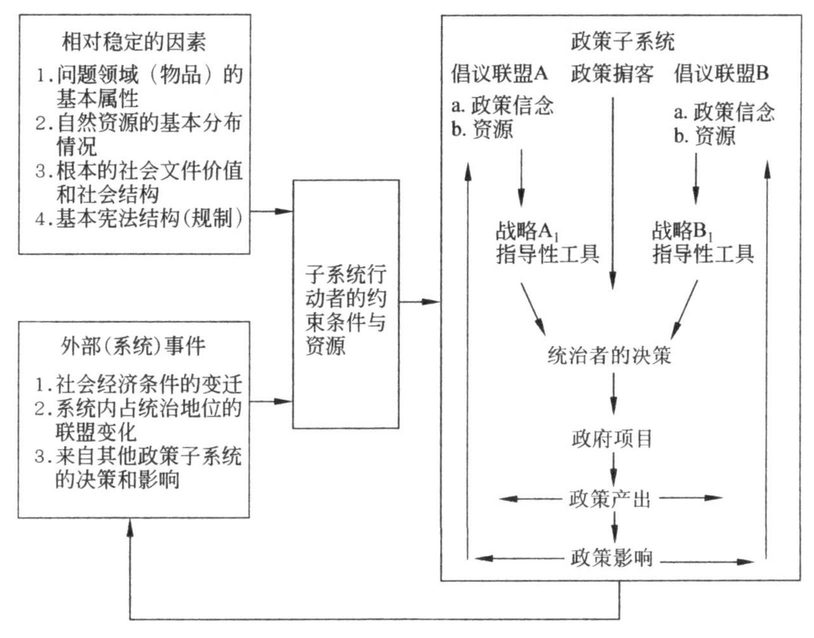

图 8-1 1988 年倡议联盟框架流程图

资料来源:Sabatier,1988:132.

20 世纪 80 年代中期,萨巴蒂尔开始与简金斯-史密斯(Jenkins-Smith)合作。简金斯-史密斯和萨巴蒂尔共同设计了一个战略,这个战略鼓励其他学者批判性地评价政策领域中倡议联盟框架的有关内容以及他们建议中的数据资料。1993 年,萨巴蒂尔和简金斯-史密斯出版《政策变迁与学习:倡议联盟框架》一书,不仅系统阐释了倡议联盟框架的知识体系,而且收集了重要个案研究作为检验,由此形成了倡议联盟框架的第二个版本。与第一个版本相比,第二个版本对核心概念的界定更为清晰,对核心观点的阐释更为深入,但框架整体构成方面并没有显著变化。

萨巴蒂尔 1999 年出版的《政策过程理论》一书中提出了倡议联盟框架的第三个版本。与前两个版本相比,该版本有两项改进:一是新增一项公共舆论的变化作为影响政策子系统的外部事件,二是增加了主要政策变迁所需的共识程度,作为相对稳定因素影响政策子系统的中介机制,这使倡议联盟框架在不同政治制度的国家具备了更广泛的解释力。

随着倡议联盟框架的广泛应用,它不断吸取其他模型的合理因素,尤其是政策网络途径与合作途径,从而实现了倡议联盟框架的重大突破,将政策变迁的原因由两个扩展为四个,外部因素作用于政策子系统的原理得到更明确的阐释,形成倡议联盟框架的第四个版本及其修改版(如图 8-2 所示),同时改进了外部因素影响政策子系统的机制,添加了“减少社会分歧”和“政治系统的开放性”两个变量,并将它与“主要政策变迁所需的共识程度”整合为“长期的联盟机会结构”。至此,外部因素作用于政策子系统的机制被分为长期与短期两个方面:相对稳定的因素主要通过对长期联盟机会结构的影响而制约政策子系统中的政策行动；外部事件则主要通过短期内对子系统行动者形成的规范和资源约束而制约政策行动者的行为。

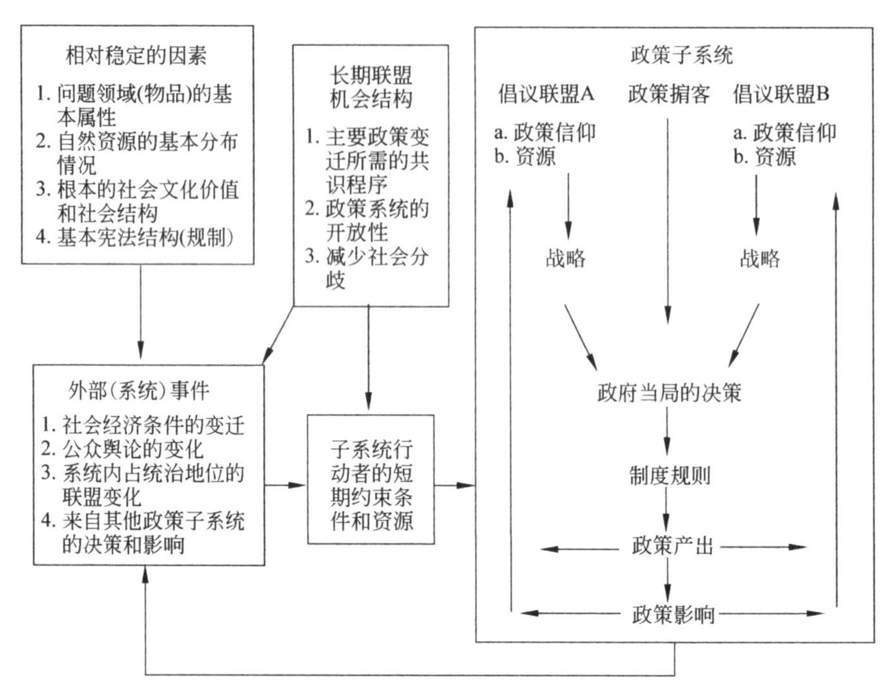

图 8-2 2007 年倡议联盟框架流程修正图

资料来源：Weible et al，2011：352.

倡议联盟框架聚焦于倡议联盟之间的互动作用，每一个倡议联盟都是由来自政策子系统里的不同行动者组成，他们拥有一套共同的政策信仰。在倡议联盟框架下，政策变迁是子系统内部竞争与外部事件影响的共同结果所致。它详细描述了政策精英的信仰系统，并对不同联盟之间进行政策学习所需的条件做出分析。如图 8-2 所示，倡议联盟框架的主要贡献之一，即是将政策子系统与其所处的政治环境区分开来。由于政治系统横跨多个地区涉及诸多领域，它以议题的形式促使行动者汇集在一起达成共识，从而推动政策变迁，因此，倡议联盟框架将政策子系统定义为主要的分析单位。子系统会受到外部影响，图 8-2 显示出子系统在其所处的政治环境(由相对稳定的因素和外部事件构成)中运转，并且长期受到联盟机会结构与子系统行动者的短期约束条件和资源，以及其他政策子系统事件的限制。长期机会结构的重要修订，是为了便于在美国多元主义体制以外的社团主义体制下运用(Sabatier & Weible，2007)，其中，主要政策变迁所需的共识程度会影响联盟的数量与成员，以及联盟为达成一致所采取的策略；政治系统的开放程度也受到国家体制的影响，由于美国的联邦制度与分权制衡，使政策过程分解到许多部门并鼓励开放和多方参与，而社团主义体制则相对封闭、更加集权和限制参与。

除了外部的客观因素以外，行动者的思想与行为等主观因素是导致政策变迁的直接原因。图 8-2 右侧的政策子系统，将参与者分为两种类型，一是谋求影响政策的直接利益相关者所组成的倡议联盟，同一联盟成员的政策信仰基本一致，并掌握一定的资源。他们通常会在既定的策略下，采取一致的行动来影响政府当局的决策，从而使制度规则，包括资源分配及任命有利于本联盟。二是具有中立色彩旨在协调冲突的政策掮客。在政策过程中，不同的倡议联盟的战略往往互相冲突，这些冲突需要政策掮客来斡旋调解。

倡议联盟框架最初仅仅聚焦于政策子系统发生政策变迁的两条路径，一是子系统的外部事件，这被视为促使子系统政策核心发生改变的关键因素。外部事件或震荡包括社会经济条件、公共舆论、统治联盟和其他子系统的广泛变化。外部震荡能够通过资源的重新分配、联盟权力的垮台和信仰的变化促使某一子系统内部发生政策变迁。第二条路径是政策学习。政策学习是指与政策目标达成或修订相关的思想或行为倾向变更，取决于经验与(或)新信息，需要较长时间(Sabatier & Jenkins-Smith，1999)。因为框架行动者信仰体系的刚性，政策学习主要是在长时期内对次级层面信仰或政策子系统的次要方面产生影响。

对倡议联盟框架的最新修订，指出了政策变迁的第三条路径和第四条路径(Sabatier & Weible，2007)。第三条路径是子系统内部事件，相对于外部事件，它发生在子系统内部并且突出强调当前子系统的政策失败。第四条路径则基于变更有争议的决议文本并通过2～3个联盟之间的协商一致达成。该路径与跨联盟学习的发生条件密切相关，职业论坛提供了一个制度基础，允许联盟进行友好协商，达成一致与履行合约。萨巴蒂尔和韦伯(Sabatier & Weible，2007)还指出了四条路径中导致政策变迁的九个条件，即政策僵局的打破、高效的领导、基于决策规则的共识、多渠道的资金、过程的坚持与成员的承诺、经验问题的聚焦、诚信构建的强化，和相关部门的支持。

总之，在外部环境影响下，政策子系统内部要素间发生冲突与博弈，最终形成一个或多个政府政策，这些政策运用于实践层面后，产生的政策影响与其他因素调和之后，对目标问题的界定又产生一系列的影响，从而引发下一个政策循环圈。

当前，倡议联盟框架正日臻成熟，已经被应用于很多实证研究中，适应范围相当广泛，能够在大多数政策领域进行富有成效的政策分析，对不同背景下的政策变迁加以有效解释。倡议联盟框架超越了阶段分析的局限性，并建立了政治中立与理性行为的相关假设，是政策理论发展的重要成果(Burton，2006；朱亚鹏，2013)。此外，倡议联盟框架与诸多理论框架之间既存在差异性也存在相通性，倡议联盟框架与其他框架可以互为补充，使政策过程分析更加完善。很多案例应用证明，倡议联盟框架呈现出的对其他理论框架的极强的吸纳性与整合性，为政策过程分析形成一般性的普适框架奠定了理论基础，有助于不同政治系统之间及同一政治系统内部不同子系统之间的政策比较。为了继续拓展适用范围，许多研究者正努力转向发展一套框架应用的有效策略，以将框架作为比较公共政策研究的基础，并理解其在不同政治体系中应用受限的原因(Weible et al，2011)。

8.4.2 间断均衡理论

长期以来，渐进主义范式在公共决策理论中占据主导地位。在渐进主义看来，各种决策在本质上是保守的，停滞状态是组织与个人决策的典型特征(Lindblom，1959，1968)，即便预算过程的确会根据经济和社会需求发生变动，但是这只是渐进累积的结果(Wildavsky，1964，1992；Davis，Dempster & Wildavsky，1996)，因此，政策的实质性变化很少，因为有很多阻力在妨碍现状改变，使得政策的重大变迁罕见并且危险。但是，随着政策行动者的日益增多，政策过程呈现出高度动态、开放和政治化的复杂特征。面对这一事实，渐进主义范式已经无力解释。为了应对渐进主义面临的困境，鲍姆加特纳和琼斯将间断均衡理论引入到公共政策领域。

作为解释政策变迁的一个重要理论工具，间断均衡理论既承认公共决策的渐进变迁，也承认公共决策的突发剧变，认为长时间的政策渐进变化会被突然的重大变革打断。间断均衡理论聚焦于政策垄断(如具有同一政策图景或意识形态的政策社群、铁三角等)，认为政策垄断的建立和破坏机制有助于推动政策变迁。这些垄断机制受国家政治领导人、媒体和公众的注意力分配变化影响，也受政策制定者对既有议题加以重新解读以引导不同制度场域进行决策的能力影响(Baumgartner & Jones，1993)。间断均衡理论认为，政策变迁的重要原因在于，既有政策的反对者能够利用多重的政策场域(policy venue)特征，并努力推动其所偏好的政策图景。

间断均衡理论最初来源于生物进化的间断均衡说，由古生物学领域的艾尔德瑞奇和古尔德(Eldridge & Gould，1972)于20世纪70年代提出(见表8-4)。该学说认为生物进化过程并非像达尔文所言是一个缓慢的连续渐变积累的过程，而是在一种长期处于停滞或均衡状态、夹杂短期爆发性大规模灭绝和替代的过程(Robinson，2007；Gould，2002)。实际上，间断均衡理论中的"均衡"即是渐进主义状态，而间断则是指大规模变迁，间断均衡的概念正是对这两者的整合(Breuning & Koski，2006)。

表8-4 公共政策与生物学的间断均衡基本理论特征比较

	公共政策	生物学
变迁基础	政策垄断均衡的扰乱与瓦解	宏观的种系漂移、物种形成与物种选择
变迁时间	突变或十分短暂的时期，被称为急剧的和突发的	逾千年但是比渐变更快，非突变的
扰动因素	利益团体、政治党派、选举官员、立法委员会、危机、战争、新技术、科学	地理隔离种群为适应新的环境变化发生的基因变异
变迁阻碍	政治企业家、法院和法规、政策垄断、有限理性、新的公共政策理念的可接受度、碎片化的政治系统	某一种群基因变异的缺乏、稳定的环境条件
变迁场域	政府司法辖区(governmental jurisdictions)	地理与生物场域
分析层次	政府各层级之间	有机体的基因与更高层次
变迁模式	根据鲍姆加特纳和琼斯的研究，以政策基调(tone)与政治沟通来衡量，变迁存在稳定与间断的交替；根据其他最新研究，从政策结果来看，属于多元政策输出模式(pluralistic policy output patterns)，包括没有变化、有限变化和间断式变化	多元进化论(evolutionary pluralism)，同时存在渐进变化和间断式变化

资料来源：Givel，2010：194.

鲍姆加特纳和琼斯在《美国政策议程与政治的不稳定性》(1993)一书中使用生物学的间断平衡概念来描述公共政策变迁的间断现象，随后又在《重塑民主政治中的决策》(1994)一书中对其进行了集中研究。在间断均衡理论的研究初期，间断均衡的概念与生物学中的概念保持一致，即认为政策间断并非不是突变的，但是这一概念在2009年予以正式修正(Givel，2010)，认为政策变迁也可以是剧烈的和强烈的并在短期内受到某一外部干扰(比如一件触发性事件)，之后又是缓慢递进的政策变迁(Baumgartner & Jones，2009)。间断均衡被定义为是在长期相对渐进的政策变迁后，紧随外部刺激破坏政策垄断引发剧烈政策变迁的过程(Baumgartner & Jones，2009；Givel，2010)。

与生物学的间断均衡不同，鲍姆加特纳与琼斯认为是由各种外部和复杂性扰动导致政策垄断的间断；倾向于突变或类似强烈的和激烈的政策变迁；同时认为，制度因素，包括政策企业家、有限理性和政策垄断等是影响间断均衡的关键因素；发生政策变迁的场域是政府司法辖区。2006年，鲍姆加特纳进一步阐明对间断平衡的定义：使用间断均衡范式意味着我们试图解释正反馈过程(如导致快速自我强化的变迁、减少稳定性和强烈的增长)与负反馈过程(自我修正、或导致长期稳定平衡行为的恒定过程)(Baumgartner，2006)。假设政策变迁的间断均衡模式是政治制度中反馈过程的产物，将间断均衡理论与报酬递增和路径依赖的相关理论联系起来(Arthur，1992)。

间断均衡理论力图整合与超越政策过程中的多元主义、有限理性和议程设置三个相互联系的相关理论。多元主义假设各种利益集团在政策产生过程中地位平等，资源均衡，因此公共政策实际上是各利益集团冲突与相互制衡的结果，政府在其中扮演中立与调停者的角色(Truman，1951)。这导致很多人认为多元主义必然趋于渐进与保守，过多关注于政策的长期稳定，而忽略了均衡中因剧变产生的中断。但事实上，多元政治系统带来分散的决策系统，多元主义恰好形成了开放的政策场域，为政策变迁提供了条件(Baumgartner & Jones，1993)。

间断均衡理论将雷德福(Redford)关于宏观政治与子系统相区分的观点予以拓展，认为政治系统如同人一样，具有有限理性，无法在同一时间处理所有问题，因此，政策子系统的存在是允许政治系统并行处理问题的一种补充机制，确保大量问题能够同时在不同政策子系统中加以讨论和解决(True，Jones & Baumgartner，1999)。一般情况下，政策在子系统政治中保持均衡和稳定，倾向于形成政策垄断，为政策稳定/均衡提供保障。

间断均衡理论强调政策过程中两个相互联系的元素：问题界定和议程设定，认为政策的偏好选择决定问题界定与议程设定(True，Jones & Baumgartner，1999)。沙特斯奇奈德(Schattschneider，1960)开创性地指出了民主政治的实质，认为民主是一种具有竞争性的政治制度，参与竞争的领导人和组织将公民参与决策程序作为公共政策选择的方式。因此，在宏观政治条件下，某些问题会主导议程，并在一个或多个子系统中引起变化。但是当问题在子系统政治中没有得到解决而引起高度关注时，该问题会由子系统政治进入宏观政治。由此形成不同的政策竞争，为政策间断/突变提供机会。

间断均衡理论认为，善变的有限注意力是导致预算变化稳定和突变的根本原因。事实上，公共预算决策的间断均衡理论正是以注意力为驱动、以议程设置为基础，通过揭示注意力和制度相互作用的议程设置过程，来完整描述预算结果和解释间断均衡的预算决策过程，并认为这一过程会导致稳定的渐进变化，伴随偶尔的剧烈变化这一预算结果。与其他理论相比，间断均衡理论突出了长时期政策变迁中的非线性特征而得到广泛应用(Dudley & Richardson，1996；Robinson，2007)。

为了整合政策间断与政策稳定的概念并对此作出有效解释，间断均衡理论提出了破坏机制的逻辑框架。这一机制由政党、利益集团、选任官员和立法委员会等行动者组成(Baumgartner & Jones,2009;Givel,2010)(如图 8-3 所示)。在此过程中，小规模和大规模的政策变迁来自于政策子系统和行动决策之间的互动，进而让稳定性与流动性或是短暂均衡等模式相结合(True et al,1999)。其中，政策垄断、政策图景、决策者注意力以及制度性摩擦是理解政策间断均衡的核心概念。

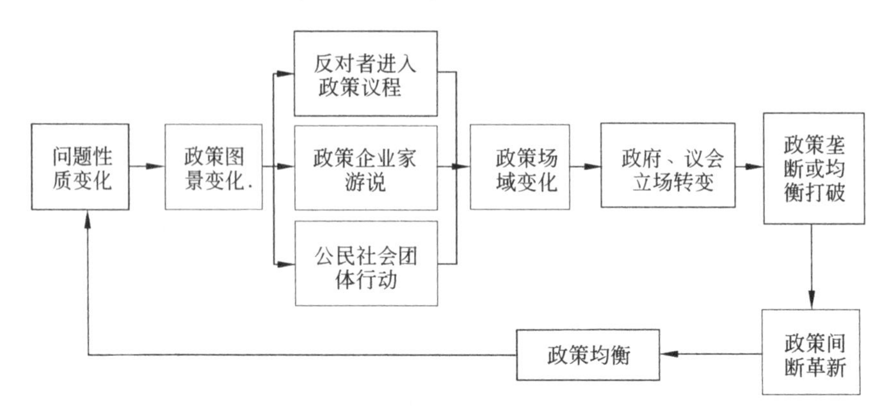

图 8-3 间断均衡理论

资料来源：杨冠琼，2009：162。

理解间断均衡的关键在于理解政策垄断的作用(Givel,2006,2010)。政策垄断是指在政策制定中，由最重要的行动者(统治集团或联盟)所组成的集中的、封闭的体系，他们倾向于把政策制定封闭起来，将其他参与者排斥在外，使政策变迁处于缓慢或停滞状态(True, Jones & Baumgartner,1999;Givel,2006)。比如，在美国民用核政策中，利益集团、国会和政府就组成政策垄断铁三角。其中权力意味着某一团体对另一团体的强制性(Bachrach & Baratz,1962)。鲍姆加特纳和琼斯认为，政策子系统倾向于对相关政策领域加以垄断；只有当这种垄断被新的参与者与团体打破时，才可能出现明显的政策变化(Baumgartner & Jones,1993)。政策垄断可以被建构，也可能崩溃。

鲍姆加特纳和琼斯把政策变迁的爆发和政策的间断解释为政策图景与政治制度互动的结果(Baumgartner & Jones,1993)。政策图景作为理解间断均衡理论的核心概念，是指某个政策在公众和媒体中怎样被理解和讨论，通常与政策信仰和价值观相关，是经验信息和感情要求的混合物(True, Jones & Baumgartner,1999)。政策图景在人们持续关注某个问题的过程中形成，可分为正面政策图景和负面政策图景。如果公众以正面的眼光来看待政策，则属于正面政策图景；反之，则是负面的政策图景。前者有助于政策垄断，而后者则会导致政策崩溃。随着媒体报道、重大事件以及科学研究等的发生与变化，政策图景会发生转移。

间断均衡理论隐含一种个人和集体决策理论。从决策的角度看，政策的大规模间断不是来自于偏好的改变，就是来源于注意力的改变。政策在稳定渐进的总趋势中之所以会偶发重大的变迁，原因在于人们对公共政策问题的注意力是有限的，人们的关注焦点在不同时间是不尽相同的(Baumgartner & Jones,1993)。当政策反对者力图形成新的政策图景，利用政策多样化这一特征时，就会吸引新的参与者进入政策场域，对制度结构与议程设置产生影响，促使重大政策变迁在短期内发生。因此，政策图景的转移可以改变人们的注意力，破坏子系统中的政策垄断，并促使政策由子系统上升至宏观政策层面。

制度性摩擦是解释政策间断的又一核心概念。琼斯、萨尔金和拉尔森（Jones，Sulkin & Larsen，2003）认为，美国的政治制度把变化的政策偏好、新的参与者、新信息或者是人们对现有信息的或然兴趣等这些政策输入转化为一种政策输出，会大大增加政策转化成本，造成制度摩擦。这些成本包括信息成本、认知成本、决策成本和交易成本。间断平衡理论认为，所有组织都不同程度地包含有制度性摩擦，制度性摩擦随着政策转化成本的增加而增加；制度性摩擦不会导致持续的政策僵局（gridlock），而是导致政策输出在总体上出现持续的间断情况（Baumgartner et al，2009）。这些间断是政策史上最谨慎的学习时期，也是政策子系统受到最多关注的时期。

简言之，子系统政治是平衡的政治，是政策垄断的政治、渐进主义、被广泛接受的支持性图景和负反馈等相协调的产物；宏观政治是间断的政治，其中包含大规模变迁的政治、多种竞争图景、政治操纵和正反馈过程等。由此，形成政策变迁的间断均衡模式。

与传统决策理论相比，间断均衡理论突出了长时期政策变迁过程中的非线性特征，增强了对长期政策变迁中突变式发展进程的解释力，在西方得到较为广泛的应用。该理论一方面建基于有限理性，另一方面又建基于系统分析，能够全面解释政策变迁，包括稳定的小变化和剧烈的大变化，极大地丰富了政策变迁理论的视野与空间。相对而言，间断均衡理论更加关注环境因素，有效融合了认知心理学、政治学和政策科学，认为公共政策中偏好的多元分布、社会制度结构的变化、公众认知和社会学习能力的提高等都从不同角度对重大议题产生影响。大量研究表明，间断均衡模型的分析框架已经从美国扩散应用至各个国家，对不同领域、不同国家、不同政府层级的政策剧变现象产生了良好的解释力与应用前景。

8.4.3 社会学习模型

社会学习模型是政策学习理论的一种。政策学习理论于20世纪80—90年代引起广泛关注（Grin & Loeber，2007），通过聚焦于究竟该做什么的难题，试图强调政策过程中权力与知识之间的复杂关系，将理念视为理解政策变迁的一个核心变量。过去对政策变迁的解释大多以政治冲突或社会冲突的理论为主，但是，政策制定在很大程度上仍然是一个黑箱。社会学习正是为应对这种困境而出现的替代性概念。

所谓社会学习，即为了解决政策问题而进行的对新理念的集体探寻。政策范式（policy paradigms）作为一种社会学习模型，最先由霍尔（Hall，1993）提出并应用英国1970—1989年的宏观经济政策制定。通过剖析政策变迁过程和引入政策范式概念，社会学习在政策制定过程中的作用得到进一步明确。霍尔认为，参与社会学习过程的是多元利益主体组成的网络，既包括各类官员和专家，也包括媒体和社会大众。当新的政策问题出现但却无法被既有政策工具解决时，政策网络将去寻找新的解决方法并更新既有的政策理念，由此产生政策范式转移。因此，社会学习为政策范式转移提供了机会之窗，政策变迁是社会学习引发的理念转变的结果。范式转移模型可以用图8-4表示。

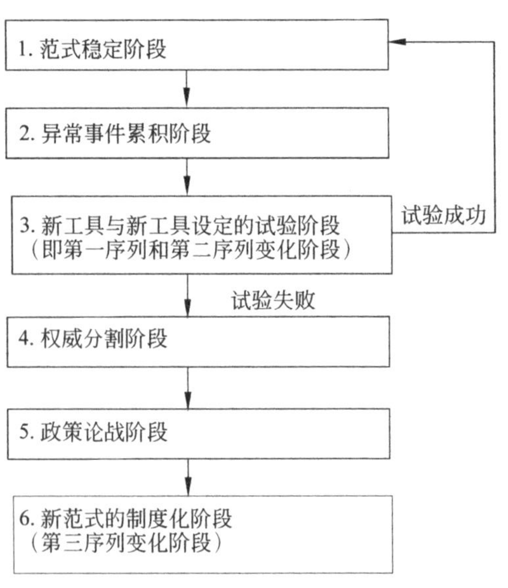

图 8-4 政策范式的转移过程

资料来源：岳经纶，2007：50。

在通常情况下，政策范式的存在具有长期的连续性。由于每个范式都是对政策制定者所面临的现实状况的一种阐释，不同范式的阐释都不相同。但一个好的范式具有更强的解释力，而且能为解决问题提供恰当途径。政策范式一旦形成，就具有相当的稳定性，并经由制度化过程予以固定和强化。这种稳定性体现在，某一政策范式不会在社会压力下做轻易调整，并使得政府的自主性加强。这也是在一个特定制度结构的国家中，某一政策领域之所以比其它政策领域更加独立于社会压力的原因。

但是，范式的长期连续性并非不受挑战。霍尔认为，异常事件的发生削弱了现有范式的基础（Hawllet & Ramesh，1995）。当政策环境发生变化，新的问题或社会压力产生，就会使得既有政策范式不能为解决现实问题提供有效途径，从而为新的政策范式提供机会。不过，经常出现的新情况或社会压力并不足以导致范式变迁。只有在特定时间中，异常事件累积到一定程度，并且超出主流范式的解释范畴，出现政策失败时才会发生。换言之，范式转移是由特定类型的事件，也即现有范式中被证明异常的事件所引发的过程（岳经纶，2007）。

由于现有政策是有意识地根据过去的政策结果来制定和论证的，因此，异常事件的累积与政策工具的调整结果是诱发政策范式转移的关键因素。在政策变迁中会经历三个序列的变化，即工具设置的变化、政策工具的变化和政策目标的变化。第一序列和第二序列变化在一个相对封闭的政策网络中发生，并不累积成为第三序列的变化，理念转变才是范式转移的关键。当异常情况累积到一定程度，政策制定者会为解决问题而试验新的政策形式（可能包括调整政策工具的设置或采用不同的政策工具）。一旦试验失败，就意味着旧范式丧失效力，需要寻找更具解释力的新的替代性范式，这一过程将引发竞争派系的政策论战。当新范式的倡导者凭借其地位、资源等因素在政策论战中获得权威地位，就会促成政策权威核心发生改变，实现政策范式的转移，并通过改变现有政策安排使新范式得以制度化。

因此，在政策范式模型中，存在旧范式、范式过渡和新范式三个时期，每一时期都分为两个阶段：在旧范式前期，范式在很大程度上不受挑战；在旧范式后期，挑战开始逐步发生。在范式过渡前期，挑战导致了一些暂时的或者试验性的政策工具调整；在范式过渡后期，政策专家出现公开的意见分歧，引发政策权威的改变。在新范式前期，专家之间的分歧走向公众，相关的政策社群被明显扩大；在新范式后期，新的范式被制度化。

简言之，范式转移不是一个完全理性的过程，而是一个社会过程，范式转移的过渡期长短取决于现有制度与秩序的稳固程度，也取决于旧有秩序辩护者的地位与能力。关于范式变迁如何发生，霍尔提出以下三个条件假设(Hall,1993)：

第一，范式转移很少能够只在科学的基础上进行，最终往往需要更具政治色彩的判断。第三序列的政策变迁取决于竞争派系的争论、他们在制度框架中的地位优势、他们掌握的配套资源以及影响权力关系的外部因素等。

第二，权威问题是范式转移的核心内容。从政客的角度出发，范式转移发生在政策权威的实质性转移之后。导致政策权威核心发生重大变化的过程，不是局限于国家内部，而是最终受到选举竞争和更广泛的社会辩论的影响。

第三，异常情况的累积、新政策形式的试验和政策失败都会对范式转移产生重大影响。异常事件将引发第一序列和第二序列的调整，当完全超出现行范式的解释范畴，就产生政策失败，进而促使政策权威核心发生转移，并引发一场更大的政策论战，直到新的政策范式形成。

社会学习模型的解释路径具有重要价值，它使得政策变迁的研究不再局限于权力与利益斗争，显示出理念活动对政策制定的重要影响，国家与社会因此联系起来，避免了以往研究对以权力为基础的政治模式与以理念为基础的政治模式之间做出的刚性区分。随着现代国家范围的扩大，社会学习在政策制定过程中的作用得到进一步明确。当前，政策学习理论已经被广泛应用于经济政策、能源政策、农业政策、媒体政策、车辆安全监管、移民政策、福利政策等诸多领域。

8.4.4 政策建制理论

以往的政策变迁研究对政策剧变的解释莫衷一是，或侧重不同的政策过程维度、或侧重于国家与政治活动的不同方面，抑或侧重政策变迁的不同类型，缺乏系统性，难以对政策变迁形成有效解释(Wilson,2000)。政策建制(policy regime)途径是最新的综合模型之一，试图对相关研究的进行整合，以形成了一个更为清晰的政策变迁模型。政策建制模型由威尔逊(Wilson,2000)提出，是基于国际建制(international regime)研究(Dougherty & Pfaltzgraff,1997；Kratochwil & Ruggie,1997)发展而来的，监管体制(regulatory regime)研究(Stone,1989)和城市体制(urban regime)研究(Harris & Milkis,1996)也有所贡献。政策建制模型聚焦于某一专门议题(如环境保护、民权等)的政治过程，包括权力格局(power arrangement)、政策范式、组织设置(organizational arrangement)和政策本身四个维度，并关注外部因素，即压力源对政策变迁的作用(Wilson,2000)。政策建制理论认为政策变迁是内外因素相互作用的结果。

政策建制理论认为,政策稳定来源于政策建制的稳定,而权力安排、政策范式以及组织安排是理解政策建制稳定的核心要素;外部的压力源,包括灾难性事件、经济危机、人口变化、生产模式转变等会影响政策建制的稳定性,从而引发政策变迁。当变化升级到政策范式变迁、权力模式变化以及组织安排变动时,就进入政策剧变时期,其结果是政策建制变化。旧的政策建制瓦解、新的政策建制出现时,伴随新的政策范式、权力模式以及组织安排,政策建制又会进入稳定时期(Wilson,2000)(如图 8-5 所示)。

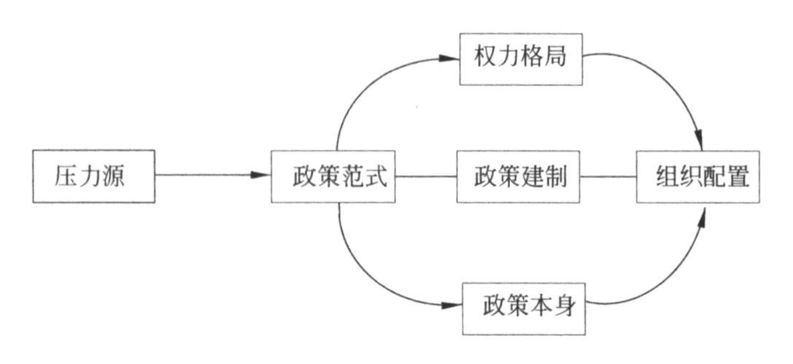

图 8-5 政策建制模型

根据威尔逊(Wilson,2000)的观点,政策建制的每一维度都有利于政策的长期稳定。第一,权力格局本身倾向于稳定,使得政策制定保持长期的渐进特征,不论政策制定是否被某一统治阶级、专家、草根组织和强大联盟所支配,或者受到不同利益所影响。即便是在再分配政策领域中,在弱势群体与优势群体之间存在意识分歧或竞争性范式与冲突,这种稳定性依然存在。这是由于渐进的政策制定强调讨价还价与妥协。国家行动者及其掮客角色强化了这一趋势。第二,通过设置组织执行公共政策,意味着对规则、命令和程序的整合,对某一组织文化的吸纳,和对长期稳定的目标与任务的固化。由于组织是为减少不确定性,使实践程序化并保持稳定而创设的,因此在一定程度上,组织抵制创新与变革(Wilson ,1989)。第三,政策范式通过限定认知路径来阻止替代性政策的出现。主流的政策范式则通过媒体报道和话语权(bully pulpits)得以强化,并提升既存体制的理性化特征在公众中的印象。

尽管如此,政策建制模型认为,在适宜政策建制变化的条件下,政策稳定性仍然可以被打破。政策建制变迁本身不会自然发生,而是当体制受到压力、可选的政策范式出现、合法性危机出现,以及权力出现明显转移时才会逐渐发生(Wilson,2000)。当事件或压力源出现并与主流政策叙述不相一致时,范式转移就会发生,新的范式或话语就可能出现或者既存的非主流替代选择就可以获得关注。压力源和范式转移有时会相互作用,造成合法性危机。通过对既定体制所依赖的故事、图景和权威加以质询,政治家和非政府领导人会逐步丧失在公众中的信心(Stone,1988,1989)。权力转移有时会受到压力源、范式转移和合法性危机的驱动,但是也可以“自然”发生。由于政治精英联盟的变节,或是倡议联盟的改变,权力转移会表现为国会或白宫组成结构的变化(Wilson,2000)。

政策建制理论是政策过程研究的最新发展。政策建制模型的优点在于简单与折中,它综合了广泛的研究并调和了一些争议,通过压力源和体制两个维度对政策稳定与变迁进行简化解释。该理论的重要特征在于:将政策变迁与更宽泛的政治过程联系起来,强调政治权力的变化、政府的组织安排、政策范式以及政策本身都是影响政策变迁的重要因素，从而将政策变化置于更复杂的背景下考察（朱亚鹏，2013）。当前，相关研究仍然主要集中于国际政策领域，其次是城市体制、政治体制和监管体制等相关领域的应用，其适用性仍有待实证检验。

8.4.5 模型比较与适用性分析

西方学界对政策变迁的研究经历了传统线性政策理论与现代非线性政策理论两个时期（胡宁生，2006）。线性理论以逻辑经验为方法论基础，代表理论是理性模型和渐进主义模型，对稳定的政策实践具有较强的解释力，但却无力应对非稳定性的复杂政策变化；非线性理论则以范式为方法论基础，包括理论即倡议联盟框架、间断均衡模型、政策学习理论和政策建制理论等多种理论，是为应对线性研究的缺陷而产生的替代性理论。但是在主要的非线性理论之间，各自却具有不同的假设前提与解释路径，形成了政策变迁的不同动力机制。

虽然各种不同的政策变迁模型致力于从不同维度对政策变迁加以解释，但都聚焦于回答三个问题：政策发生了什么变迁？政策如何变迁？为什么会发生政策变迁？相对而言，后两个问题常常交织在一起，并且受到更多关注。从政策变迁的内容、政策变迁的路径和政策变迁的因素三个维度出发，可以对政策变迁理论进行比较分析。

1. 政策变迁的内容

政策发生了什么变迁旨在对政策变迁的实际内容与不同方面进行阐述。传统的线性政策理论实际上并没有对政策变迁予以重视，因为无法应对长期稳定政策中出现的偶发性剧变。理性决策模型在本质上是一种目标定位与决策方法，一种试图达到最优选择的努力。该理论认为，政策变迁应该是政策制定者在搜集大量信息并清楚界定所面对问题是什么以及有哪些政策方案可供选择后作出的理性决策过程。但是，在实际的政策制定中很少有完全理性的决策出现。虽然理性方法在节约资源的项目设计上具有显著作用，但是却未能在资源配置方面发挥作用（Willoughby & Melkers，2000）。这种纯经济研究忽视了预算过程中的政治因素。同时，理性决策模型还未能意识到理性限度并高估决策人员的信息收集与处理能力。因此，理性决策理论逐步面临挑战，逐步转向有限理性的渐进主义模型。

相对于理性决策模型关注政策变迁中新政策应该怎么制定，渐进主义模型则关注政策实际上是如何制定出来的（岳经纶、庄文嘉，2009）。该理论以逻辑经验主义为基础，认为政策变迁都是渐进式的，只是在有限信息基础上进行小幅度的政策边际调整。这是由于小幅度调整导致的政策失败比较容易纠正；同时，政策变迁意味着利益的重新分配，政策制定者为了照顾各种政治力量的需要，必须在不断商讨和妥协中作出决策，而既得利益者也会基于私利抵制政策变迁。因此，政策变迁往往表现出渐进主义、足够满意和常规化决策的特征，通常被看作是常规的政策制定（Lindblom，1968；Wildavsky，1968；Hall，1993）。虽然渐进主义有助于应对效率困境，不过批评亦是难免的（Leloup，1978），比如，无法解释政策剧变、渐进本身的概念界定不清、回归方法有误、把决策环境归为外生变量以及不能包容多元的政策需求等。

与理性决策模型和渐进主义模型不同，倡议联盟框架、间断均衡模型、政策范式理论与政策建制理论因其能对重大政策变迁予以解释而显示出更强的解释力与适用性。四种非渐进性理论分别从三个视角对政策变迁予以审视：一是政策议程视角，间断均衡模型关注分析新的政策问题是如何在政策议程中出现；二是政策工具视角，倡议联盟框架、政策范式模型和政策建制模型都提及了政策工具的变化，政策工具被视为一种政治选择，而不仅仅是政府的技术或职能工具；三是认知视角，倡议联盟框架关注政策信仰系统的改变，间断均衡模型关注决策者注意力的改变，政策范式模型和政策建制模型也都关注政策理念的改变。这三个方面构成了政策模型的稳定性特征，决定一定时期内的个人政策选择。

2. 政策变迁的路径

政策如何变迁旨在寻找政策变化的路径。四种模型都将政策变迁简单分为大、小两种类型，并且将主要精力放在讨论政策延续(带有小变化)或者政策剧变的发生条件上。但是，四种模型对于政策变迁的路径具有不同看法。倡议联盟框架认为，政策变迁是政策导向学习的结果，在政策行动者的信仰系统修正与政策变迁之间存在直接联系。即，政策导向学习的过程通常导致小的政策变迁(政策的次要变化)和偶发的大的政策变迁(政策核心变化)。但是一般来讲，政策学习更多用来解释小的政策变化，而大的政策变化则与更多的因素和权力逻辑斗争相关。

间断均衡模型为政策变迁提供了更为综合性的解释，特别是政策议程的变化(Baumgartner & Jones，1993；True，Jones & Baumgartner，1999)。该模型对政治系统政策制定能够同时具备渐进性保守特征和激进性突变特征加以解释(Parsons，1995)。实际上，政策变迁是以间断均衡加以理解的，这表示政策过程具有长期的稳定时期(带有小变化的均衡)，然后紧接着是非稳定性和大变化(政策垄断的批判)时期，并且制度背景(制度的政策场所)受到挑战、重构或摧毁，导致大的政策变迁。因此，该模型由于能对政策的大(非稳定时期)小(稳定时期)变化同时加以解释，进而弥补了渐进主义模型的缺陷。

政策范式模型与倡议联盟框架的结论类似，二者都认为，学习路径可以对政策发生的小变化加以有效解释，但是也承认，当大的政策变迁发生时，也与其他过程相关。尽管如此，他们仍有不同的学习观点。在霍尔(Hall，1993)看来，学习是在国家内部发生的(面对社会压力的国家自主性)，这意味着关键行动者对学习过程的推动，如政策专家、国家工作人员、智囊等。而萨巴蒂尔则认为，政策学习既发生于某一倡导联盟内部，也发生于不同倡议联盟之间，因此政策学习既包括内生的，又包括外生的。尽管如此，政策范式变化的三个序列与倡议联盟信仰系统的次级方面和政策核心信仰层级是相对应的，只是萨巴蒂尔的深层核心信仰(基本的规范与本体公理、个人世界观、对所有政策领域适用、类似于宗教信仰)并没有被霍尔所考虑。

政策建制模型吸收了间断均衡模型的观点，但二者仍然具有重要区别。间断均衡模型特别强调注意力与政策图景的转移对政策变迁的影响；而政策建制模型则将其视为政策范式的转移。这些政策范式转移伴随政策问题的定义途径与政策方案的呈现类型的变化。政策范式转移是政策建制变迁的内在组成部分。此外，政策建制模型与倡议联盟框架也具有相似性。外部的联盟扰动正是政策建制的压力源。倡议联盟框架认为，共享的规范与动机信仰是政策建制范式，但是并不认为一个范式在保持和改变政策时具有更大的作用。二者都要求超过10年的研究周期。倡议联盟框架对政策学习的政策变迁也有所贡献，体制模型认为是政策范式的学习方式。

3. 政策变迁的因素

为何发生政策变迁旨在确定导致政策发生变迁的关键变量，这一问题是与如何发生政策变迁紧密联系在一起的。事实上，某一理论方法对政策如何变迁的定义，在很大程度上决定了对政策为何发生变迁的解释。不同的研究方法导致不同的研究结论。既有研究已经提及和关注到的影响政策变迁的变量主要包括：利益集团、价值观念、政治周期环境（换届）、大众传媒和国民情绪、政治成本收益结构、寻租、外部冲击因素、资源特质，等等（赵德余，2008）。在这四类模型的研究中，导致政策变迁的关键因素可以分为过去的经验、政策行动者、国际背景和外部冲击等三类。

(1) 过去的经验。倡议联盟框架通过对过去经验的累积和进行跨联盟的学习改变系统信仰；政策范式的转移与过去的政策失败反馈密切相关；政策建制模型的政策自身维度，把政策自身视为引发新问题的主要原因，因此要解决问题就必须对政策方案进行重新设计。在这些理论模型看来，政策变迁只有当过去政策失败时才可能发生，或者当行动者失败时才会察觉。但是，政策失败只是必要但非充分条件，因为政策失败只是为政策变迁提供了一扇“机会之窗”，只有当其他条件也满足时才会导致实际的政策变迁（Kingdon，1984）。

(2) 政策行动者。在过去几十年，政策研究从关注铁三角行动者（利益集团、公务员和民选政治家）迅速扩大至政策制定的多类行动者（比如，学者、智囊、研究者、记者等）。但是不同的理论模型的关注重点不相同。在倡议联盟框架中，作为集体行动者的倡议联盟和作为个体行动者的政策掮客都对政策变迁产生了关键影响；而在间断均衡模型中，则较为依赖个体行动者的作用，政策决策者的注意力转移被认为是推动政策变迁的直接原因。同样的，政策范式也并不关注集体行动者，而是关注个体行动者，该模型将行动者划分为政策专家和政治家两种类型，政治家是引发范式转移的关键；政策建制模型则与倡议联盟框架类似，既关注政治家或国家领导人的作用，也关注精英联盟的作用。总之，政策行动者既会引发政策变迁（权力斗争与政策学习），也会对重大政策变迁进行调和。

(3) 国际背景和外部冲击。政策需要根据新环境变化做出适当调整。在倡议联盟框架中，政策变迁不只是内部因素（过去政策、政策行动者）引发的，也同样受到外部因素的扰动。在间断均衡模型中，骤然发生的、具有实质性变革意义的事件会打破政策的长期稳定性。政策范式转移的部分原因也是外部异常事件累积所致。在政策建制模型中，各种压力源就是引发政策建制发生变化的触发因素。萨巴蒂尔认为，重大社会变迁不太可能在没有重大外部扰动的情况下发生。不过，外部冲击是重大社会变迁的必要非充分条件，重大政策变迁只有当政策行动者抓住机会并植入重大政策改革时才会发生。

政策变迁研究是政策过程理论的重要组成部分。在美国，政策过程研究早已越过阶段启发法，进入以多元视角为特征的多框架竞争时期。从20世纪90年代开始，西方政策变迁研究日益要求将政治制度与行为，和政策联盟、各种政策信息等整合起来（Sabatier，1991），政策制定成为复杂的政治、社会与制度过程的演进结果（Juma & Clarke，1995）。

以萨巴蒂尔为代表的一批学者在20世纪80年代中期发展出了更具解释力的非线性过程理论，这些由若干更加细小的理论或模型构成的松散框架，对于西方常态社会中的特定公共政策运行作出了某种程度上的成功解释(胡宁生，2006)。在这一时期，很多模型与理论试图对线性的旧范式予以改进和替代，以体现出由利益集团、不同层次的政府机构、立法机构，以及研究者等共同作用的非线性政策过程。尽管如此，尚没有出现一种单独的范式可以取代所有旧有范式(Leloup，2002)。

当前，对于政策变迁的研究包括政策变迁的类型、原因、特征及影响等方面，其中，通过构建各种理论模型来探究引发政策变迁的因果机制是最富潜力的研究课题之一。通过对政策变迁理论，尤其是倡议联盟框架、间断均衡模型、社会学习理论和政策建制模型的回顾，我们发现，政策变迁具有多种不同的研究维度、研究路径和研究变量。相对于政策发生了什么变迁这一问题的回答，四种主要的政策变迁模型都更为关注政策如何变迁的这一问题。不过，在此过程中，仅有少量研究会对什么与如何之间的联系进行正式和系统的分析，除了倡议联盟框架具有多项成熟的可证伪的验证假设，其他三种理论几乎没有正式提出严格清晰的假设前提。总体来看，过去经验、政策行动者和外部事件是解释政策变迁的关键变量。

此外，不同的政策变迁模型显示出不同的解释力与适应性，有效拓展了政策变迁的解释路径。但是，不同的分析框架都体现出一定的局限性与片面性，各有其偏重的解释面向，因而缺乏对政策现象的整体性审视，难以洞悉政策变迁的全貌。因此，下一代治理战略应试图整合已有的，有时相互竞争的政策倡议成为一个更具凝聚力的战略，以协调不同机构与行动者的活动，用整体性研究来替代将政策分解为一套多样的、与问题和方案毫不相关的研究路径(Howlett & Rayner，2006)。这种政策设计被豪利特(Howlett，2009)称之为连接政策工具与目标的政策建制逻辑。从这个意义上讲，最新的尚不成熟的政策建制模型是具有整合效应与发展前景的分析框架之一。

在我国，包括政策变迁在内的公共政策理论是从西方特别是美国移植而来的。但是，这种知识累积仍然停留于西方20世纪50年代的阶段分析借鉴，导致中国的政策研究和政策过程分析过分囿于宏观分析而缺乏微观认知，呈现出阶段分散与线性式推演的知识结构，忽略了政策变迁的原因、方式及其动力机制研究，已经无法对当前全面转型时期中的复杂政策演变作出有效解释。这种在方法论上的严重滞后与局限性迫切要求对我国的政策理论进行更新。但是，西方新近发展起来的政策变迁理论能否运用来对处在转型中的、非常态的或超常规的社会的战略选择和变迁作出合理解释，解释能达到何种程度，这种解释对于这些非线性政策理论和模型本身的发展会产生何种影响，都是在当前和今后一个时期内中国公共政策的研究者需要认真加以探讨的问题(胡宁生，2006)。

复习与思考

1. 试述政策变迁研究兴起的背景。
2. 政策变迁有哪些形态？请举例说明。
3. 什么是政策创新？什么是政策接续？二者有不同？

4. 试对政策变迁的研究路径进行比较分析。
5. 阐释倡议联盟框架的主要观点，并评述其价值。
6. 阐释间断均衡模型的主要观点，并评述其价值。
7. 阐释社会学习模型的主要观点，并评述其价值。
8. 阐释政策建制理论的主要观点，并评述其价值。

参考文献

1. Amenta, E. & Skocpol, T. (1989). Taking Explaining the Distinctiveness of American Public Policies in the Last Century. In F. G. Castles(ed.), *The Comparative History of Public Policy*. New York: Oxford University Press.
2. Anderson, James E. (1979). *Public Policy-Making*, Florida: Holt, Rinehart and Winston.
3. Arthur, Jeffrey B. (1992). The Link Between Business Strategy and Industrial Relations Systems in American Steel Minimills. *Industrial and Labor Relations Review*, 45(3): 488-506.
4. Bachrach, Peter, & Baratz, Morton S. (1962). The Two Faces of Power. *American Political Science Review*, 56(4): 947-952.
5. Baumgartner, F. R. & Jones, B. D. (1993). *Agendas and Instability in American Politics*. Chicago: University of Chicago Press.
6. Baumgartner, Frank R. (2006). Punctuated Equilibrium Theory and Environmental Policy. In Repetto, Robert. (ed.). *Punctuated Equilibrium Models and Environmental Policy*. New Haven: Yale University Press.
7. Baumgartner, Frank R., & Jones, Bryan D. (2009). *Agendas and Instability in American Politics* (2nd ed.). Chicago: The University of Chicago Press.
8. Baumgartner, Frank R., Breunig, Christian, Green-Pedersen, Christoffer, Jones, Bryan D., Mortensen, Peter B., Nuytemans, Michiel, & Walgrave, Stefaan. (2009). Punctuated Equilibrium in Comparative Perspective. American Journal of Political Science, 53(3): 603-620.
9. Breuning, Christian., & Koski, Chris (2006). Punctuated Equilibrium and Budgets in the American States. *The Policy Studies Journal*, 34(3): 363-378.
10. Brewer, G. D. (1978). Termination: Hard Choices- Harder Questions. *Public Administration Review*, 38(4): 338-344.
11. Brewer, G. D. (1974). The Policy Sciences Emerge: To Nurture and Structure a Discipline. *Policy Sciences*, 5(3): 239-244.
12. Burton, P. (2006). Modernising the policy process. *Policy Studies*, 27(3): 173-195. *Comprehensive Survey*. New York: Longman.
13. Davis, Otto A., Dempster, M. A. H., & Wildavsky, Aaron (1996). A Theory of the Budgetary Process. *The American Political Science Review*, 4(3): 529-549.
14. Deleon, P. (1978). A theory of policy termination. In May, J. V. & Wildavsky, D. (eds.). *The policy cycle*. Beverly Hills, CA: Sage.
15. Dougherty, James & Robert Pfaltzgraff (1997). Contending Theories of International Relations: *A Comprehensive Survey*, New York: Longman.
16. Dudley, G., & Richardson, J. (1996). Why Does Policy Change Over Time? Adversarial Policy

Communities, Alternative Policy Arenas, and British Trunk Roads Policy, 1945-1995. *Journal of European Public Policy*, 3(1): 63-83.

17. Eldridge, Nile & Gould, Stephen J. (1972). Punctuated Equilibria: An Alternative to Phyletic Gradualism. In Schopf, Thomas J. M. (ed.). *Models in Paleobiology*. San Francisco: Freeman Cooper.
18. Givel, Michael. (2006). Punctuated Equilibrium in Limbo: The Tobacco Lobby and U. S. State Policymaking From 1990-2003. *Policy Studies Journal*, 34(3): 405 418.
19. Givel, Michael. (2010). The Evolution of the Theoretical Foundations of Punctuated Equilibrium Theory in Public Policy. *Review of Policy Research*, 27(2), 187-198.
20. Gould, Stephen J. (2002). *The Structure of Evolutionary Theory*. Cambridge, MA: Belknap Press.
21. Grin, J. & Loeber, A. (2007). Theories of Policy Learning: Agency, Structure, and Change. In
22. Hall, P. A. (1993). Policy Paradigms, Social Learning, and the State: The Case of Economic Policymaking in Britain. *Comparative Politics*, 25(3): 275-297.
23. Harris, R. A., & Milkis, S. M. (1996). *The Politics of Regulatory Change: A Tale of Two Agencies* . New York: Oxford University Press.
24. Hogwood, B. W. & Gunn, L. (1984). *Policy Analysis for the Real World*. Oxford: Oxford University Press.
25. Hogwood, B. W. & Peters, B. G. (1982). The Dynamics of Policy Change: *Policy Succession. Policy Sciences*, 14(3): 225-245.
26. Hogwood, W. B. & Peters, B. G. (1983). *Policy Dynamics*. New York: St. Martin's Press.
27. Howlett, M. (2009). Policy analytical capacity and evidence-based policy-making: Lessons from Canada. *Canadian Public Administration*, 52(2), 153-175.
28. Howlett, M., & Rayner, J. (2006). Understanding the historical turn in the policy sciences: a critique of stochastic, narrative, path dependency and process-sequencing models of policy-making over time. *Policy Sciences*, 39(1), 1-18.
29. Howlett, Michael & Ramesh, M. (1995). *Studying Public Policy: Policy Cycles and Policy Subsystems*. Toronto: Oxford University Press.
30. Howlett, M. & Ramesh, M. (1998). Policy Subsystem Configurations and Policy Change: Operationalizing the Postpositivist Analysis of the Politics of the Policy process. *Policy Studies Journal*, 26(3): 466-481.
31. Jann & Wegrich(2007). Theories of the policy cycle. In Fischer, F., Miller, G. J., & Sidney, M. S. (Eds.). *Handbook of public policy analysis: Theory, politics, and methods*. Boca Raton: CRC Press.
32. Jones, Bryan D., Sulkin, Tracy, & Larsen, Heather A. (2003). Policy Punctuations in American Political Institutions. *American Political Science Review*, 97: 151-169.
33. Juma, Calestous & Clark, Norman (1995). Policy Research in Sub-Saharan Africa: An exploration. *Public Administration and Development*, 15(2): 121-137.
34. Kingdon, John W. (1984). *Agenda, Alternatives and Public Policies*, Boston: Little, Brown and Company.
35. Kratochwil, Friedrich & John G. Ruggie (1997). International Organization: The State of the Art in Kuhn, Thomas S. (1970). *The Structure of Scientific Revolutions*. Chicago: University of

Chicago Press.

36. Lasswell, H. D. (1971). *A Preview of Policy Science*. New York: Elsevier.
37. LeLoup, L. T. (1978). The myth of incrementalism: analytical choices in budgetary theory. *Polity*, 10(4), 488-509.
38. Leloup, L. T. (2002). Budget Theory for a New Century. In Khan, Aman W., & Hildreth, W. Bartley. (eds.). *Budget Theory in the Public Sector*. Westport, CT: Praeger Publishers.
39. Lindblom, C. E. (1959). The science of muddling through. Public Administration Review, 19(2): 79-88.
40. Lindblom, C. E. (1968). *The Policy-Making Process*. Englewoed Cliffs: Prentice Hall.
41. Nakamura, R. T. (1987). The Textbook Policy Process and Implementation Research. *Policy Studies Review*, 7(1): 142-154.
42. Parsons, Wayne (1995). *Public Policy: An Introduction to the Theory and Practice of Policy Analysis*. Cheltenham, U. K.: Edward Elgar Publishing, Inc.
43. Peters, B. G. (1986). *American Public Policy: Promise and Performance*. Chatham, NJ: Chatham House.
44. Robinson, S. E. (2007). Punctuated Equilibrium Models in Organizational Decision Making. In Morcöl, Göktuğ (ed.). *Handbook of Decision Making*. New York: CRC Taylor and Francis.
45. Sabatier, P. A. & Jenkins-Smith, H. C. (1999). The Advocacy Coalition Framework: An assessment. In Sabatier P. A. (ed.), *Theories of the policy process*. Boulder, CO: Westview Press.
46. Sabatier, P. A. (1978). The acquisition and utilization of technical information by administrative Agency. *Administration Science Quarterly*, 23: 386-411.
47. Sabatier, P. A. (1986). Top-down and Bottom-up Models of policy implementation: A critical analysis and suggested synthesis. *Journal of Public Policy*, 6(1): 21-48.
48. Sabatier, P. A. (1987). Knowledge, Policy-Oriented learning, and policy change: An advocacy coalition framework. *Science Communication*, 8(4): 649-692.
49. Sabatier, P. A. (1991). Toward better theories of the policy process. *Political Science and Politics*, 24(2): 147-156.
50. Sabatier, P. A. (1993). Policy Change over a Decade or More. In Lee, P. R., & Estes, C. L. (eds.), *The nation's health*. Mississauga: Jones and Bartlett Publishers.
51. Sabatier, P. A., & Weible, C. M. (2007). The advocacy coalition framework: Innovations and clarifications. In Sabatier, P. A. (ed.), *Theories of the Policy Process*. Boulder, CO: Westview Press.
52. Sabatier, P. A. & Jenkins-Smith, H. C. (1993). *Policy Change and Learning: A Advocacy Coalition Approach*. Boulder, CO: Westview Press.
53. Sabatier, P. A. (1999). *Theories of the Policy Process*. Boulder: Westview Press.
54. Sabatier, P. A. (1988). An advocacy coalition framework of policy change and the role of policy-oriented learning therein. *Policy Sciences*, 21: 129-168.
55. Schattschneider, Elmer E. (1960). *The Semi-Sovereign People: A Realist's View of Democracy in America*. New York: Holt, Rinehart and Winston.
56. Schlesinger, A. M. (1986). *The Cycles of American History*. Boston: Houghton Mifflin Company.

57. Stewart, Joseph Jr., Hedge, David M. & Lester, James P. (2008). *Public Policy: An Evolutionary Approach*. Cengage Learning.
58. Stone, Deborah A. (1988). *Policy Paradox and Political Reason*. Glenview, Illinois: Scott, Foresman/Little, Brown College Division.
59. Stone, Clarence N. (1989). *Regime politics: Governing Atlanta, 1946—1988*. Lawrence: University Press of Kansas.
60. True, James L., Jones, Bryan D. & Baumgartner, Frank R. (1999). Punctured-Equilibrium Theory: Explaining Stability and Change in American Policymaking. In Sabatier, Paul A. (ed.). *Theories of the Policy Process*. Boulder, Colo, Oxford: Westview Press.
61. Truman, David B. (1951). *The Governmental Process*. New York: Alfred Knopf.
62. Weible, C. M., Sabatier, P. A., Jenkins-Smith, H. C., Nohrstedt, D., Henry, A. D. & Deleon, P. (2011). A quarter century of the advocacy coalition framework: An introduction to the special issue. *Policy Studies Journal*, 39(3): 349-360.
63. Wildavsky, Aaron. (1964). *The New Politics of the Budgetary Process*. Boston: Little Brown.
64. Wildavsky, Aaron. (1968). Budgeting As a Political Process. In Sills, David L. (ed.). *International Encyclopedia of Social Science*. New York: Macmillan and Free Press.
65. Wildavsky, Aaron. (1992). *The New Politics of the Budgetary Process* (2nd ed.). New York: HarperCollins.
66. Willoughby, Katherine G. & Melkers, Julia E. (2000). Implementing PBB: Conflicting Views of Success. *Public Budgeting and Finance*, 20(1): 85-120.
67. Wilson, James Q. (1989). *Bureaucracy: What Government Agencies Do and Why They Do It*. New York: Basic Books.
68. Wilson, C. A. (2000). Policy Regimes and Policy Change. *Journal of Public Policy*, 20(3): 247-274.
69. 胡宁生. 中国社会转型中战略变迁的公共政策学解释——西方公共政策非线性过程理论的中国应用. 江海学刊,2006(1):85-90.
70. 林水波、张世贤. 公共政策. 台北:五南书局,2006.
71. 宁骚. 公共政策学. 北京:高等教育出版社,2003.
72. 杨代福. 西方政策变迁研究:三十年回顾. 国家行政学院学报,2007(4):104-108.
73. 杨冠琼. 公共政策学. 北京:北京师范大学出版社,2009.
74. 岳经纶. 中国发展概念的再定义:走向新的政策范式. 中国公共政策评论,2007(1):46-61.
75. 岳经纶、庄文嘉. 政策变迁及其理论:基于美国的文献综述. 白钢、史卫民主编. 中国公共政策分析. 北京:中国社会科学出版社,2009.
76. 朱亚鹏. 公共政策过程研究:理论与实践. 北京:中央编译出版社,2013.
77. 张国庆. 公共政策分析. 上海:复旦大学出版社,2011.
78. 赵德余. 主流观念与政策变迁的政治经济学. 上海:复旦大学出版社,2008.

第9章 政策终结

作为政策运作过程的最后一个环节，政策终结也是政策更新与政策发展的逻辑起点，及时地终止一项多余无效的或已经完成使命的政策，有助于提高政府的执政绩效。但是相对于其他几个阶段的研究，政策终结的研究一直显得非常滞后。政策终结的研究可以追溯至20世纪50年代，然而至70年代这块领域却一直未再受到重视，学者甚至称其为政策过程中被忽视的环节(Behn,1977)和未获正视的议题(Biller,1976)，更有学者指出，我们对政府如何继续运作的理解远多过我们对如何让政府停下来的理解(Jones,1997)。

9.1 政策终结概述

虽然最早把政策终结作为公共政策过程主要环节之一并进行研究的是拉斯韦尔，然而真正的系统研究开始于巴尔达克(Bardach)1976年在《政策科学》期刊所编辑的政策终结专题。考夫曼(Kaufman)则从公共组织的视角第一次提出了政策终结研究的一般化理论。在1976年的《政府组织是不朽的吗》一书中，考夫曼提出了组织生命周期的概念，认为组织要经历青春期、成年期、老年期和死亡；1985年考夫曼的《时间、机遇和组织：在逆境中的自然选择》一书对公共组织终结进行了深入的研究。由此，政策终结研究掀起了第一次高潮。1997年，丹尼尔斯(Daniels)的《公共项目终结：美国政治悖论》与吉瓦－梅(Geva-May)和威尔达夫斯基的《政策分析的操作性途径：技艺》相继出版；《国际公共管理期刊》1997年和2001年出版了两期政策终结的特刊。由此，政策终结研究掀起了第二次高潮。

但是，相对于政策过程的其他阶段，政策终结研究依旧相对较少，这在很大程度上是因为(Bardach,1976;deleon,1978;Daniels,2001)：政策终结与死亡、破产、离婚等具有相似的否定性意义，学者不愿触及该领域；在美国学术界和政府部门，占统治地位的渐进主义也使得政策终结研究难以展开；与私人领域不同，政策终结在公共领域难以清晰界定；政策终结的案例较少或缺少魅力和诱因，学者对此关注较少；学者“喜新厌旧”，不太关注那些过时、有缺陷或无效的政策，而更多地去研究可以影响政治或机构决策的问题；政治科学、公共行政和政策科学之间的学科界线导致政策终结这一多学科交叉领域生存困难；新闻政治领域抨击政府的学者和要求改革政府的政治家虽然是政策终结的关注者，但他们的注意力往往会随预算赤字的消失而消散。

9.1.1 政策终结的概念

最先提出政策终结概念的是拉斯韦尔(Lasswell,1971)，他将政策终结定义为废止有关方案，并妥善处理两种人的价值诉求：方案有效时的忠诚支持者和方案终止时的利益受损者。终结行动包括法定和其他方案的废除,以及对补偿和重新安置等相应解决方案的调整。但是拉斯韦尔并未对政策终结进行具体研究。

到 20 世纪 70 年代中期,拉斯韦尔的学生布鲁尔(Brewer,1974)提出了政策过程六阶段论,认为政策终结是政府对那些已经存在功能障碍,并且是多余、过时以及不必要的政策和项目的调整。具体来说,政策终结是特定政府功能、项目、政策或组织的关闭或缩减;不过现实生活中还存在大量的部分终结现象,即特定的政府功能、项目、政策或组织为了使自己持续存在而做出相应调整(deleon,1978)。

政策终结也可以被看作政策接受,即接受政策 A,实质上也就意味着政策 B 的终结或缩减(Bardach,1976)。终结经常是一套预期、规则和实践取代另一套预期、规则和实践。终结一方面是结束,另一方面意味着开始(Brewer,1978)。在新公共管理运动盛行的大背景下,政策终结既包括有计划地终止相关政府组织和政策,也包括组织为削减预算对自身做出调适或政府服务民营化而产生的机构消减,政策终结是一个发展的概念(Daniels,1997)。

与布鲁尔的观点类似,林水波和张世贤(1982)也认为政策终结隐含了一套期望、规则和惯例的终止,政策活动的停止,机关组织的裁撤,同时也是新期望的提出,新规则、惯例的建立,崭新活动的展开,机关组织的更新与发展。政策终结与一般意义上的终结最根本的区别在于,政策终结不是一种自然现象,而是人们在政策过程中主动进行的,旨在提高绩效的一种政治行为;是政策决策者通过对政策进行慎重的评估后,发现修改政策已成为多余、不必要或不发挥作用时,采取必要的措施予以终止的行为(张金马,2004)。

总体而言,政策终结是指组织的裁并、政策的转向或修正,其目的在于适应变迁所导致的政治经济环境改变,以满足社会大众的需求并维持施政的稳定(舒绪纬,2011)。它是决策者通过对政策的审慎评价后,终止那些错误的、过时的、多余的或无效的政策的一种行为。政策终止不仅是指取消原有的政策,而且还意味着制定新的政策。政策终止既是公共政策过程的结束,也是公共政策过程的开始(陈庆云,2011)。

政策终结具有强制性、更替性、灵活性三个特征,其中,强制性指一项政策的终结总是会损害一些相关的人、团体和机构的利益,遭到强烈的反抗,因此,往往靠强制力来进行;更替性指政策终结意味着新旧政策的更替,是政策连续性的特殊表现;灵活性指政策终结是一个复杂而又困难的工作,必须采取审慎而又灵活的态度,处理好各种动因和关系(陈振明,2004)。

9.1.2 政策终结的类型

政策终结作为政治实践,在现实操作中具有复杂的表现形式。对政策终结类型的划分可以依据终结的对象、终结的方式、终结的时间进行不同层面的分类。

1. 根据终结的对象划分

由于公共政策意味着社会利益的分配,公共政策的终结往往会导致一定现状的改变,使得某些与政策有关的组织和个人的利益受到影响,特别是那些政策受益者、政策制定者和政策执行机构的负责人,更是与之有着切身的利害关系。如果处理不当就会阻碍政策的终结。因此,为了顺利实现政策的终结,首先必须明确政策终结的对象。一般来说,政策终结的对象有功能、组织、政策、工具四种类型(Brewer & deleon,1983;宁骚,2011)。

(1) 功能

功能是政府为了满足民众的需要而提供的能够产生一定作用的服务,它代表着政府活动的基本方向,政策的效果就是通过具体的功能来体现的。所谓功能的终结,就是终止由政策执行而带来的某种或某些服务。在政策终结的所有对象中,以功能的终结最难,一方面是因为功能的履行或承担是政府满足一定人群需要的结果,若予以取消势必引起抵制;另一方面,某项功能往往不是由某项政策单独承担的,而是由许多不同的政策和机构共同承担的,要予以终止往往需要做大量的组织准备工作和协调工作。例如,新中国成立后,我国长期实行福利分房制度。私有房产收归国有,国家兴建福利住房,建立城镇职工住房福利分配制度。这种福利住房政策以产权公有、实物分配、低租金使用为核心。20世纪70年代末,知青返城,城市人口倍增,导致住房供应紧张、居住环境恶劣和住房产权纠纷的问题激化,住房改革提上议程。我国先后进行了出售公房、补贴售房等试点改革。1986年开始进行租金改革试点。1994年7月,国务院下发了《关于深化城镇住房制度改革的决定》,提出实现住房商品化、社会化。从1995年起,政府开始关注城市困难家庭的住房问题,推出"安居工程"。1998年6月,中央政府宣布废除国家供应住房的实物分配制度,实行市场化供应为主的住房货币化改革。

(2) 组织

任何一项政策活动都是通过组织来推动的,因此,政策的终结通常也伴随着组织的缩减或撤销,这就是组织的终结。有些组织是专为制定或执行某项政策而设立的,随着政策的终止,组织也随之撤销;有些组织同时承担着多项政策或功能,某项政策的终止不足以导致组织的撤销,往往采取缩小规模、减少经费等方式对组织进行缩减。组织的终结通常比较难,因为它影响到组织中人员的切身利益,在实施时有可能遭到他们的抵制。

2013年,国务院出台了大部制改革方案,在政府的部门设置中,按政府综合管理职能,将职能相近、业务范围趋同的事项相对集中、整合,合并至一个政府部门管理。例如,原有的铁道部一分为二,不再保留铁道部。拟定铁路发展规划和政策的行政职责划入交通运输部,组建国家铁路局,接受交通运输部的管理,其职责是承担铁道部的其他行政职责,负责拟定铁路技术标准,监督管理铁路安全生产、运输服务质量和铁路工程质量等。组建中国铁路总公司,承担铁道部的企业职责。按当前铁路系统内的设想,铁路总公司内部的改制会大致分三步:第一步是拆分路局,配合拆分铁道部的改革,实现政企分开;第二步是18个铁路局按区域重组整合,将重组7～8个区域公司,而与铁路局平级的高铁公司资产也会进行重组,形成高铁线路、城际轨道以及国铁全面启动重组的格局;第三步则是进一步将铁路资产重组,包括推进客货运的分离以及网运分离。

(3) 政策

这里的政策终结,指的是政策本身的终结,即承担政策活动的机构依然存在,而政策所担负的功能则由新的政策来担负。与前两种终结相比,政策本身的终结所遇到的阻力较小。这是因为,就某项具体政策而言,其目标一般比较单纯,容易进行评估并决定取舍。同时,政策更改的代价比起功能转变、组织调整来要小得多,因而容易得到相关部门的认可。再者，政策的可选择性较大，政策本身的终结在操作上比较容易实现，不像组织终结那样受到多方面的牵制和约束、实行起来步履维艰。例如，2005 年 12 月 1 日开始施行的《北京市烟花爆竹安全管理规定》将北京市划分为禁放点、限放区、准放区进行分类控制，并允许在春节期间有限制地燃放烟花爆竹，这项政策代替了 1993 年开始实施的旧规定，后者将北京市 8 个核心区全部列为禁放区。

(4) 工具

工具的终结指的是执行政策的具体措施和手段的终结。在所有终结对象中，工具的终结是最常见也是最容易达成的。这是因为执行政策的措施和手段一方面与实际问题最为接近，成败与否大家有目共睹，容易达成共识；另一方面，这些措施和手段的影响面比较有限，它们的终结不会引起太大的震动。2013 年 7 月，在逾千名市民上街抗议在广东省江门鹤山市兴建核燃料加工厂后，市政府突然决定取消计划，中核集团不会兴建有关工业园，以示尊重民意。江门市的核燃料加工厂耗资 370 亿元，原意为中国东南沿海的核电站服务。

在政策终结的四个对象中，功能是最难消失的，即使在组织被撤销以后，政策的功能也有可能由其他组织来承担。组织比政策更难终止，这是因为组织会牺牲某一项政策以求自保，在面临终止时能够找到更多的同盟(陈庆云，2011)。

2. 根据终结的方式划分

公共政策的终结应当由公共权力机关通过合法的程序作出决定，并以文件、公告等形式向社会宣布终结的指令。一般说来，政策终结的方式有政策废止、政策替代、政策分解、政策合并、政策缩减五种类型(Brewer & deleon，1983；宁骚，2011)。

(1) 政策废止

政策废止是政策终结的一种最直接、最彻底的方式。废止一项政策就是宣告该政策在规定的时间和范围内停止实施，不再对社会产生效力。政策废止一般针对那些经评估认定已经完全过时或完全失效的政策。这样有利于防止那些反对政策终结的组织和人员继续实施业已失效的政策，做到令行禁止，避免给国家和社会造成损害。例如，为了适应 WTO 的相关要求，我国政府进行了审批制度改革，终止了 830 余项过时的、不符合 WTO 要求的审批项目。

(2) 政策替代

政策替代是指用新政策取代旧政策，这种推陈出新的方式可以减少政策废止所带来的冲击。新政策出台以后，被替换的政策部分就自然终止了。但与政策废止不同，新旧政策所要解决的政策问题基本相同，但新政策一般在方法上和操作程序上变化较大，其目的是为了更好地解决旧政策所无法解决的问题，实现原先的政策目标。同时，两者之间要有一定的连续性，以利于更好地实现衔接。

比如，1973 年 8 月，国务院正式成立了计划生育领导小组，地方也成立了计划生育领导组织机构。同时，提出了“晚、稀、少”的概念(晚：晚结婚，男不得早于 25 周岁，女不得早于 23 周岁，城市可略高；稀：两胎间隔 4 年左右；少：最多生两个孩子)。1978 年中央提出最好一个，最多两个的要求，对于只生育一胎、不再生育二胎的育龄夫妇，要给予表扬；对于生第二和二胎以上的，应从经济上加以必要的限制。政策的重点落在了最好一个上。不过，在这样激进的政策下，政府很快意识到了由此带来的社会矛盾和冲突。为了纠正这些现实问题，1984 年中央适当放宽了二胎政策，此项政策即为“开小口子，堵大口子”，即适当放宽农村群众生育第二胎的政策（开小口），减轻计划生育工作的压力，但严防超计划的二胎和三胎及以上生育行为（堵大口）。

（3）政策分解

政策分解是指将就政策的内容按照一定的规则分解出几个部分，每个部分各自形成一项新政策。当原有政策由于内容繁杂、目标众多而影响到政策绩效时，运用分解的方法往往能收到良好的效果。比如，我国传统的社会保障是一种就业保障和单位保障模式，通过单位办社会来实现职工的社会保险和福利。这种计划经济下的产物无法适应改革后的新情况。为此，国家按照保障内容的不同，将原有的政策按类分解，形成了养老保险、医疗保险、失业保险、工伤保险、生育保险以及城市居民最低生活保障等政策，从而能够较好地实现保障人民生活的政策目标。

（4）政策合并

政策合并指的是有些政策虽然被终止了，但它们所担负的功能并没有被取消，因而通过一定的程序，将仍然可行的部分重新组合后以一项新政策的面貌出现。这样的合并通常有两种形式：一种是将被终止的政策的内容合并到一项已有的政策当中，另一种是把两项或两项以上被终止的政策合并为一项新的政策。例如，《北京市外地来京务工经商人员管理条例》2005 年 3 月被废止，《条例》中尚需执行的户籍管理、租赁房屋治安管理、计划生育管理等方面的内容由《北京市外地来京人员户籍管理规定》《北京市外地来京人员租赁房屋治安管理规定》《北京市外地来京人员计划生育管理规定》加以解决。又如，教育部制定的《全国普通高等院校统一缴费上学的规定》就是原有的公费和自费上学的规定合并而成的。

（5）政策缩减

政策缩减指的是采用渐进的方式对政策进行终结，以缓冲终结所带来的巨大冲击，逐步协调好各方面的关系，减少损失。一般说来，政策缩减是通过逐步减少对政策的投入，缩小政策实施范围，放松对政策执行的控制等措施来达到最终完全终止政策的目的。比如，我国的物价改革政策，就是通过渐进的方式，逐步缩小国家定价的范围，以实现大多数商品价格由市场的供求关系决定的目标。

根据终结的时间划分，政策终结可以分为爆发型（big bang）和渐减型（long whimper）（Bardach，1976）。

爆发型的终结是指政策的终结突然而来，甚至没有任何征兆可寻，如同晴天霹雳一般。此种终结的方式通常来自于掌权者权威性的决定，因为来得突然，所以反对势力往往措手不及，无法提出反制之策。这种终结的方式经常是长时间政治角力的结果，因为反对终结者会使用各种方式来达成其诉求，并以时间换取空间的策略延宕政策终结的进行；同时也会积极动员群众或塑造舆论，对执政当局施压。当其聚集形成一股不容忽视的力量，甚至有可能导致政策逆转时，需要较积极或爆炸性的作为促使政策终结，以免夜长梦多。

1997 年 12 月 31 日，淮河企业达标排放进入最后倒计时。国家环保局派出精干力量分赴河南、安徽、江苏、山东四省督战，设立了淮河治污“零点行动”指挥中心。是夜，国家和地方的3100多名执法人员出动350多辆执法车辆和12艘监测船，共抽查了流域内1300多家日排废水100吨以上的企业。抽查中，不符合排污标准的35家企业已被关闭，198家企业停产；已验收达标企业的污染治理设施正常运转率达99%，并基本达到国家和地方规定的污染物排放标准。

渐减型的终结采取以时间换取空间的做法，逐步达到终结的目的。而其最主要的做法是逐步删减组织或政策所需的经费或资源，或缩小规模。虽然此种做法较前者缓和许多，也不致树敌过多，但由于终结的时间较长，故反对势力有时间集结并加以组织，以进行反终结的行动或策略，造成另外一种困扰，是其主要缺点。

在2013年1月7日召开的全国政法工作会议上，中央政法委明确提出，中央已研究报请全国人大常委会批准后，年内停止使用劳教制度；在全国人大常委会批准之前，严格控制使用劳教手段；对缠访、闹访等三类对象，不采取劳教措施。此次会议后，全国各地即陆续暂停劳教审批，暂不接受新的劳教对象。但对于劳教的替代方案、怎样纳入社区矫正等问题，还没有进一步措施。

当政策无以为继，必须被终结时，应采取何种方式才能顺利完成任务，考验执政者的智慧与决心。因为无论是快刀斩乱麻或是以时间换取空间的做法都有其优缺点，但不论采取何种方式，主事者必须善于沟通，以真诚的态度化解疑虑，同时不可因外在的压力而有所动摇。秉持这样的精神，终结才有成功的可能。

9.1.3 政策终结的意义

公共政策是实施国家职能和进行社会管理的基本手段，直接关系国家和社会的稳定和发展。因此，及时地终结一项错误的或已经失灵的或已完成历史使命的政策就显得极为重要。从政策终结的结果上看，政策终结的作用突出地表现在以下三个方面（宁骚，2011）：

1. 政策终结有利于节省政策资源

政策的运行必须支付一定的成本，即要耗费一定的政策资源。对任何一个国家来说，政府的财政负担和可支配的社会资源都是有限的。如果一项错误、过时或无效的政策没有得到及时的终结，反而让它继续存在并处于运行状态，那样非但不能取得效益，而且会给社会带来危害，造成社会资源的极大浪费和财政负担的不断加重。相反，及时的政策终结不仅可以减少人力、物力、财力的无效消耗，而且可以把有限的政策资源配置到必要的领域，使其发挥最大的效用。

2. 政策终结有利于提高政策绩效

面对复杂多变的环境，政府必须不断调整自己的政策行为，以充分运用有限的资源，取得最大的政策绩效。政策终结，既标志着旧的政策过程的结束，又象征着新的政策过程的开始。政策创新不仅可以将绩效变得低下的旧政策适时地淘汰，避免走向僵化，而且可以发挥新政策的效能，促进新陈代谢，从而大大提高政策绩效。

3. 政策终结有利于促进政策优化

这表现在两个方面，一是政策人员优化。政策人员不仅包括政策制定者，也包括政策执行者以及参与政策过程的其他人员。由于政策终结意味着人员的裁减与更新，因此，终结旧政策有利于优化政策人员，促进政策向更高层次发展。二是政策组织优化。政策终结伴随着组织机构的裁撤、更新和发展，与组织人员的优化组合相结合，形成最佳的总体效应，建立更为合理的多层次、多领域的政策机构。

9.2 政策终结的原因与影响因素

虽然政策的制定都是为了解决某一问题，但政策的终结却有着千差万别的原因。在政策终结过程中，各种各样的内外部因素会对终结的演化和结果产生影响。

9.2.1 政策终结的原因

如果用以解决问题的政策没有发挥作用，反而使问题更加严重，该政策就需要被终结；从另一个方面来说，如果问题得到很好解决，相应政策也没有存在的必要(deleon，1978)。财政激励、政府效率、政治意识形态这三个标准通常被用来判断政策是否需要终结(deleon，1983)。虽然这三个标准通常是相伴出现，很少单独使用，但德利翁认为政治意识形态的影响更大，甚而已经成为项目终结和预算削减中的基本原因或动力因素。除了这三个原因，行为主义理论关于行政、人道或社会服务供给方式的观点变化也会促进政策的终结(Daniels，1997)。新思想让新政策和新组织成为可能，而政策终结为它们提供了存在空间(Biller，1976)。世界范围内的政府财政资源紧张，以及快速变化的政治、经济、社会和物质环境导致了政策终结的大量出现(Harris，1997)。资源短缺已经成为社会性甚至全球性问题，政府应当考虑政策终结，而非不断扩展新项目(Levine，1978)。

从外部、内部和政治、经济或技术四个维度来看，公共组织衰退的原因有四个，即问题耗竭(problem depletion)、环境熵(environmental entropy)、政治易损性(political vulnerability)和组织萎缩(organizational atrophy)(Levine，1978)(见表9-1)。其中，问题耗竭是组织终结最常见的原因。一旦在政治上将问题确定下来，就会有大量资源跟进。当问题得以解决或缓和，或不太引人注意时候，投入其中的资源就会减少。环境熵指的是支持公共组织积极活动的外部环境能力日渐消退，如人口和税收减少，财政资金紧张等。

表 9-1 公共组织衰退的原因

	内 部	外 部
政治	政治易损性	问题耗竭
经济或技术	组织萎缩	环境熵

资料来源：Levine，1978：318.

政治易损性作为内在特征，预示着高水平的脆弱性和危险性。缺少专家、缺少正面积极的自我评价和优秀历史对组织的损害要比规模小、内部冲突和领导人变动对组织的损害大得多。组织历史可能是政治易损性的最精确预测指标，组织存续时间越长，抵抗力越强。

组织萎缩主要是因为政府组织内部存在不一致和不恰当的激励，没有整合差异化，存在责任不清楚的分权，有太多不合适的规则，监管不力，意见受阻和自下而上沟通不通畅，或者将失败归责于受害者，缺乏自我评估和自我纠错能力，转变太大，组织成员为了职务提升而非资源获取持续进行政治活动，组织持续不断地重组，怀疑外来者，面对挑战时依赖过去的方法和技术。

综合国内外学者的相关论述，政策终结的原因可以分为政策背景、政策执行、政策结果三个方面，其中，政策背景是指政策所处的时空环境，反映时空环境变迁、前车之鉴、立论基础改变、意识形态改变、政治制度失灵五个原因都属于政策终结的背景原因。政策执行方面的原因是指政策执行过程中所发生的问题，包括财政负担沉重、被捷足先登、执行不力三个原因。政策结果方面的原因指政策预期达成的目标没有很好实现，包括成效不显著与不当的期待两个原因。

9.2.2 政策终结的推动因素

对政策终结过程发挥推动作用的影响因素，主要包括利益整合、触发事件、舆论推动、政策评估、政治领导者的领导能力五个方面(张亲培，2009)。

利益整合是引发政策终结的根源。利益因素既可以成为政策终结的阻碍因素，同时也可能成为政策终结的动力因素。利益整合是利益分化和聚合的统一，两者同时进行、相互促进。具体地说，当在原有体制和政策框架内的利益分化时，原有的利益结构便会动摇。某些个体为谋求更多的利益进行盘算，并将这种预期转变为利益表达。一旦这种利益表达使其获得了比原先体制和政策框架内更多的利益，具有这种相同利益要求的个体就会联合起来，以增强抗拒原有规则和政策、拥护新政策的产生。联合起来的个体便可以从形成的群体中获取更多的利益。当这种利益整合进行到一定程度时，就会形成较为稳固的利益集团，进而逐渐形成社会阶层。当新的利益集团和阶层出现时，必然通过各种行动影响政策过程，要求改变或废止不利于其利益的旧政策，从而促成了某些旧政策的终结。

触发事件是政策中级的导火索，它是政策问题的感知和政策终结行动要求之间的联结点。一个触发事件要引起公共政策制定者对此事件予以足够的重视，必要的条件是影响的人数足够多，并且引起了公众的担心或愤怒。此时，政策制定者就会考虑是否要废除过时的、无效的政策，制定一个全新的政策来取代旧的政策，还是对政策进行部分修改。倘若触发事件已出现并引起众怒，但政策决策者或制定者仍然不作任何反应，旧政策继续实施下去，就会导致政府的合法性出现危机。所以，当触发事件发生后，政府的决策者或政策的制定者必须敏锐地觉察其重要性，并牢牢地抓住这一契机，将已经引起公愤的、过时的、无效的政策予以废止。

公共舆论在政治生活中有着极为重要的影响和作用。当公共舆论对政策终结持积极态度时，政策终结就显得比较容易；相反，当公共舆论对政策终结持消极态度时，就会阻碍政策终结的进行。公共舆论在政治生活中的特殊作用被誉为第四种权力。要推进那些过时、无效的政策的终结，可以发动或借助公共舆论的推动力。比如，可以使媒体首先关注那些过时、无效的政策，关注对这些政策的评估结果，关注这些政策的弊端和危害，进而引起公众的广泛关注，形成强大的公共舆论，促成政策制定者关注并终结那些过时、无效的政策。

政策评估是政策过程的一个重要环节，是政策终结的前提和依据。政策评估既可以侧重于对政策预期效果的评估，即事前评估，也可侧重于对政策运用之后的实际结果的评估，即事后评估。作为政策终结动力因素之一的政策评估专指事后评估，即对政策实施后的影响的评价。政策评估可由政府自身进行该评估，也可以聘用社会组织进行，也有部分第三部门自发地、无偿地对政策进行评估。作为政策终结的动力因素的政策评估，应该由多元评估主体对共同实施中的政策做出客观、公正的评价，并将该结果公布于众，以此作为终结过时的、无效的政策的依据。

政治领导者的人数虽少，但他们往往对全社会甚至对一个时代的国内格局，乃至世界格局产生重大影响。由于国家政治体制的差别，政治领导者对政策过程的影响程度也有所差别。但可以肯定的是，他们对政策过程的影响是举足轻重的。在一些国家，政治领导者可以直接影响，甚至决定政策的制定、实施、评估和终结的全过程。政治领导者必须具备非常好的综合素质，这种内在素质的外在综合表现就是其领导能力。政治领导者的领导力越强，意味着其对形势的判断能力、对新事物新情况的分析能力以及创新能力越强。政治领导者是国家政治、社会变革的积极倡导者和推动者，也是过时、无效政策得以终结和新政策得以推行的促成者，其在政策终结上的作用是任何个人都无法替代的。政治领导者的领导力是政策终结的一个重要动力因素。

上述五个因素中，利益因素是政策终结的内因，其他因素是外因。利益整合从根本上要求过时、无效的政策不断地被淘汰；触发事件则是政策终结的导火索；公共舆论作为催化剂可以加速政策的终结；科学、客观的政策评估结果是政策终结的前提和依据；政治领导者的领导能力是政策终结的助推力。这五个动力因素对政策终结发挥不同的功能，并且，它们是相互联系、相互作用、相互渗透的有机整体。

政策终结需要国家强制力作为后盾和有利的政治形势，可是其成功更取决于是否有足够的支持力量。政策终结的倡导者即提出或促成政策终结的行为主体，一般包括反对政策者、经济者、改革者、政策评估者四类(Bardach，1976；陈刚，2011)。

反对政策者是指讨厌政策的人，是倡导政策终结的联盟中最为常见的，而他们之所以提出政策终结的举措，乃是因为在他们的心目中，那是一项坏的政策。政策之坏，在于该项政策实际或反对者主观认为损害到他们所重视的价值，或所持的原则，甚至侵害到他们的社会、经济或政治利益。虽然说任何一项政策都必然会有其反对者，但一支分散的、不掌握实际权力的力量是很难单方面推动政策终结的——持久的和有组织性的反对除外。

经济者是对政策资源的最优使用怀有良好意愿的人，他们之所以提议终结政策，一方面希冀重新分配资源，把较不重要或不值得的政策予以取消，而投于较重要、影响深远的政策；另一方面为节约政府的成本，减少人民的负担，增进人民的向心力。经济者期望能通过资源的最佳配置来达到最大的政策效益。经济者未必都是出于对政策的反感才倡导终结的，他们甚至可能承认政策的必要性及有效性，但是财政状况常常迫使他们做此不得已的选择。

改革者是相信非破不能立的人。他们认为政策终结，实乃成功有效地采行新政策所不可或缺的先决条件。改革者深以为旧政策是建立新政策的障碍，务必将其终结，以此为展开新政策规划的起点。与经济者类似，改革者也并非必然是对单项具体政策抱持恶意的人，而是对政策的整体蓝图有其构想的人。不过，在经济者那里可以通过对原有蓝图的东拼西凑而产生，而在改革者那里，此幅蓝图却必须是全新画就的。

政策评估者在评估政策之后，可以提供实际的政策绩效数据和资料，显示政策目的达到的程度或范围，供政策制定者决定政策持续或终止，或另外建构新的政策来解决问题。不过，政策评估者也常常主动提出进一步行动的计划，特别是在政策价值备受质疑的情况下，评估者的终结建议肯定会得到决策部门的重视，虽然这样做会使其有过于政治化的危险。

9.2.3 政策终结的阻碍因素

政策终结的反对者也会结成联盟(Bardach,1976)。反终结联盟通常会从那些识别度高、自我意识较强的顾客和利益团体得到最有力支持。承担该政策执行任务的政府机构及其雇员，还有私人领域的资源投入者也会给予反终结联盟以支持。

巴尔达克认为阻碍政策终结成功实施的因素主要有以下五个方面：一是政策设计者投入大量资金和资源来保证政策可以在不确定的未来持续发挥功效；二是反终结联盟力量强大，利益相关者被组织起来；三是人民反感由政府机构带来的人生或事业上的重大变故，宪法和行政程序法严禁政府专断擅权，谨慎的政治家会避开终结，选择延续策略；四是如果终结不能产生实在的好处，潜在支持者就不会出来破坏现状；五是政治体系倾向于奖励创新，终结缺乏有效的激励。

考夫曼虽然认为政府组织的终结主要受运气和机会影响(Kaufman,1976)，但他也指出了影响组织终结的相对客观因素(Kaufman,1985)。组织终结一方面受到自身进化和适应能力的影响。如果在进化和适应新环境方面的能力不足，维持自身持续活动的能量和其他资源就会走向枯竭，组织系统就不能继续维持下去。另一方面，组织终结也会受到自身组织弹性的影响。组织从由人、文化和能量组成的环境中生成。随着组织活动的增多，这一外部环境会变得“厚实”起来，并影响组织健康及其对终结的抵抗力。

德利翁(1978)对政策终结难以实现的因素做过系统的梳理，研究发现政策终结要面临不情愿心理、制度的延续性、反终结联盟、法律障碍和高昂的启动成本等几大障碍。

1. 不情愿心理

政策终结往往意味着政策制定或执行的失败，以及既得利益的丧失，从而会引致与政策相关的人员的心理抵触和反感。具体而言，政策制定者、执行者和受益者都会对政策终结存在抵触心理。

政策制定者一般并不愿意承认他们费尽心思制定出来的政策不再有存在的必要，更不愿意承认政策失败。他们感到若承认政策失败就等于承认他们在制定政策的过程中犯了错误，损害自己的声誉和利益，从而形成了心理上的包袱。

政策执行者同样不愿意承认政策的失败，毕竟政策的实施凝聚着他们的智慧和劳动。并且，执行者的权力和利益与政策的实施有着直接的关联。当政策的终结会危及他们的既得利益时，其抵触心理就会非常强烈。

对政策受益者而言，那些从拟终结的政策中受益的个人与群体同样会因担心政策终结将导致其既得利益的丧失而对政策终结产生逆反心理。

2. 制度的延续性

组织具有寻求生存和自我扩张的本性，即使已经没有存在必要，它也会想方设法维持和延续自己的生命。政策终结不仅意味着政策本身的终结，同时也意味着执行该项政策的组织可能会失去存在的必要性。一旦组织感受到终结的威胁时，它会千方百计地减轻所面临的压力，解决所面对的问题，争取各方面的支持，阻碍政策的终结，以便能够继续生存下去。另一方面，组织具有动态适应性，能够随着环境的变化而适时地调整自己，甚至能针对政策终结的各种措施来调整自己的方向，从而使终结计划夭折或破产。

3. 反终结联盟

反对政策终结的各种力量在面临政策终结的威胁时，往往会自觉或不自觉地形成联盟，共同抵制政策终结。从政策的实施中获得既得利益的政府组织，一方面要求其内部成员齐心协力共同抵制政策终结；另一方面则极力拉拢政府内外有影响的人士，联合政府外部的利益集团，共同反对终结政策。那些从政策中获取利益的个人和集团，也会自发地形成联盟，通过各种合法的或非法的途径，向决策者施加压力，阻止政策终结的通过。一旦这些反对政策终结的各种力量形成紧密的同盟，他们就能够对拟议中的政策终结形成有效的威胁。

4. 法律上的障碍

任何政策的出台和组织机构的建立，都需要通过一定的法律程序来实现。同样，政策的终结和组织结构的撤销也必须按照法定程序来办理。这一过程操作起来比较复杂，费时费力，有时甚至会延误政策终结的动机。程序上的复杂性往往会影响政策终结的及时进行。

5. 高昂的成本

政策终结所需付出的高昂成本是影响政策终结实施的一个关键因素。政策终结的成本包括现行政策的沉淀成本和政策终结实施所需付出的成本两类。

现行政策的沉淀成本是指政策实施中已经投入且无法挽回的成本。面对高昂的沉淀成本，决策者往往进退两难。一方面，政策已经被证明为无效的或失败的，继续投入资金只会扩大损失；另一方面，如果放弃，那么已经投入的巨额资金将因政策的终结而付之东流。对决策者来说，不计较政策目前的效果，让其再持续一段时间以观后效，似乎是明智而保险的做法。

政策终结实施所需付出的成本是指政策终结本身所需要付出高昂的代价。在短期内，用于政策终结的花费甚至比延续原有政策的花费更多，例如，要为裁减下来的人员安排出路，或者对原有政策受益者进行补偿等。另外，政策终结的决策者还要冒着得罪某些强大的反对势力的风险。因此，在这些高昂的代价下，决策者很有可能改变初衷，放弃政策终结。

德利翁和布鲁尔在 1983 年的《政策分析基础》一书中，将阻碍政策终结的因素进一步总结为以下七个方面，一是制度和结构性因素，如组织、政策的持续性等；二是政治性因素，如联合反对等；三是经济考虑，如沉没费用等；四是心理抵制，包括关于终结的否定心理或观点等；五是伦理道德问题，终结被认为是对现存制度和政策的攻击等；六是理念和信念问题,社会上占统治地位的理念或组织内部的价值问题等;七是法律制约,终结要通过法律上的修改等(Brewer & Deleon,1983)。

吉瓦一梅(Geva-May,2001)对过去20年政策终结文献梳理的结果表明主要有两个因素阻碍了政策的顺利终结:一是组织的持续存在特性,二是包括情感、财政、法律或政治成本在内的各种成本负担。其中,组织的持续存在特性表现在相对稳定的行为模式和避免不确定性的满意即可策略两个方面。通过或多或少的公开策略,组织的这一特性被进一步强化:寻找动态性,只进行装饰性的改变;增加组织的不分明、秘密性、技术和科学的光环;大量投资项目仪器设备;影响政策决策中的主体和政策轨迹点,通过策略行动来改变决策;组建反终结联盟。政策终结还可能对人们的情绪产生巨大冲击,并被喜新厌旧或拒不认错的政治家们轻视。相关法律程序以及可能出现的成本激增是政策终结比较常见的成本障碍。

综上所述,政策终结的障碍可以分为政策面、资源面、目标团体面三类。其中政策面涉及有关政策的本质特征或内涵,主要是指政策的长存性特征。资源面涉及有关政策终结所必须投入的人力与物力资源,包括诱因不足、沉淀成本的影响、成本过高三项。目标团体面涉及与被终结政策有直接或间接关系的个人或团体及其行为,包括反对联盟的集结、弱势者效应、推卸责任、人与事无法切割四项。八个障碍中与人有关的占了一半,因为政策的实施,必定落实在目标团体上,因此人的因素的确会影响政策终结能否成功。妥善处理人的问题,将是成功的第一步。

9.3 政策终结的理论模型

9.3.1 柯克帕特里克、莱斯特和彼得森的终结模型

柯克帕特里克、莱斯特和彼得森(Kirkpatrick,Lester & Peterson,1999)在前人研究基础上,构建了公共物品终结的过程模型(如图9-1所示)。政策终结受该政策或项目的

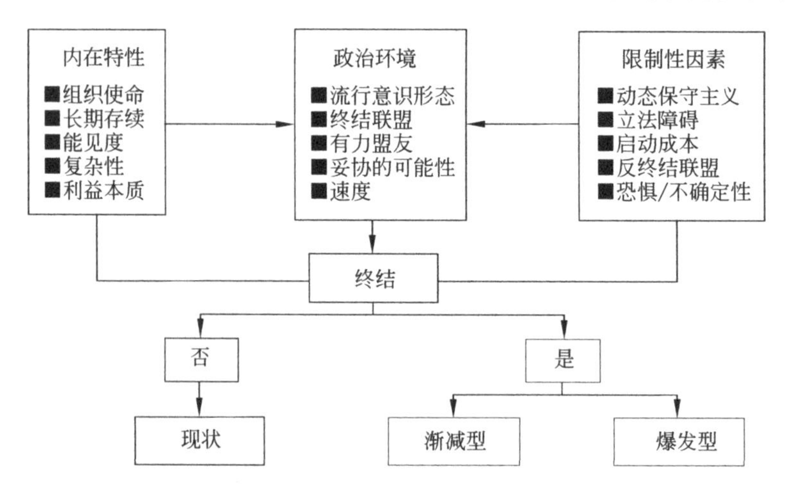

图9-1 公共物品终结的过程模型

资料来源:Kirkpatrick, Lester & Peterson, 1999: 219.

内在特性、终结发生的外部政治环境、终结的限制性因素三类变量的影响。其中,内在特性是指终结对象所拥有的不被个人操纵的因素,主要包括五个变量:一是存在的理由,即功能、组织、政策和项目的使命,如果目标没有在处理严重的问题,它就可能被终结;二是长期存续,即终结对象存续时间越长越容易逃过终结;三是能见度,即公众能见度不高的对象更有可能逃过终结;四是复杂性,即复杂且公众难以理解的目标更容易逃过终结;五是利益的本质,即项目受益者的人数及他们对利益的评价。

政治环境因素主要包括五个变量,一是流行的政治意识形态;二是政策终结支持或反对联盟的规模、力量和决心;三是终结或反终结的有力盟友;四是妥协的可能性,妥协为处于终结中的组织提供了基本的求生策略;五是速度,即终结越快,其成功的可能性越大。

限制性因素主要涉及五个变量:一是反终结联盟;二是动态保守主义,即达成使命或面临终结的对象会转而承担其他使命;三是立法障碍,即宪法和行政程序法会禁止政府的不当行为,防止其专横擅权;四是启动成本;五是恐惧/不确定性(对不确定因素的恐惧导致无法实施决定性行动)。

对上述因素进行分析之后,决策者需要作出决定:要么否定终结,维持现状;要么决定改变现状,实施终结。根据需要,终结方式可以是渐减型的,也可以是爆发型的。

9.3.2 亚当、鲍尔、科尼尔和斯杜丁格的组织终结分析框架

亚当、鲍尔、科尼尔和斯杜丁格(Adam,Bauer,Knill & Studinger,2007)等人根据终结的外部政治动机和终结对象的内部组织黏度,分析了组织终结的类型(见表 9-2)。其中,外部政治动机是推进或阻止终结的关键性政治意愿,包括终结面临的外部环境因素,政治变动,与终结风险正相关;社会压力,强大的私人利益团体在决定政策终结成败上扮演重要角色,特别是那些可以从组织终结或存续上获得利益的联盟和团体;问题压力,组织的总体绩效表现影响其被终结的可能性;预算限制,节俭的压力越大,决策者通过终结来解决预算危机的可能就越高。然而,如果终结需要的财政资源越多,维持现状的可能性也就越大。

表 9-2 组织终结的类型

		(内部)组织黏度	
		高	低
(外部)政治动机	高	1. 改革	2. 终结
	低	3. 现状	4. 风险

资料来源:Adam,Bauer,Knill & Studinger,2007:231.

终结对象的内部组织黏度决定了终结面临障碍的高低,这个维度的影响因素主要有三个,年龄和青春期,组织存续的机会与其年龄正相关,如果组织安全度过某一关键时期,其存续的可能性就比较大;规模,尽管传统上人们认为组织越大越不容易终结,但越来越多的研究认为规模和终结风险之间存在非线性关系;多目标与单一目标,单一目标组织的绩效不佳比多目标组织的绩效不佳更容易被发现,其面临的终结风险也越高。

亚当、鲍尔、科尼尔和斯杜丁格认为,当存在内部高组织黏度和外部高政治动机时,虽

然人们终结的意愿很强，但该组织也不会被终结，而是会被重组或改革；当存在内部低组织黏度和外部高政治动机时，可能出现的结果是组织遭到终结；当面临内部高组织黏度和外部低政治动机时，组织会保持现状；当面临内部低组织黏度和外部低政治动机时，组织会暂时处于高度不确定的危险状态，一旦有可能就会遭到迅速终结。

9.3.3 格雷迪和叶的政策终结的决策模型

格雷迪和叶(Graddy & Ye,2008)构建了政策终结的两步决策模型(如图9-2所示)，并用加州1981—1995年的地方公共医院数据进行了验证。格雷迪和叶认为，政策终结决策的第一阶段是财政问题、政策失败和意识形态变迁等触发因素促使人们对现有政策进行反思。此时，决策者面对保持现状、进行调整和实施终结的选择集合。由于触发因素只是将政策及其可能面临的终结提上议程，并不能充分解释哪个项目会被终结，或为什么类似的项目在不同地方面临遭遇命运，因此，当触发因素达到一定水平，决策就进入第二阶段——决策环境。决策环境主要包括政策特征、利益团体和社区特征等利益和影响因素。这些因素会影响最终的决策结果。

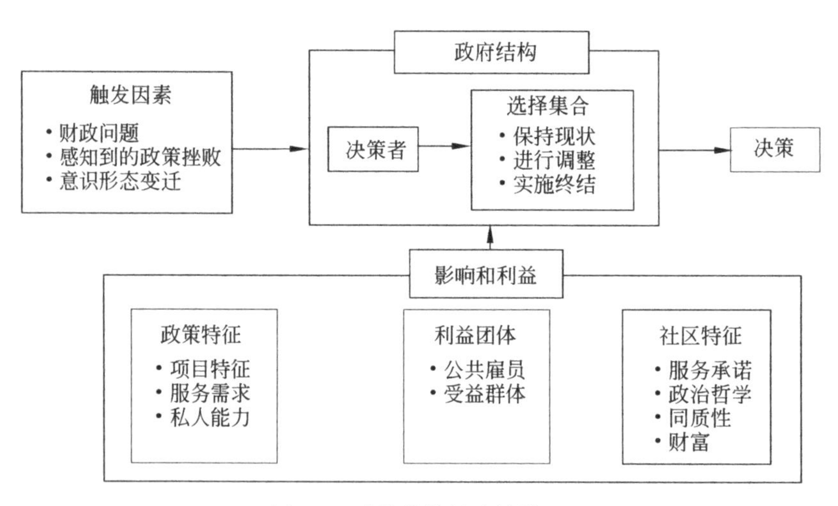

图9-2 政策终结的决策模型

资料来源：Graddy & Ye，2008：227.

触发因素包括财政问题、感知到的政策失败和意识形态变迁。其中，财政问题是指项目和组织的存续依赖其环境资源，当环境支持组织存续的能力下降时，这一资源依赖关系就会威胁到其生存。政府会终结某些项目，降低其他项目的活动水平，在新需求和旧项目之间达成平衡；政策失败是指，因为缺乏竞争和市场信号会降低激励，减少有效运转所需要的信息，政府面临绩效问题时会受到格外伤害。当在私人领域存在可以取代公共提供者的候选人的时候，政策失败就更有可能引发终结；意识形态变迁可以为说服制度变迁提供智力和情感压力。要求改变的强烈信念能够提供必需的能量与合法性，来克服组织惯性和既得利益等抵制变迁的力量。最重要的意识形态变迁是对政府功能偏好的改变。

政策特征包括项目特征、服务需求和私人能力。这些特征揭示了政策的重要性，以及终结可能造成的影响。终结的预期影响取决于项目规模以及所提供的服务的需求状况。目前为大多数人服务的大型项目，以及远未满足的服务需求项目相对不太可能被终结。如果有私人服务能力存在，决策可能会将私人提供看作满足需求的备选项，这就会提高终结的可能性。然而，私人部门承担更广泛义务的意愿将取决于目标服务的可用资金流。

利益团体包括公共雇员和受益群体。受到政策直接影响的利益团体会抵制终结政策的努力。受雇佣提供服务的公共雇员很明显会受到政策终结直接的、个人的和负面的影响。如果这一组织比较大且组织良好，他们的反对就可能更为有效。公共项目的受益者也可能抵制终结。这一效果取决于他们组织和影响决策者的能力。

社区特征包括服务承诺、政治哲学、同质性和财富等。社区特征会影响公共官员的偏好，并提供对特定行为的激励。服务承诺在各个社区有会所不同。许多居民会被社区提供的特定服务吸引过来。这些倾斜政策领域的项目和服务相对不太可能被终结。尽管服务承诺很难测量，但是地方预算在各政策领域的分配比例可以提供相应指示。

政治哲学包括社区对政府角色的偏好。较保守的社区会质疑社会服务提供中的政府角色。这会鼓励民选官员倾向于服务的私人提供，相对于公共部门团体会更偏向于私人部门的利益团体。在这些社区，终结更可能被接受。

拥有同质群体的社区更可能具有稳定的偏好。这些偏好可能是保守的，也可能是自由的。但是同质群体对他们所要提供的服务会达成更多一致。他们可能会相对不太情愿允许终结。当然也有研究发现，同质社区的地方政府更可能与私人部门签订合同。

富裕社区在提供服务和资助方式上有更多选择。相对于贫穷社区，这就给了富裕社区决策者更多灵活性。当其他政府的资助减少时，富裕社区可以继续提供服务或者采取使用者付费和增加税收的办法来资助所渴望的服务。

格雷迪和叶针对政策终结决策过程的影响因素提出了一系列假设(见表 9-3)。针对第一阶段的触发因素，他们认为政府资源中的衰退越多，政策终结就越有可能；公共项目的绩效越低，它被终结的可能性就越高；缩减政府的意识形态偏好的增加将会提高政策终结的可能。在决策的第二阶段，面对决策环境中的政策特征影响因素，格雷迪和叶认为大型项目和有高需求的项目相对不太可能被终结掉；发达的私人服务部门会提升终结的可能性。面对利益团体，公共雇员越强大(规模和组织程度)，终结越不可能。面对社区特征，他们认为占有较大比例政府预算的政策领域项目相对不太可能被终结；政策终结更有可能发生在政治保守的社区；社区偏好的同质性会影响终结决策；较富裕的社区相对不太可能去终结政策。

表 9-3　政策终结的决策过程

决策阶段	影响因素		假　　设
第一阶段	触发因素	财政问题	政府资源中的衰退越多，政策终结就越有可能
		感知到的政策失败	公共项目的绩效越低，它被终结的可能性就越高
		意识形态变迁	缩减政府的意识形态偏好的增加将会提高政策终结的可能

续表

决策阶段	影响因素		假设
第二阶段	政策特征	项目特征	大型项目和有高需求的项目相对不太可能被终结掉
		服务需求	
		私人能力	发达的私人服务部门会提升终结的可能性
	利益团体	公共雇员	公共雇员(规模和组织程度)越强大,终结越不可能
		受益群体	受益群体(规模和组织程度)越强大,终结越不可能
	社区特征	服务承诺	占有较大比例政府预算的政策领域项目相对不太可能被终结
		政治哲学	政策终结更有可能发生在政治保守的社区
		同质性	社区偏好的同质性会影响终结决策
		财富	较富裕的社区相对不太可能去终结政策

资料来源:作者根据 Graddy & Ye(2008)整理所得。

此外,丹尼尔斯(Daniels,1997)也提出了自己对政策终结的看法:终结很少有经济上的正当性;终结具有高度政治性且很难实现;终结需要拉拢反对者;终结经常与变动的政治意识形态相连;终结之后经常是重生的到来;成功的终结很难预见;终结是一个美国式的政治矛盾,人人都支持,也人人都反对。

9.4 政策终结的策略

9.4.1 巴尔达克的政策终结策略

虽然政策终结有其先天不利的条件,但在某些情况下,是有利于终结活动的进行。在政党轮替、意识形态瓦解、人民产生信心危机、建立缓冲机制和等待瓜熟蒂落五种情况下,有利于政策终结(Bardach,1976)

就民主政治而言,政党之争就是政策之争,而政党之所以会执政或下台,绝大部分是其政策受到多数选民的支持或唾弃。政党轮替后,行政部门随之更迭,在没有负担的情形下,新政府对旧政府的政策予以终结,就比较容易。

意识形态的瓦解体现在,任何政策的背后都有其意识形态,而意识形态的存在有其特定的时空环境,当其所赖以存在的环境产生变迁时,皮之不存,毛将附焉的结果将会产生,而特定的意识型态势必谱上休止符。当此意识形态被瓦解后,政策的终结自然也就水到渠成。

人民产生信心危机体现在,统治的正当性对于任何政治系统而言,是一种非常重要的因素。因为唯有人民承认其正当性,才有助于情势的稳定及其统治权力的行使。一般而言,影响统治正当性的因素包括环境、需要、支持、合法化过程、政策及回馈六项因素,其中政策效能与统治正当性的关系非但密不可分,而且是相互影响的。所以一旦人民因政策不当而产生信心危机,甚至造成社会不安时,政府势必对特定政策进行必要的处置,以安定政局、挽回民心。

建立缓冲机制体现在任何政策的实施都有其受益者，因此政策的终结意味着政策受益者权益的受损，利益相关者自然会运用各种方式阻挠政策终结。所谓事缓则圆，终结活动应建立适当的缓冲机制，逐步将政策废除，使利益相关者不致因政策终结而权益受损，并降低其抗拒的力道。

等待瓜熟蒂落体现在，有时被终结的标的本身已极其脆弱，犹如强弩之末，如有任何风吹草动，都会导致或加速其崩解。因此对于这种只等瓜熟蒂落的标的物，政策设计者应根据实际的状况，予以适当的压力，自然而然不费吹灰之力，即可达成终结的任务。

政策终结需仰赖天时、地利与人和的配合，因此情境的营造或等待亦是不可或缺。当人民产生信心危机时，代表对执政者的施政不满，因此反对党就必须瓦解执政党的意识形态，营造政党轮替的氛围。而对于已是强弩之末的政策，只要待其瓜熟蒂落即可，不用大费周章。至于较为棘手的政策，则运用前述的终结策略，建立缓冲机制，降低反制的动能，使政策能以最低的成本、最短的时间，获得最大的成效。

9.4.2 德利翁的政策终结策略

政策终结需要实施者积极营造和善于利用环境。认识到如下几点将会有利于政策终结的推进(deleon，1978)：第一，最重要的是让人们意识到终结不是某人或某个组织的消亡，而是改善不利局面的机会或一项追求成功的冒险。第二，必须对评估加以特别重视，它会影响终结决策及其策略。好的终结策略需要好的评估策略。第三，注意终结所需要的政治环境或自然节点。其中，政治环境指分析者必须知道什么团体反对或支持终结以及为什么。自然节点指的是在政策生命周期中最有利于终结的时间和地点。

合适的终结策略应符合两个功能：不干扰组织或政策应对问题领域的能力，使终结更有效。德利翁认为渐进式终结比爆发型终结更容易获得成功，因为项目受益者可以将需求诉诸其他项目。此外，如果政策或项目终结后，政府机构可以保留相应资源，那么他们可能会更有动力去推动终结。任命仲裁员保护不同主体的利益，保证项目组织机构的财产被公平分配也给政策终结提供了激励。

在特定的终结策略设计出来之前，终结必须被当作政策过程的一部分。这意味着失败的可能性需要从最初有备择政策时就被认识到。一个设计良好的政策应该包括政策选项的描述、执行计划、评价标准和方法，以及终结选项。

9.4.3 贝恩的十二种终结策略

贝恩(Behn，1977)基于马萨诸塞培训学校成功关闭的经验，提出一套有助于政策终结者进行终结的准则，并阐述了政策终结的12项策略。

(1) 不要试探舆论。那样会引起反对派去组织他们的支持者起来抗议，因此终结者在作出正式决定前要防止信息泄露。

(2) 扩大政策支持者的范围。有组织的选民往往能够决定政策的终结与否，因此终结者要能够让己方支持者的规模超过原政策的受惠者。

(3) 强调政策的负面效应。清除一项具有某种危害性的政策要比清除那些无效或低效的政策容易得多。

(4) 利用意识形态的转变来证明政策的负面效应。政策经常被从意识形态角度进行评估,因此终结者要善于利用或创造意识形态上的变化来说明原有政策的确是有危害的。

(5) 严禁妥协。政策的延续通常是政治妥协的结果,因此终结者要能够坚持自己的立场。

(6) 启用外部人员为执行者。当局者总不太愿意接受对自己过去行为的负面看法并做出必须终结的指示,因此吸收局外人参与有助于他们转变观念、改变做法,从而有利于终结的实现。

(7) 避免立法机构投票表决。立法者更愿意妥协,而不想勉强做出不受欢迎的终结决定,以免树敌太多。

(8) 不要侵犯立法部门的特权。行政机关的终结者应当避免引发宪法赋予总统和国会的权力之间的冲突。

(9) 接受短期成本增加的代价。终结一项政策由于需要解雇费、补偿费和启动新政策的费用,因而在短期内的花费常常会超过继续执行的代价。

(10) 花钱消灾或利益交换。先给那些被终结项目的人员提供新的工作,给原政策的受益者提供补偿。

(11) 强调采用新方案而非终结旧方案。要让人相信采用新政策必须终结旧政策,而不是单纯强调旧政策的终结。

(12) 只终结那些必须终结的政策。终结者应当清楚自己的动机,是终结有害的政策、无效的政策,还是代价高昂的政策,这些都要慎重决定。

这 12 种策略依其性质可归纳为三类(舒绪纬,2011)。第一类是执行的艺术,主要包括不要试探舆论、强调政策的负面效应、利用意识形态的转移来证明政策的负面效应、严禁妥协、避免立法机构投票表决、不要侵犯立法部门的权力、强调采用新方案而非终结旧方案、只终结那些必须终结的政策八项;第二类是与执行有关的人,包括扩大支持群众、启用外部人员为执行者;第三类是执行的资源,包括接受短期的成本增加,花钱消灾或利益交换。

9.4.4 莱文的组织衰退应对策略

莱文(Levine,1978)认为,当经历衰退时,组织面临三个决策任务,第一,在管理上必须确定自己是接受抵制衰退还是促进衰退的战略;第二,战略抉择之后,组织需要选择最恰当的执行策略;第三,如果有必要,组织还需要确定如何开展削减以及在哪儿开展。结合组织衰退的外部、内部和政治、经济技术原因,莱文给出了组织衰退的应对策略(见表 9-4)。

面对问题衰竭,试图抵制组织衰退的决策者在外部政治方面应当广泛动员立法、顾客等有利于自身存续的外部力量;针对环境熵,决策者需要在经济或技术上广辟财源;面对政治易损性,要想使组织延续下去,决策者需要在内部政治上加强自身的专业性、回应性和凝聚力;面对组织萎缩,决策者要想使组织延续就需要在经济或技术方面采取措施,从而提高效率,降低成本。反之,决策者就可以采取截然不同的策略来促使组织衰退,甚至走向终结。

表 9-4　组织衰退的应对策略

	抵制衰退的策略	促进衰退的策略
外部政治	（问题衰竭） 1. 使项目、顾客和组成人员多样化 2. 加强立法上的联系 3. 向大众教育宣传自己的机构使命 4. 动员依赖于自身的顾客 5. 被一个强有力的利益团体或立法者“俘获” 6. 用削减重要或受欢迎的项目来进行威胁 7. 稍微削减一项看得见，范围广的服务来展示顾客依赖	1. 同竞争机构和谈 2. 削减声誉低的项目 3. 削减面向政治弱势顾客的项目 4. 将专业人员推销或转借给其他机构 5. 同其他机构共同解决问题
经济/技术	（环境熵） 1. 找一个更丰厚的收入基础，譬如大都市重组 2. 制造刺激点，阻止投资衰减 3. 寻求基金会支持 4. 吸引新的来自公私部门的投资 5. 在可能的地方实施用户服务收费	1. 提升对问题的定位 2. 制订有保护性目标的计划 3. 通过区别资金投入和沉没成本来削减损失 4. 通过对纳税人和雇主让步来维持他们
内部政治	（政治易损性） 1. 进行象征性回应，譬如组织研究委员会和任务小组 2. “严阵以待(Circle the wagons)”，譬如营造四面楚歌的心理来保持团体精神 3. 加强专业力量	1. 在衰退的每一阶段都变换领导人 2. 在衰退的每一阶段都进行重组 3. 削减弱势子单位运作的项目 4. 将项目转交给其他机构 5. 从限制灵活性的人事和预算规制中获取临时豁免
经济/技术	（组织萎缩） 1. 增加等级控制 2. 提高生产率 3. 试验成本低的服务提供系统 4. 自动化 5. 储备和配给资源	1. 重新协定长期合同来重获灵活性 2. 采取如零基预算和评估研究等理性选择技术 3. 通过延迟维修和降低人员素质来消费未来 4. 要求雇员做出自愿牺牲，如提前退休和延迟升职 5. 提升预期能力，预见进一步的削减 6. 将多余的设施转交给其他用户 7. 将多余的财产卖掉，需要时候再租回来 8. 能用就用

资料来源：Levine，1978：321.

9.4.5　斯拜耶尔的政策终结执行策略

斯拜耶尔(Spirer，1983)从微观角度提出了终结需要的技巧。首先，将政策终结中发生的问题大体上划分为情绪性问题和知识性问题，再把情绪性问题划分为从事者的问题和受益者的问题，并准备好这些问题的管理策略。

其次，处理从事者的情绪性问题。组织或政策的终结会引起其组织成员情绪上的不安、丧失集体归属感、丧失工作兴趣等。可以通过确立新的目标、赋予归属感、频繁地开会、管理者的巡视、合理地利用裁减人员等手段予以解决。

再次，给受益者提供参与利益，从而解决受益者的情绪问题。

最后，因政策终结而产生的各种具体问题，应按各政策的性质从知识问题的观点予以处理，从而使政策终结更有效。与这种知识性问题相关的派生问题可以通过系统分析方法来解决。

9.4.6 弗兰茨的政策终结可用资源

弗兰茨借用斯通的政策悖论理论，认为政策终结可以利用如下政治资源（Frantz，2002）：诱导，规制，事实，权利和权力。其中，诱导是通过对个人进行奖励或惩罚，从而改变其行为。规制是政府通过命令来引起行为变动的能力。事实指的是政府和个体公民都有机会通过在辩论中控制事实来改变行为。考虑到财政和沟通能力，政府通常在控制事实方面更有优势。在政治行动者的内部斗争中，能够向政府宣示利益权利且得到政府支持的公民就赢得了一场重要战役。权力是指通过改革政策制定过程或宪政设计来改变参与者或者游戏规则。

9.4.7 吉瓦一梅对终结策略的总结

政策终结者既要应对组织的持续特性，还要处理终结所产生的各种成本（Geva-May，2001）。其中，针对组织的持续特性，吉瓦一梅认为以往研究文献开出了三个药方：一是将终结的类型和强度与抵制力量相匹配，选择爆发型或渐减型终结；二是利用环境和特殊社会条件，也即预见性和诱发性政策窗口。预见性窗口是按照既定议程开合的不同种类的正常周期。诱导性政策窗口的打开可以通过改变问题定义，由媒体提供新的视角等手段诱导打开。三是确定好行动参与者及其动机。识别行动者及其动机和行为的方法有：通过扩大选民支持和政策命运的讨论范围来影响政策终结；吸引新的、有奉献精神和活跃的选民支持者团体可以扩大冲突范围，击败反终结联盟；避免依赖未组织化的利益团体；通过发放遣散费或安排新工作等方式收买反对政策终结的人；利用终结支持者的力量，组建支持者联盟。

在终结成本方面，吉瓦一梅认为应该将终结与否的财政、资源和法律成本进行对比。终结实施者应当强调政策的无效率、低效能或烦冗。对于可能存在的法律成本，首先，要将精力集中在重要问题上，避免与立法机构特权产生冲突；其次，要避免对项目或政策终结进行立法投票；最后，在需要立法支持时候，终结者应当首先和立法领袖进行非正式接触。

复习与思考

1. 什么是政策终结？政策终结有哪些类型？
2. 政策终结的原因有哪些？
3. 政策终结的推动因素有哪些？
4. 政策终结的阻碍因素有哪些？

5. 阐释柯克帕特里克、莱斯特和彼得森的公共物品终结的过程模型的主要观点，并评述其价值。

6. 阐释亚当、鲍尔、科尼尔和斯杜丁格的组织终结分析框架的主要观点，并评述其价值。

7. 阐释格雷迪和叶的政策终结的两步决策模型的主要观点，并评述其价值。

8. 试对巴尔达克和德利翁的政策终结策略进行比较分析。

9. 试从现实中选取 1—2 个案例，并用贝恩的终结策略加以分析说明。

10. 试对促进组织衰退和抵制的应对策略进行比较分析。

11. 试从现实中选取 1—2 个案例，并用斯拜耶尔的政策终结执行策略加以分析说明。

12. 试从现实中选取 1—2 个案例，并用弗兰茨的政策终结可用资源加以分析说明。

13. 阐释吉瓦—梅关于终结策略的主要观点，并评述其价值。

参考文献

1. Adam, C. & Bauer, M. W. & Knill, C. & Studinger, P. (2007). The Termination of Public Organizations: Theoretical Perspectives to Revitalize a Promising Research Area. *Public Organization Review*, 7(3): 221-236.
2. Bardach, E. (1976). Policy Termination as a Political Process. *Policy Science*, 7(2): 123-131.
3. Behn, R. D. (1977). How to Terminate a Public Policy: a Dozen Hints for the Would-be Terminator. *Policy Analysis*, 4(3): 393-413.
4. Biller, R. P. (1976). On Tolerating Policy and Organizational Termination: Some Design Considerations. *Policy Sciences*, 7(2): 133-149.
5. Brewer, G. D. & deLeon, P. (1983). *The Foundation of Policy Analysis*. Homwood, Illinois: Dorsey Press.
6. Brewer, G. D. (1974). The Policy Sciences Emerge: to Nurture and Structure a Discipline. *Policy Sciences*, 5(3): 239-244.
7. Brewer, G. D. (1978). Termination: Hard Choices- Harder Questions. *Public Administration Review*, 38(4): 338-344.
8. Daniels, M. R. (1997). *Terminating Public Programs: an American Political Paradox*. Armonk, New York: M. E. Sharp, Inc.
9. Daniels, M. R. (2001). Policy and Organizational Termination. *International Journal of Public Administration*, 24(3): 249-262.
10. Deleon, P. (1978). Public Policy Termination: an End and a Beginning. *Policy Analysis*, 4(3): 369-392.
11. DeLeon, P. (1983). Policy Evaluation and Program Termination. *Policy Studies Review*, 2(4): 631-647.
12. Frantz, J. E. (2002). Political Resources for Policy Terminators. *Policy Studies Journal*, 30(1): 11-28.
13. Geva-May, I. (2001). When the Motto Is"Till Death Do Us Part": the Conceptualization and the

Craft of Termination in the Public Policy Cycle. *International Journal of Public Administration*, 24 (3): 263-288.

14. Graddy, E. A. & Ye, K. (2008). When Do We"Just Say No": Policy Termination Decisions in Local Hospital Services. *The Policy Studies Journal*, 36(2): 219-242.
15. Harris, M. (1997). Policy Termination: Uncovering the Ideological Dimension. *International Journal of Public Administration*, 20(12): 2151-2175.
16. Jones, C. O. (1997). *An Introduction to the Study of Public Policy*, 3rd eds. Monterey, California: Brooks/Cole Publishing Company.
17. Kaufman, H. (1976). *Are Government Organizations Immortal?* Washington, DC: Brookings Institution.
18. Kaufman, H. (1985). *Time, Chance, and Organizations: Natural Selection in a Perilous Environment*. N. J: Chatham House Publishers.
19. Kirkpatrick, S. E. & Lester, J. P. & Peterson, M. R. (1999). The Policy Termination Process: a Conceptual Framework and Application to Revenue Sharing. *Policy Studies Review*, 16 (1): 209-236.
20. Lasswell, H. D. (1971). *A Pre-view of Policy Sciences*. New York: American Elsevier.
21. Levine, C. H. (1978). Organizational Decline and Cutback Management. *Public Administration Review*, 38(4): 316-325.
22. Spirer, H. F. (1983). *Phrasing Out the Project. In Cleveland, D. I. & King, W. R. Eds. Project Management Handbook*. New York: Van Nostrand.
23. 陈刚.公共政策学. 武汉：武汉大学出版社,2011.
24. 陈庆云.公共政策分析. 北京：北京大学出版社,2011.
25. 陈振明.公共政策学：政策分析的理论、方法和技术. 北京：中国人民大学出版社,2004.
26. 林水波、张世贤.公共政策. 台北：台湾五南图书出版公司,1982.
27. 宁骚.公共政策学. 北京：高等教育出版社,2011.
28. 舒绪纬：政策终结内涵探析,屏东教育大学学报(教育类),2011,36.
29. 张金马.公共政策分析：概念・过程・方法. 北京：人民出版社,2004.
30. 张亲培.新编公共政策基础. 长春：吉林大学出版社,2009.

第10章

政策分析

在政策的制定、执行、评估以至终结的整个发展过程中，自始至终离不开政策分析。政策分析是政策分析师在一定的理论和方法的指导下对政策过程的主要阶段进行分析、研究，并做出规划预测和行动建议的智力活动。作为一个跨学科、应用性的研究领域，政策分析不仅需要借助于社会科学及行为科学，尤其是经济学、政治学和社会学的理论和方法，而且需要借助于哲学、数学和系统分析及运筹学的理论和方法，需要借助于现代科学技术及其方法，特别是电子计算机的应用。

10.1 政策分析的含义与类型

10.1.1 政策分析的含义

政策是一个古老的话题，政策分析却是一个全新的领域。在 20 世纪 40 年代末 50 年代初，一些政治学家把微观经济学多年来对效率问题进行分析研究的方法运用于社会政治领域，建立了政策分析的基本框架。这种理性的分析方法主要针对社会生活中存在的一些问题，根据掌握的事实或数据，运用科学的方法与手段，寻求最佳的对策。1958 年，美国经济学家林德布罗姆发表了《政策分析》一文，用“政策分析”表示一种将定性与定量相结合的渐进比较分析的类型。许多年之后，“政策分析”在不同学者及分析家眼里，获得了不同的定义。

概括起来，当前学术界对政策分析的定义主要有以下三种不同理解：

以内格尔和戴伊为代表的学者对政策分析做了最广义的理解，将它等同于政策科学，认为政策分析是为解决各种社会问题而对不同的公共政策的性质、原因及效果的研究。他们的定义明显地反映了拉斯韦尔和德罗尔所提倡的政策科学传统。拉斯韦尔和德罗尔提倡一门以人类社会的政策系统及政策过程为研究对象，以改进公共决策系统、提高公共政策质量和端正社会发展方向为自己目标的新学科即政策科学。他们力图创立一种新的知识框架，以便综合地运用迄今为止人类所创造的各种知识和方法去为公共政策的制定与执行服务，使社会科学更好地去解决社会问题；他们力图打破传统的学科界限，强调一种以问题为中心，而不是以学科为中心的知识产生方法，希望在知识与权力、社会科学与公共政策以及学者与官员之间架起联系桥梁。

奎德和邓恩等人对政策分析作了次广义的理解，将政策分析看作是一种应用性的（社会科学）学科，强调使用科学研究方法去解决社会问题，产生政策相关知识与信息，其范围包括从问题发现到问题解决的整个过程。

小麦克雷和帕顿等人对政策分析作了较狭义的理解，认为政策分析主要研究备选方案的评估和选择，而韦默等人则强调政策分析的职业化方向，并突出政策分析与价值观的相关性。

在以上三种定义中，我们认为奎德和邓恩的理解比较合理，也就是说，应该将政策分析视作政策科学的一个组成部分，看作是一门注重分析方法和技术的研究及其实际应用的学科。政策分析涉及的是从问题发现到问题解决的整个政策过程，它既是解决问题的艺术，又是提出问题的艺术。问题发现本质上是一种概念和理论的活动，它关心的主要是问题的性质，而不是解决问题的行动；问题的解决主要关心的是行动过程的选择以及这种行动过程是否被恰当地执行，而不涉及问题的性质。公共政策分析所涉及的一些问题或领域主要包括能源与环境、卫生与健康、科学与技术、劳动与就业、经济与社会发展以及外交、教育、市政、交通、通讯、刑事审判、社会福利，等等。所以，政策分析也具有跨学科的特点，需要运用多种分析方法，博采各种研究方法之长。这些方法既要有定性的分析方法，也要有定量的分析方法；既要有理性的分析方法，也要有超理性的方法，特别是必须依靠直觉、灵感和判断的创造性思维活动。

10.1.2 政策分析的特征

政策分析与社会科学学术研究、政策研究、经典规划、“旧式”公共行政和新闻工作其他五种范式在目标、顾客、常见类型、时间限制和主要缺陷等方面存在差异(见表 10-1)。

表 10-1 政策分析概要

范 式	主要目标	“顾 客”	常见类型	时间限制	大致缺陷
社会科学学术研究	构建理论以更好地了解社会	由各专业定义的“真理”；其他学者	构建和检测理论的严谨方法；通常是回顾	很少有外部时间限制	通常与决策制定者需要的信息无关
政策研究	预测能够被公共政策改变的变量变动产生的影响	政治学相关专业	运用正规方法分析政策相关问题；结果预测	有时有最后期限的压力，也许会由于问题重复发生而减轻	困难在于难以将研究的成果转化为政府的行动
经典规划	界定和实现社会理想的未来状态	正如专业的定义“公共兴趣”	建立规定和专业规范；目标与任务的规范	由于处理的都是对未来的长远预测，很少有时间	计划过于理想，从而忽视了现实的政治情况限制
“旧式”公共行政	有效地执行通过政治程序制定的项目	根植于指令性纲领的“公共利益”	管理和法律	时间压力与常规决策制定有关	排除了计划之外的替代方案
新闻工作	将公众的注意力引导至社会问题上来	大众化	描述的	强烈的时间压力——当问题是专题的时候更明显	缺乏系统的深度与权衡
政策分析	对有利于社会问题解决的备选方案进行系统的比较与评估	制定政策的特殊人群和机构	综合现有的研究成果与理论，预测备选政策方案的结果	强烈的时间压力——完成的分析通常针对具体的决策	由于顾客导向和时间压力变得缺乏远见

资料来源：戴维·L.韦默、艾丹·R.瓦伊宁，2013：24-25。

学术研究的目的在于描述大量变量之间的关系，从理论的角度加深我们对于社会的了解。而政策研究则关注反映社会问题的变量和那些能够被公共政策改变的变量之间的关系。经典规划是对私人市场行为和多元政府导致的无序和缺乏远见的一种反应，通常的方法是首先明确导致美好社会的目标，然后确定达到它们的方法，例如，计划经济政策、城市规划和设计、计划和预算系统(PPBS)等。基于政治行政二分法，"旧式"公共行政的目标比经典规划更为保守，其主要任务是对政治授权的计划进行有效的管理。公共行政正逐步开始把政策分析纳入职业活动中；而"新式"公共行政则抛弃政治行政二分的观点，不仅试图影响政策的采纳，还寻求影响政策实施。与政策分析不同，新闻工作对政治过程的贡献在于将政治问题引向公共舆论，而不是对备选方案进行系统的比较，新闻工作关注近期事件，很少对未来做出预测。

但是政策分析与其他五种范式也存在一定的联系。如同政策研究，政策分析人员使用社会科学理论以及预测各种政策结果的经验方法。如同新闻工作一样，政策分析也需要收集信息和沟通的技能。政策分析既不像传统的公共行政具有狭隘的视角，也不像经典规划那样视角宽广。但是在政治过程当中，规划和公共行政都时常向不同的政治家提供建议，因此规划和公共行政扮演着政策分析的角色(Weimer & Vining，2004)。

政策分析者的主要旨趣不仅止于解释性的或描述性的、用以形容并解释有何困难而已，而更应该是处方性的或诊断性的，主要在提供该如何作的建议；政策分析专家应以严肃的态度及科学的头脑来分析公共政策问题的前因及后果；对公共政策的因果问题，应致力于探寻统一的命题，并逐渐累积具有一般性、能够普遍适用的、可靠的研究成；政策分析是整合性的以及跨学科的学科与工作；政策分析是预期性的，也是前瞻性的，其预测未来的状况，并计算未来之得失；政策分析是决策取向的；政策分析是顾客取向的；政策分析是选择性的，是由拥有权力、金钱以及资源的人从建议中作抉择；政策分析是客观性的，其让人在很多不同的替代方案结果中取得同意；政策分析也是主观性的，要选择什么问题来解决以及什么替代方案的考量，都是由特定人以其个人利益所作成；政策分析是论证性的，其合理化某个观点，而拒绝其他的观点；政策分析是回溯性的，因为经由过去之比较可以验证预期的将来；政策分析也是创造性的，它在资源与目标间创造连结(陈正隆，1999)。

政策分析与其他社会科学最大的不同点在于(Dunn，1994)：政策分析融合了社会科学领域的知识；政策分析的研究方法多样化，从多重面向去探讨一个问题；政策分析利用多方面的知识去解决问题；政策分析整合不同的政策研究结果；多变数特征；政策分析考量并整合不同利害关系人的观点、利益与意见；从各种不同的领域，亦即政治、社会、经济、文化等角度来解决问题；政策分析利用多重媒体的方式将政策分析传达给决策者与利益相关者。其他社会科学领域可能只是某些专家的观点，直接提出来的理论，其理论和主张的前提与根据并没有经过很完整的审视，缺乏客观的考量。而政策分析必须考虑到各种利益相关者的意见，其每一项主张的提出都必须有具体可信的来源和根据，考量多重面向，作为决策者客观的知识来源。而其他社会科学则可能只是分析家或决策者所提出的主张。

综上所述，政策分析是一套有系统的资料收集、整理、分析的过程，也就是一个寻求知识的动态过程，批判性地将资料转换成信息并创造知识。政策分析具有建构问题、预测、建议、监测、评估政策等功能,有助于决策者取用信息的完整性。政策分析亦是一套综合性、科学性的分析方法,其借由各项信息的收集、原则的分析、理论的运用、度量方式和研究方式的多样化,整合各种不同的分析结果,掌握多变数和考虑各利益相关者的立场,从科技、心理、社会、政治心理等多方面去寻找答案,通过多媒体的传播,将分析结果诉诸大众的一门应用学科。而政策分析的目的则在于把握各类因素、知识、信息对政策结果的影响,尽量减少不确定性和变异性,使政策结果能如同政策诉求一般的发生。

10.1.3 政策分析的类型

政策分析有很多具体的表现形式,可以根据不同的标准和角度进行划分。帕顿和沙维奇认为,政策分析可以在政策执行之前或之后进行,一项分析可用来预测备选政策方案的结果以便从中做出选择,或者用来描述一项政策的后果。因此,他们把政策分析分为预期性政策分析和描述性政策分析(Patton&Sawicki, 1993)。邓恩根据政策信息的组成部分、政策分析方法和政策信息的转化之间的关系,把政策分析分为回溯性分析和前瞻性分析、描述性和规范性分析、问题发现和问题解决、局部分析和整体分析(Dunn,2008)。

前瞻性政策分析,又称预测性政策分析,是在政策执行之前提供和转化政策信息,其主要任务是分析特定政策方案的可能性的政策结果,侧重于回答该做什么和会发生什么,目的在于提供预测性的信息,澄清政策偏好,为决策者作出决策提供依据。前瞻性政策分析涉及政策行动开始和执行之前信息的提供和转换,它一般代表经济学家、系统分析家、操作研究者的操作模式的特征。

回溯性政策分析,也称为事后的政策分析,是在政策执行之后提供和转化政策信息,其主要任务是通过监测到的政策信息,分析政策执行过程中发生了什么,产生了哪些实际结果,其目的在于对以往的政策进行描述和阐释,为政策评估和政策改进提供依据。前瞻性政策分析涉及在采取政策行动之前信息的创建和转化,其目的是为了寻找最有效的政策方案;回溯性政策分析涉及政策执行之后信息的创建和转化。

回溯分析,主要强调行动结果,不像前瞻性分析那样仅满足于政策目标和目的的信息。

描述性政策分析和描述性决策理论相对应,是指一组用以描述行动的在逻辑上一致的命题和主张;描述性政策分析和描述性决策理论相对应,它针对事实,描述特定政策的原因和结果,通过识别因果关系,解释、理解和预测政策。描述性政策分析通过对预测和监测到的信息资料,可以检验描述性决策理论。描述性政策分析的理论模型和概念框架大多来源于政治学、社会学、社会心理学等学科。规范性决策分析和规范性决策理论相对应,是指一组用以评价行动的在逻辑上一致的命题和主张。规范性政策分析涉及的是政策的价值问题,关注决策者的政策偏好。因此,规范性政策分析的一个重要特征是,其主张依赖于效率、平等、回应性、自由和安全等价值观念。

问题发现就是发现界定问题的因素,而不是解决问题;问题解决的方法是为了提供解决问题的方案。和发现问题相比,问题解决在本质上主要是技术性的,而问题发现是概念性的。整体政策分析把回溯性政策分析和前瞻性政策分析、描述性政策分析和规范性政策分析、发现问题和解决问题的方法连接起来。

10.2 政策过程中的政策分析

政策分析是政策研究组织和分析家以及决策者，利用相关信息以及科学的知识和方法，制定和优化政策方案的过程。政策分析首要目的在于寻找解决公共问题的备选方案。政策分析也是与信息和知识非常相关的活动，政策分析可说是在提供必要的信息，以决定是否采取、如何执行、并评估公共政策方案。政策分析是从搜集整理和政策相关的信息为着力点的一种过程，其目的在于规划、选择及评估这些方案，是一种生产知识的过程。因此，政策分析方法论提供的信息有助于回答以下五个问题：第一，问题的性质是什么？第二，针对问题，过去和现在已经建立了什么样的政策，其结果怎样？第三，这些结果在解决问题方面具有多大的价值？第四，针对问题能有哪些可以得到的政策方案，其未来可能出现的结果怎样？第五，应该采取何种可选方案来解决问题？这些问题的答案提供了关于政策问题、政策未来、政策行动、政策结果和政策绩效的有关信息(Dunn，2008)。

政策问题是有待实现的价值，需要或发展机会，它不管是怎样被确定的，都可以通过公共行为实现。知道解决什么问题要求关于问题的前因方面的信息(例如，辍学是失业的一个前因)，也需要关于其实现有助于问题解决的价值方面的信息(例如，好的学校教育或充分就业)。提供关于政策问题的信息是政策分析最关键的任务，因为对问题的界定决定着我们寻找和确定解决问题的恰当方法的能力。在分析的这一阶段中，不充分信息或错误信息会导致严重的错误：应解决问题的正确表现形式时却解决了错误的表现形式。

政策将来是有助于价值实现从而有利于政策问题解决的行动方法的结果。关于问题产生的条件的信息对政策将来的确定是必要的。然而这方面的信息通常是不充分的，信息会过时，价值会随时间改变。由于这些原因，分析者应注重提供当前情况下不能“提供”的关于将来的信息。提供这种信息要求创造力、洞察力和许多人称为“直觉”、“判断”或“灵感”的东西。

政策行动是为实现有价值的结果而设计的政策选择指导下的一个或一系列活动。要提议执行一个行动，必须有关于执行不同选择方案的积极后果和消极后果方面的信息，包括这一行动在政治上、法律上和经济上的限制条件的信息。也必须知道哪些可替代行动方法在评价的基础上是可取的，这就需要掌握关于哪些政策选择是有价值的及为什么有价值方面的信息。因此，关于政策行动的信息是通过预测和评价行动的预期结果提供的。简言之，政策建议意味着预测和评价。

政策结果是政策行动的可见后果。政策行动的后果不能在行动之前被完全描述或知道；所有可见后果也不能被全部预料到。因此，政策行动开始前后，政策分析都要提供有关政策行动的信息。换句话说，可替代行动方法的后果方面的信息是在行动开始前后提供的。

政策绩效是既定政策结果有助于价值实现的程度。在现实生活中，政策问题很少被解决；而多是不断被解决，不断形成，甚至没有解决。然而要知道一个问题是否解决了，不仅需要关于政策结果的信息，还需要知道这些结果是否有助于最初引起问题的价值的实现。关于政策绩效的信息可用来预测政策将来或重建政策问题。

政策分析运用多种质询方法提供关于政策问题、政策将来、政策行动、政策结果和政策绩效的信息。政策分析的方法论中包含五个程序，分别是定义、预测、规定、描述和评估。在政策分析中这些程序被赋予了专门的名称。问题构建(定义)提供有关政策问题相关条件的信息。预报(预测)提供有关各种可选方案相关结果的信息，包括作为或不作为。建议(规定)提供有关解决或缓解问题的未来结果的价值方面的信息。监控(描述)提供了政策行动过去和现在有关结果方面的信息。评估提供的信息是有关解决或缓和问题的实际结果的价值方面的信息。

政策分析就是要寻求创造、批判性评估，以及交流与政策相关的知识，这些知识涉及一个或更多政策制定过程的阶段。每个阶段都与下一个阶段相关，因为最后的阶段(政策评估)与第一个阶段(议程建立)相关联，而且中间的阶段也都相连，所以就形成了一个非线性的或环形的行动周期。政策分析程序的运用能够产生与政策相关的认识，这些知识会直接影响某一阶段的假设、判断和行动，而且还会间接影响随后阶段的操作。涉及政策分析程序应用的相关活动，适用于政策制定过程的特定阶段。在政策分析的应用中有很多途径可以改善政策制定过程及其执行。

10.2.1 政策问题的建构

政策问题的构建与政策过程中的议程设置阶段是相对应的。问题构建是创建要解决问题的信息，问题构建可以提供与政策相关的知识，这些知识对支撑问题定义的基本假设提出质疑，而正是基于这些假设问题进入了议程设定并运行于政策制定过程。问题构建有助于发现隐含的假设、判断成因、勾画可能的目标、综合冲突的观点以及设计新的政策选择方案。

问题的界定或问题构建是政策分析过程的逻辑起点，也是政策分析过程最关键而又困难的一步。由于许多政策问题实际上是相互依赖的问题系统，即具有“混沌性”，并且涉及诸多意见相左人士和利益相关人士之间的利益冲突(即带有强烈的主观性和人为性)，因此，进行问题的界定或问题构建往往并不容易，尤其要就有关政策问题的性质、范围及其严重性达成广泛的一致和明确的意见，其难度非常大。

问题构建是现代政策分析的中心环节，公共政策所要解决的问题越明确，就越容易实现公共政策的目标，越有利于实际问题的确认。构建问题之所以如此重要，其原因还在于政策分析人员的失误往往更多地来自对错误问题的确认，而非对真正的问题找到了错误的解决方案。这一错误就是所谓的“第三类错误”，即用正确的方案去解决错误的问题。正是在这一意义上，许多专家认为，正确地构建问题往往比正确地解决问题更重要，并且认为正确地构建问题实际上等于完成了分析任务的一半。政策分析是一个动态的、多层次的过程，其中，对问题进行构建的方法比解决问题的方法更重要。

问题的构建是个复杂的过程，它有四个相互衔接的步骤：问题感知、问题搜索、问题界定和问题详述。整个过程有一个前提条件，即认识或感知到问题情势的存在。从问题情势出发，分析人员开始搜索问题，其目的不是要发现单个问题(如客户或分析人员的问题)，而是要找出多个利益相关人形形色色的问题。在现实中，分析人员通常面对的是一个由各种不同意见纠集而成的问题网，它们是动态的，具有社会性，贯穿政策制定过程的始终。事实上，这是一个元问题——一个问题的问题，它是结构不良的，因为各个利益相关人对问题的陈述差异很大。所以，此时分析人员的中心任务是要对元问题进行界定。在从元问题向实质问题转化的过程中，分析人员要从其最基本或最一般的方面确定问题。例如，分析人员可能需要决定是经济学的、社会学的或是政治学的问题，如果认为实质问题是一个经济问题，分析人员就会用经济学的方法去处理。一旦确定了实质问题，就可以进一步确立更详细、更具体的规范问题，这一过程称为对问题的详述，即对一个规范的问题形成一个规范的数学表达式或模型。如表10-2所示，在问题构建中，需要运用多种方法，主要包括边界分析、类别分析、层级分析、类比分析、头脑风暴、多角度分析、假设分析和论证图形化。

表10-2　问题构建的方法

方　法	目　　的	程　　序	知识来源	绩效标准
边界分析	估计元问题的边界	饱和抽样、问题探寻	知识系统	限定范围内的正确性的累计
类别分析	澄清概念	概念的逻辑划分和分类	个人分析者	逻辑一致性
层次分析	识别可能的、似乎的和可争议的原因	原因的逻辑划分和分类	个人分析者	逻辑一致性
共同研讨法	认识问题的相似性	构建个人的、直接的、符号的和想象的类比	个人分析者或者群体分析者	相对真实性
头脑风暴法	提出观点、目标和策略	提出和评价观点	群体	一致
多角度分析	提出深刻的见解	综合利用专家、组织和个人的观点	群体	洞察力的提高
假设分析	创造性综合各种冲突性假设	识别利益相关者，假设的提出、质疑、共用和综合分析	群体	冲突
识别图形化（规划）	评价假设	对真实性和重要性进行排列和图形化	群体	最佳真实性和重要性

资料来源：威廉·N.邓恩，2011：67-68。

10.2.2　政策未来的预测

预测是创建预期的政策结果的信息。预测可以提供一些有关事件未来状态的与政策相关的知识，所谓未来状态是指采纳的可选方案未来可能发生的结果，这是在政策形成阶段需要考虑的问题。预测能够检验那些看似合理的、潜在的、可规范评估的前景，能够评估现行政策和选择方案的相关结果，指明在实现目标过程中将来可能出现的限制因素，以及评估不同方案的政治可行性。

政策预测是政策分析过程的另一重要环节，它构成政策方案比较、抉择与评估的基础。通过预测结果，可以获得有关政策方案的前景及结果的信息，加深对政策问题、目标和方案的认识。

预测需要将政策未来的全部可能的结果包括正面的、负面的，以及政策相关者的行为即可能遇到的支持和反对意见都揭示或估计出来，以便分析者在备选方案之间进行比较和抉择。

政策预测包含以下过程或程序：第一，确定预测目标，分析其所处的环境，也就是研究有关的政治、经济、文化等各种因素对预测对象所能产生的影响。第二，搜集与整理数据，编制假想脚本。第三，选择预测方法，建构预测模型。第四，总结预测结果，编写预测报告。

政策预测的方法，主要有：外推预测、理论预测和直觉（判断）预测。外推预测带有归纳推理性质，是一种从特殊的观察陈述到一般结论的推理过程。外推预测的方法和技术主要来自于统计学，尤其是以时间序列分析和回归分析作为基础。理论预测则带有演绎推理性质，是一种从一般的陈述、命题或定理推出一系列结论的过程。理论预测在形式上是因果性的，其特别作用是解释和预言，通常都需要运用建立数学模型的方法。与外推、理论预测技术不同，直觉预测依据的是判断、直觉、灵感、洞察力，其过程是回溯推理过程，即分析者从一个猜测的事态出发，然后寻找支持这一猜测的数据和假定。常用的直觉预测方法有德尔菲技术、交叉影响分析法和情景描述法。

10.2.3 政策行动的建议

建议是创建优先政策的信息，其目的在于通过对预期结果的价值和效用的判断，帮助选择优先政策。通过预测得以评估可选方案的未来结果，建议则将对结果的收益和成本进行分析，从而产生与政策相关的知识，并在政策采纳阶段为政策制定者提供帮助。建议有助于评估风险及不确定性的程度，明确外部性和溢出量，确定选择的相关标准，指明政策执行的行政责任。

政策优先方案建议是将政策前景预测信息转化为政策行动结果信息的过程，是决定政策备选方案是否能够付诸实施的关键环节。政策优先方案建议旨在回答以下两个问题：特定的政策行动究竟会对政策目标群体和其他利益相关者产生怎样的结果？政策行动主体应该采取哪种政策行动？对政策备选方案的优先性提出建议，需要对各种政策方案可能产生的结果进行分析，在此基础上，对各政策备选方案结果的价值进行优先排序，并充分阐明选择特定政策方案的理由。

政策优先方案建议的实质是政策方案的评估与择优，是在比较的基础上进行的判断和选择（宁骚，2011）。关于政策优先方案的建议为政策利益相关者，尤其是决策者采取特定政策行动提供重要的决策依据，因此，政策优先方案的建议是一个有关正确行动的问题（邓恩，2011），应采用规范性的方法而非经验性的描述来论证特定政策方案的优先性。

政策优先方案建议的目的，旨在通过规范性的分析方法为政策制定者和执行者提供下一步的行动建议，这就要求分析人员在多个可能的政策备选方案中作出选择。一方面，比较多个备选方案而不是对其中一个进行简单的争论是政策优先方案建议的指导原则。作为一个中立的建议者，政策分析人员应首先详细说明各个政策备选方案的政策事实、行动目标、未来规划和价值取向，然后再向拥有选择权的政策主体提供说明性的政策优选建议。另一方面，避免落入过度倡议的陷阱（over-advocacy trap）是政策优选方案建议的基本要求。所谓过度倡议陷阱，是指政策分析人员在未对多个可能的备选政策进行系统比较和严谨评价的情况下，就不惜投入大量的精力、资源去捍卫某个先入为主的立场和想法，即由于提出了错误的问题，结果导致提出错误建议的陷阱。备选政策之间缺乏竞争性，是导致分析人员落入过度倡议陷阱的直接原因。具体来讲，政策分析人员之所以会落入该陷阱，是由于政策分析的委托人和分析人员对问题的本质不加考虑就达成一致并作出反应；分析（报告）中包含的政策建议者的分歧并未穷尽所有的政策选择方案；分析人员忽略不受欢迎的政策方案；分析人员没有提出要求委托人直面困难或不受欢迎的决定的建议；分析人员依赖单一的信息来源；委托人依赖单一的分析者；政策的假设仅由该政策的提议者进行评价；委托人仅仅因为分析的结果是否定的或不合直觉的就对它置之不理；委托人和分析人员不加批判地接受一致的结论，而不探询一致的基础和一致是如何达成的（Dunn，2008）。一旦不幸落入过度倡议的陷阱，政策分析人员就面临着提出错误政策建议的危险。政策分析人员应在政策备选方案的设计阶段充分考虑各种可能的问题情势与解决方案，与政策分析委托人一道，对竞争性甚至互斥性的政策方案持开放的态度，尽可能避免落入过度倡议的陷阱，在政策选择中出现偏差。

10.2.4 政策执行的监测

监测是创建关于观察到的政策结果的信息，包括正在执行的优先政策的过去和现在的结果。监测是对先前所采纳的政策的执行结果进行监督和控制，从而能够产生一些与政策相关的知识，并在政策执行阶段为政策制定者提供帮助。很多政府机构会在卫生、教育、住房、福利、犯罪和科技等领域依据各种政策指标对政策的执行结果及影响实施例行监控。监测有助于考察政策的顺从程度，发现政策项目没有考虑到的结果，识别政策执行的障碍和限制，确定政策偏离的责任归属。

监测在政策分析中扮演着重要的方法论角色。当政策行为信息通过监测转化为政策结果信息时，我们可以感受到问题情势。问题情势是和思想相互作用的外部环境，而非外部环境本身。通过监测所描述的问题情势被转化为通过问题构建所形成的问题。政策结果信息也是通过评估转化为政策绩效信息。监测在政策分析中的作用主要表现在监察、审计、核算、解释四个方面：监测有助于确定项目执行人员、官员以及其他利益相关者是否按照立法者、管理机构和专家组所制定的标准和程序开展行动。监测有助于确定原来计划安排用于特定目标群体和受益者（私人、家庭、市政当局、行政区域）的资源是否真正各就其位。监测所产生的信息有助于对大范围公共政策和项目的执行所引起的社会和经济的变化进行核算。监测还可以提供关于公共政策和计划结果出现变异的原因信息。

政策监测在政策分析中处于核心地位，政策监测经常使用的途径主要有社会系统核算、社会实验、社会审计和综合实例研究。其中，社会系统核算是政策分析人员对主观和客观社会状况变化进行监测的一种方式和一套方法。社会实验是系统控制政策行为的过程，从某种程度上讲，它可以获得关于政策结果变化源头问题的几乎准确的答案。社会实验有很多类型，如实验室实验、田野实验、准实验。社会审计清楚地监测着投入、过程、产出及影响之间的关系，其目的是试图跟踪资源投入，从资源开始投入到被预订的接收者接受。综合实例研究是一种将政策发展与实际状况加以综合、整理的途径，其宗旨在于有系统地整理、比较与评估过去对执行公共政策的各项努力的结果。该方法已被运用到诸如社会福利、农业、教育、科技政策等领域。

10.2.5 政策绩效的评估

评估是创建观察到的政策结果和预期政策结果的价值的信息。评估不仅能得出问题在多大程度上得到了缓解的结论，而且可以帮助澄清和评估促成政策的价值，帮助调整或者重新规划政策，以及为重新构建问题提供依据。评估就是设法发现预想和实际执行情况之间的差异，由此提供政策的相关知识，从而在政策制定过程的评估阶段为政策制定者提供帮助。好的评估通过挑战那些占主导地位的技术推理方法而有助于对价值问题的评价、批判和争论。

评价能提供关于政策绩效是否真实可靠的信息，所谓政策绩效是指政策行为对目标群体需要、价值和机会的满足程度。在这种意义上，评价揭示了特定目的和特定目标的实现程度。评价有助于价值取向的阐明和评判，而这种阐明和评判会成为目标/目的选择的基础。通过定义和实施目标，价值取向将得以阐明；通过对所论问题相关目标的适宜性系统进行质疑，价值取向将得以评判。在目标适宜性的评估过程中，分析人员可以检查价值的各种归属（例如，行政官员、既得利益者、客户集团）及其不同理性形式（技术的、经济的、法律的、社会的、独立的）的背景。

评价有助于其他政策分析方法的应用，包括问题构建和建议。关于政策执行不适当的信息有助于政策问题的重新构建，例如，通过说明政策目标需要重新确定，评价还能够通过说明先前所支持的政策应该被抛弃和被其他政策所代替，从而对新的或修正后的政策措施的确定也略有裨益。

效果评估是政策分析的最后一个环节，其主要的任务是对政策执行后的（客观）效果进行估量和评价。可以看出，前面几个分析环节均处于政策执行前阶段，属于未来的政策分析；效果评估则处于政策执行以后阶段，属于回溯的政策分析。因此，与前面几个环节相比，效果评估对政策的认识更强调客观性。关于政策评估的性质、作用及方法，本书第9章已有详细介绍，这里不再赘述。

10.3 政策分析师的角色与伦理

政策分析师或政策分析家是20世纪60年代后期由著名公共政策学者叶海卡·德洛尔提出的。他于1967年发表《政策分析师：一个政府部门中新的职业性角色》一文，此后政策分析师就成为了从事政策研究者的职业称号。政策分析师是政策知识的主要应用者，也是政策分析最为重要的主体之一。随着政策科学的不断发展和完善，作为政策分析专业化、职业化和社会化集中体现的政策分析师，在政策分析实践中的地位和作用日益重要。因此，政策分析师的角色和职业伦理也受到越来越多的关注。

10.3.1 政策分析师的角色

政策分析师所扮演的角色主要是辅助决策者、政策评估者和政策评论员，其工作就是研究公共问题，向公共决策机构提出计划、建议与评估报告。

政策分析师到底应该扮演怎样的角色，在什么样的角色职位上发挥作用？对此，德洛尔认为应该在政府机构中建立政策分析师这一职业性的新角色，以实现政府各种公共政策活动的功能整合(Dror,1967)。但是政策分析师在政策过程中所扮演的角色一直以来是模糊不清的，不同的政策分析学家依照政策分析者的工作技巧、工作内容、基本价值等标准将政策分析师分为不同的角色。关于政策分析师的角色定位，德罗尔认为，政策分析师不应定位为全知全觉的主体，而应该是作为在集体政策制定中的补充者，向制定过程贡献更好的分析，还有非传统的、合乎未来的导向，以及系统的思考；政策分析师应是科学与政治间的一座桥梁；为了给政策制定做出贡献，政策分析师应通过引入相互竞争的不同利益和其他因素之间的博弈和互动，作为提高集体政策制定质量的方式。这种努力将提高政策分析在政策制定中的综合效果，同时避免片面的价值和专业偏见；政府中的政策分析师的主要角色应是向公共决策贡献良性的职业竞争，且这种竞争是建立在系统分析和定量决策理论，以及对政治科学和公共行政认识的新视角之上。政策分析的主要目的是促进在政策制定上，在多套选择方案中，在更广阔的背景下，依靠更系统的分析工具来帮助引入更充分的考量。

梅尔兹纳依照政治技巧和分析技巧两种能力将政策分析师分为四种类型：一是技术型政策分析师，具有优秀分析技术，但缺乏政治沟通技巧，他们追求最理性的政策方案，但太过理性的结果，往往在实践的结果上不很理想。二是政客型政策分析师，具有高超的政治沟通技巧，但缺乏分析技术：他们能靠说服与谈判技巧而获得决策者的青睐，但解决问题的能力不够，易遭社会舆论批评。三是虚伪型政策分析师，这种人专业技术与沟通能力均不足，他们尸位素餐，追求自我利益，最不具有实际价值。四是企业型政策分析师，他们能够以科学方法分析政策方案，以艺术手腕处理政治问题，是最理想的政策分析师。他们能够在时间压力下搜集信息、了解问题、详细评估各种成本效益，掌握政府介入的时机与程度、说服决策者与目标对象接纳方案(Meltsner,1976)。

韦默和瓦伊宁根据分析的诚实性、对客户的责任和坚持个人关于良好社会的概念三个方面，将政策分析师分为三种角色，即客观技术员(objective technicians)、客户拥护者(the client's advocate)和问题拥护者(issue advocates)(见表10-3)。每一角色优先考虑三种价值之一，将余下的两种价值置于次要地位。因此，我们可以预料，没有一种角色能以其纯粹形式提供适用于所有情境的正确道德标准。我们的任务在于寻求适当平衡。

表10-3 对政策分析师的适合角色的三种观点

	基本价值		
	分析的完整性	对客户负责	坚持个人关于良好社会的概念
客观技术员	让分析为自己说话。主要焦点应是预测备选方案的结果	客户是必要的恶；他们的政治命运应该次要考虑。同客户保持距离；尽可能地选择公共机构客户	相关价值标准应被界定，但价值间的权衡应该留给客户。长远看来，客观的建议可促进社会良性发展

续表

	基本价值		
	分析的完整性	对客户负责	坚持个人关于良好社会的概念
客户拥护者	分析很少得出确定结论。利用不确定性提高客户地位	客户为分析家提供合法性由于分析家有权使用特许信息和接近政治程序，作为报答，应对客户忠诚	以一致的价值体系选择客户；利用与客户的长期关系来改变客户关于良好社会的概念
问题拥护者	分析很少得出确定结论。当分析不支持个人偏好时，强调不确定性和排他的价值标准	客户提供鼓吹的机会。机会主义地选择客户；改变客户以促进个人的政策议程	分析应该是迈向分析者所构想的良好社会的一种工具

资料来源：戴维·L.韦默、艾丹·R.瓦伊宁，2013：41。

客观技术员将分析的诚实性作为基本价值，把分析技能视为自身合法性的来源。他们认为政策分析师的恰当角色是运用经济学、统计学和运筹学等完备性学科中的工具，就提议的政策后果提出客观建议。客观技术员将客户视为必要的恶。客户提供资源，这允许了客观技术员从事感兴趣的问题。作为回报，客户获得了最确切的预测。客户的政治命运排在分析的准备、交流和运用的分析完整性之后，居于次要地位。分析家应该试图远离客户的个人利益，以避免干涉。一般而言，他们应该挑选公共机构客户，因为这种客户更可能提供更大的机会，让分析者可以准备和传播客观分析。客观技术员认为，与政策相关的价值应该被识别出来。然而，在考虑了所有相关价值后，没有一种政策是较为优越的，相互竞争的价值之间的权衡应该交由客户自身。

客户拥护者认为政策分析师作为公共政策制定的参与者的合法性源于他们的客户，主要强调对客户负责。他们主张相对于对客户负责，分析的完整性是次要的，并且是为了客户利益的实现。在一定程度上，客户拥护者看待分析的完整性，就像律师在对抗性的体系中看待自己的职责一样。分析家有一项首要职责，即永远不通过错误的陈述或有目的的遗漏去误导客户。然而，一旦客户已经完全了解情况，分析家就可以公开地为客户阐明他们的分析。由于分析很少能给出确定的结论，因而分析家可以强调可能性而不是最可能，这种做法有利于他们的客户。客户拥护者认为分析的诚实性不允许说谎，但既不需要信息的完全公开，也不需要对客户的错误叙述进行公开改正。一旦向客户承诺，客户拥护者就必须将他们自己的政策偏好降低到次要位置，因此，他们对客户的选择关系重大。当分析家和客户享有相似的世界观时，分析家所推进的政策与其良好社会概念不符的情形就不大会出现。一旦发现客户持有非常不同的世界观，分析家如果相信通过长期服务能使客户的观点更接近自己的想法，就可能继续维持这种关系。实际上，在转换到新客户之前，他们可能认为自己负有改变客户信念的责任。

问题拥护者关注政策结果的内在价值，而不是和实际分析行为有关的价值，比如，分析的完整性和对客户负责。他们认为政策分析应该成为迈向他们构想的良好社会的一种工具。他们把自己当作政治过程中合法的参与者之一，进而有可能把自己当作某些团体或利益的捍卫者。问题拥护者机会主义地选择客户。那些不能或不愿推行拥护者的个人政策议程的客户应被放弃，而能够且愿意的客户应被选择。分析家对客户只应负有确定两者关系的合同中详细说明的责任。忠于自己关于良好社会的概念要优先于对任何具体客户的忠诚。就像客户拥有者一样，问题拥护者认为可以利用分析的不确定性。当分析不支持个人的政策偏好时，问题拥护者就会质疑那些处理复杂问题时不可避免的简化假设，或挑战备选方案的评估标准。虽然问题拥护者渴望得到其他分析家的尊敬，尤其当尊敬有助于分析效果时，但他们可能愿意为获得重要的政策结果而牺牲尊敬。达布尼克和巴兹提出了政策分析的五种方法，与这五种方法相对应有五种相关的政策分析家，即科学家、专业人员、政治型、管理型、个体型（见表 10-4）。

表 10-4 达布尼克和巴兹关于政策分析家的分类

政策分析人员类型	公共政策问题	动　机	方　法	相关的培训
科学家	理论	探寻理论、规律和“真理”	科学方法，客观性，纯分析	基础研究方法，社会科学研究规范
专业人员	设计	改善政策与决策	利用知识，策略性的	战略性的；效益成本分析；排队论，模拟，决策分析
政治型	价值最大化	宣传政策立场	修辞性的	搜集“有用”证据；“有效”陈述
管理型	应用	有效果和效率的政策实施	战略性的，管理的	战略性的；类似于专业人员，强调实施中有用的专长
个体型	辩论	关注政策对生活的影响	混合的	借用其他方法的许多模型和手段；复杂程度较低

资料来源：小约瑟夫·斯图尔特、戴维·M.赫奇、詹姆斯·P.莱斯特，2011：39。

科学的政策分析家关于理论问题，致力于寻找公共政策的原因和结果，而不是提出政策建议。他们使用严密的科学方法对政策进行分析，提出和测试一般性政策主张，积累具有普遍意义的、可靠的研究成果。

专业的政策分析家关于与政策设计，为了改善公共政策而对其进行研究。他们相信政策研究最终会形成一门“政策科学”。这门科学能够有效界定和诊断政策问题，提出备选政策，设计有助于实现理想目标的模型和测定模型的方法，确立中期目标，评估各项政策计划的可行性。

政治型的政策分析家关注实现价值最大化，把政策分析的功能视为倡导“正确”的政治立场的机制，其首要任务是赋予某些政策立场可信度，或者挑战其他一些政策立场。讲授这种观点的政策分析师，强调的是基本研究技能，讲授的是雄辩家使用的理性化和辩论的方法。

管理型分析家主要关注如何协助实现有效果和效率的政策实施，一般会接受专业政策人员提出的方法和目标。

个体型政策分析家指的是公民和非专业人员运用政策技能“暂时解决部分与基本政策相关的问题”。但是个体型政策分析家是一种附加类型，它所涉及的非专业人员虽然从事政策分析，但他们并不属于科学的、专业的、政治的或者管理型等任何其他范畴。

综合而言，政策分析师的角色主要是辅助决策者进行分析、决策、执行和评估，保障政策系统有效运行，改善公共政策质量。按照政策分析师的分析技术的高低和政治技巧的高低两个维度，可以把政策分析师分为技术型政策分析师、职业型政策分析师和政治型政策分析师三种角色。既不具有政策分析技术，又没有政治技巧的分析者被称为“虚伪型政策分析师”，严格来说，他们并不能算作真正的政策分析师，在此不做赘述。

职业型政策分析师具有优秀的政策分析技术，同时拥有高超的政治技巧，他们是最优秀最理想的政策分析师。职业型政策分析师能够以专业的政策知识、科学的分析方法和丰富的经验阅历，在有限的时间里收集信息、界定问题、规划和预测方案、全面评估各备选方案的成本和收益，向决策者提出行动建议。同时职业型政策分析师以熟练而高超的政治沟通技巧，具有说服力的语言表达，准确把握时机和程度，向决策者推荐优先的政策方案。职业型政策分析师兼具优秀的专业能力和政治技巧，以向决策者推销具有个人偏好的政策方案为目标。

技术型政策分析师具有优秀的政策分析技术，但缺乏必要的政治沟通技巧。这一类型的政策分析师与韦默和瓦伊宁分析的客观技术员类似，关心的焦点是实质性的问题，重视政策分析的完整性。他们主张运用完备的分析工具，秉持客观的立场为决策者提供信息、备选方案以及各个方案之间的优劣比较等辅助决策的信息。但是他们缺乏必要的政治主动性和沟通技巧，倾向于保持政治上的中立，与政治家和决策者保持距离。他们保持政策分析的客观性和中立性，只关心政策分析的技术性问题，从理性的方面为决策者提供更多的政策建议。

政治型政策分析师虽然没有十分优秀的政策分析技术，但是具备优秀的政治沟通技巧。这一类政策分析师在进行政策分析时，往往把政治性放在首位，并不过分讲究分析的技术和方法。他们善于使用高超的政治智慧和良好的沟通技巧，说服决策者采用其推荐的政策方案。他们的政策分析工作带有强烈的主观性和政治倾向，善于综合、沟通和协调工作，而不是使用精湛的分析技术。政治型政策分析师把自己视为政策分析的政治过程的合法的参与者之一，积极主动地使自己偏好的政策方案为决策者采纳。

10.3.2 政策分析师的伦理

20 世纪 70 年代以来，政策分析逐渐在西方国家成为一种正式的职业。不同类型的政策分析师在政策分析过程秉持不同的价值观和政治倾向，但政策分析师在实现其职业使命时，必须坚守基本的职业伦理。政策分析职业伦理是一种特殊的职业伦理，因为政策分析师研究和解决的不是私人问题，而是涉及公共利益的公共问题，因此政策分析的结果不可避免地会影响公共利益的实现。政策分析师承担着直接向决策者提供信息和建议的责任，因此他们的政策分析活动要受到更为严格的职业道德规范的约束。

韦默和瓦伊宁认为，政策分析师需要考虑三大重要的价值：分析的诚实性、对客户负责和坚持个人关于良好社会的概念（Weimer & Vining，2004）。

邓恩认为，政策分析师的行为准则包括四个方面：尊重并认同社会中普遍流行的价值观念；遵从学术群体中的研究规范；遵守职业道德和规范；维护国家体制，遵守行政与立法的相关程序(Dunn,1983)。

李允杰和丘昌泰(李允杰、丘昌泰,2008)认为,至少有下列四种情形是政策分析师在从事政策分析工作时,要特别考虑政策分析的伦理责任:

(1) 关于个人利益的问题。政策专家在研究拟订备选方案及衡量标准时,其来源可能来自顾客的立场与利益、社区民众的偏好,或者分析人员心中的公益概念。但政策专家有责任也有义务避免政策分析受到个人私利的影响,而扭曲或误导政策分析的结果。尤其当政策分析人员在政府部门工作,上述行为便是假公济私,政策专家自当避嫌。

(2) 关于事实与价值区分的问题。政策分析的目的乃是提出政策建议,说服顾客或社会大众何者为最佳方案,因此基本上政策分析必然涉及规范性价值。政策专家在这方面特别须注意的问题有二:第一,不能把个人的价值观视为理所当然的前提假设,而据以推论分析。第二,应避免将价值充当事实来陈述,以致误导顾客与社会大众。

(3) 关于价值判断的问题。任何政策方案的选择必然涉及价值判断,事实上价值判断可说是政策分析的一部分。政策专家无论是自行作价值判断或基于顾客的立场作价值判断,都应使顾客明了并有机会审视其判断过程。此外,假如所建议的方案牵涉价值上的取舍,政策专家也有必要说明何以在特定的政策议题上某一价值的重要性高于另一价值。

(4) 关于民众参与的问题。政策专家在处理涉及社区民众切身利益的政策议题时,切不可随便行事,闭门造车,而应鼓励该社区民众参与政策过程。政策专家可通过问卷调查、听证会、座谈会或深入访谈来强化民众参与,使其政策分析较具说服力与正当性。假如政策专家只相信专家政治,漠视民意,则他可能不仅失去社会公信力,同时也会使其政策建议失去政治上的可行性。

帕顿和沙维奇认为,要使政策分析师承担起职业道德和责任,应该建立一个政策分析的职业伦理框架,这一框架主要包括四个方面,即自身的角度、雇主和顾客、同事和职业、普通公众(见表 10-5)。

表 10-5 伦理分析的框架

1. 关于自身	3. 关于同事和职业
·我明确地认识价值吗?	·我公平对待同事吗?
·我使用负责任的方法吗?	·我必须与分析团体共享信息吗?
·我用多重方法来揭示备选方案吗?	·我仅是备用的解决方案吗?
·我的行动会导致知识的增多吗?	·这一行动对职业有负面影响吗?
·我会丢掉工作并殃及家庭吗?	4. 关于普通公众
2. 关于雇主和顾客	·这一行动会造成不公正的损害吗?
·我进行独立的判断吗?	·这会违反任何人的权利吗?
·我在我的能力范围内工作吗?	·我隐瞒了任何党派偏见吗?
·我让人信任吗?	·我使市民适当参与了吗?
·有利益冲突吗?	·这一行动寻求远期正面收益吗?
·这一行动反映顾客需求吗?	·我提供了全面、清晰和标准的信息吗?

资料来源:卡尔·帕顿、大卫·沙维奇,2002:30。

政策分析师的职业伦理作为一种特殊的职业伦理,具有多个层面的综合内容。具体来说有以下三个层次:个人的道德品质要求,职业行为规范要求,价值判断的要求。

(1) 个人道德品质要求。政策分析师和普通的社会成员一样，会对事物产生需求、喜爱和偏好，这些偏好进而塑造人们的行为动力和行动方向，并形成道德上的义务感。因此，政策分析师首先要具备优秀的个人品质，例如，正直、诚实、公正、勤奋、忠实等。“向权力诉说真相”是政策分析师最优秀的品质之一(Wildavsky,1979)，公正的政策分析师秉持诚信正义的原则，遵守社会中普遍的价值观。政策分析师必须把个人利益纳入到更高和更广的公共利益之中，避免因个人利益而扭曲或误导政策分析。

(2) 职业行为规范要求。政策分析具有很强的实践性和应用性，同时政策分析也是一种价值认识和价值创造的活动。因此，政策分析师除了要具备社会成员的一般道德，更重要的是要具备作为政治角色的职业伦理，例如，权力、义务、职责、程序等。因此，政策分析师要从政策实际出发，依照法律和程序，协调各方面的利益关系，为国家和公共利益服务，实现目的性和责任性的统一。

(3) 价值判断的要求。任何政策分析的过程都必然涉及价值判断，政策方案的选择牵涉价值的取舍，例如，效率和公平。这要求政策分析师以事实为依据进行价值判断，把价值判断和事实判断有机地统一起来，而不能仅仅反映政策分析师或决策者的利益和主张。此外，价值判断要以公共利益为重，使得公共政策为社会公众服务。因此，价值判断要求政策分析是做到权、责、利三者相统一。

但是，在实际的政策分析过程中，政策分析师往往面临着价值冲突问题。伦理上的两难或道德问题起源于伦理和道德原则的冲突：如顾客忠诚、公共利益、公平、平等、效率、公正、法律和职业自主等之间的冲突。一个道德原则往一条路上拉，而另一个往另一条路上拉，从而产生了一个“职责的冲突”(Patton &Sawicki,1993)。

在现实的政策分析过程中，分析的诚实性、对客户负责和坚持个人关于良好社会的观念这三大重要的价值有时会出现相互冲突的情况。对于政策分析师而言，最严重的道德冲突通常是对客户负责任与其他价值相对抗。多种多样的因素使道德判断变得复杂：政策问题的持续接近、当前和未来的职业地位、客户的个人信用以及分析家的声誉。其中有些因素所蕴涵的意义远远超出了我们可以考虑的具体道德问题。例如，失业直接会影响到分析家和其家庭的经济条件和心理状态，手头上的问题的建议类型也同样如此。它还将作用于在类似问题上分析家组织给出建议的类型。这是利益攸关的事，因此，我们必须超越特殊问题的框架仔细寻找结果(Weimer & Vining,2004)。

政策分析师与客户间价值冲突大致有三种情况：顾客基于个人政治利益所提出的价值前提与政策分析师所认知的公共利益相悖；顾客要求政策分析师在政策分析中造假，以符合顾客的预设立场；顾客可以扭曲研究报告的结果，以支持顾客本身的政策立场(李允杰、丘昌泰,2008)。

当客户要求与政策分析师自身对分析的完整性的信念或良好社会的概念发生抵触时，政策分析师往往在心中会产生伦理上的冲突，即究竟应该价值中立？还是保全自己的职位？还是全力追求个人理想？当面临价值冲突时，政策分析师有发言、退出和不忠三种选择，即直言抗议、退出辞职以及不忠诚和暗中破坏。政策分析师还可以对它们进行各种组合，例如，抗议和破坏相结合就是“泄露”；抗议和辞职相结合是“发出最后通牒”，辞职和破坏相结合就是“辞职并揭露”；如果同时抗议、辞职和不忠，那就是“公然反对直至受到压迫”(见图 10-1)。

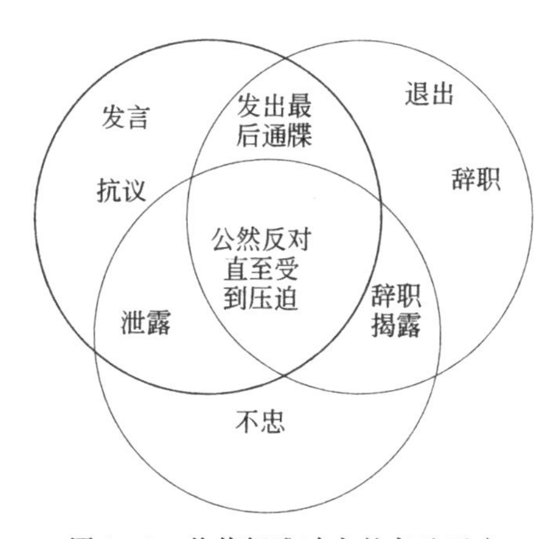

图 10-1 价值标准冲突的备选反应

资料来源：戴维·L.韦默、艾丹·R.瓦伊宁，2013：44。

当价值冲突出现或政策分析师对于客户或决策者不满时，他们首先会直言建议甚至利用抗议方式试图改变客户和决策者的立场或者组织的行为；如果直言抗议无效，政策分析师可以选择退出辞职。政策分析师也可以将两者相结合，即先向客户提出抗议，并向客户发出最后通牒：如果价值冲突无法改变，将辞职退出。此外，政策分析师也可以采用更为激烈的方式来解决价值冲突问题，即破坏和不忠。破坏和不忠经常与另外两种方式结合使用，与发言抗议同时使用，就是泄露相关内部信息；与辞职退出同时使用，就是辞职并揭露真相。二者都是对客户和组织不忠实的行为，二者的差别在于前者可以保住政策分析师的工作；后者则孤注一掷，不顾自己的工作职位。不忠实的行为有可能会使政策分析师承受自己造成的道德伤害，但是某些情况下，这些行为也可能合乎道德，例如，政策的程序、道德、法定界限以被破坏，公共利益遭到损害等。

一旦出现价值冲突的情况，不论政策分析师采取何种应对方式，都会面临伦理上的两难困境：要不就是伤害客户的利益与声誉；要不就是违背自己的道德良知(李允杰、丘昌泰，2008)。因此，要避免价值冲突或者伦理两难，最好的建议是政策分析师应该一开始就选择与自己的价值理念和道德伦理规范相一致的客户、决策者和决策组织。因为二者具有相似的价值观和道德标准，因此产生价值冲突概率将大为降低。这样即使政策分析师与客户在政策分析过程中出现重大的关键性分歧，那么政策分析师选择辞职是最直接也是最佳的选择，可以有效避免道德上的困境而难以抉择。

10.3.3 如何做一名优秀的政策分析师

近年来，随着政策分析逐渐发展成为一个完善的学科，职业的政策分析师在政府机构中也越来越普遍，地位也越来越重要。政策分析也是一门专业化、跨学科、高智力、重经验的综合性科学，因此对政策分析师的素质和能力提出了更高的要求。政策分析师的专业素质和综合素养成为关系决策效率和政策质量的重要因素之一。如何成为一名优秀的政策师，是众多公共政策学者关心的焦点问题。

德洛尔于 1967 年提出“政策分析师”一词时，就提出了政策分析师必须具备的一些基本素质,包括政治头脑、总体观念、创新思维、洞察力、着眼未来、富有弹性六个方面。他认为,改进公共政策依靠单一学科的知识是危险的,政策分析师必须整合政治学、行政学、经济学、运筹学、定量决策理论等多学科的知识(Dror,1967)。德罗尔关于成为一名优秀的政策分析师的八种途径的主要观点:历史和比较的视角要求政策分析师广泛阅读,了解所研究的政策领域的完整历史;政策分析师要了解决策的现实情况,要把现实和理论相结合,不能将研究方法变成教条;必须深入研究自己的社会,这要求政策分析师调出自己的工作环境,在宏观广泛的背景下研究社会问题;政策学者应该研究重大政策问题,应对各种不同的问题,积累处理各种问题和公共政策难题的经验;关注元政策的制定,应该努力改善决策,而不是仅局限于试图对决策进行解释;政策学者应该树立正确的认知和行动的哲学;政策学者应该通过变换工作地点、在其他文化中生活一段时间和学习一门主要语言来拓宽自己的方法和经验;最后,要拓展自己的学科基础,遵守职业道德。

美国计划与评估副部长办公室(Office of the Assistant Secretary, Planning and Evaluation, ASPE)的一份指导文件对政策分析师提出了四项主要职责:一是要履行"办公桌官员"型的职责,包括协调具体的规划领域的政策;二是提出政策建议的职责;三是履行政策研究与监管的职责;四是履行"消防员"的职责,即要及时解决迫切性的任务(Weimer & Vining,2004)。

韦默和瓦伊宁认为,政策分析既是一门科学,又是一门艺术,成功的政策分析师必须在政府的社会角色中应用自己的五项基本技能:一是分析者必须知道如何在截止日期临近且有关人群受到限制的情况下仍能完成收集、组织、沟通信息的任务;二是分析者需要把认识到的社会问题放到其背景中进行观察;三是分析者需要专门技能,以便能更好地对未来进行预测,更令人信服地对备选方案进行评价;四是分析者必须了解政治和组织行为,从而能够预测并在可能时影响政策的采用和成功实施的因素;五是分析者应该有道德框架,应明确考虑到与客户的关系(Weimer & Vining,2004)。他们认为开始承担政策分析任务时,应当遵循以下几条建议:学会迅速集中注意问题的主要抉择标准,思量能采取的政策行动的类型,避免工具箱式的政策分析办法,学会处理不确定性问题,让数字说话,让分析简单而明晰,核查实际资料,学会拥护别人的立场,给你客户的是分析而不是决定,分析的视野要超越"政策封界",要明白没有什么绝对正确、合理和完善的分析,分析的质量仅能在可利用的时间和资源的条件下得以判断。

要成为一名优秀的政策分析师,需要掌握综合性的知识和经验,包括关于公共政策学的专业知识、跨学科的综合性知识、丰富的经验阅历和遵守职业伦理规范。

要成为一名优秀的政策分析师,首先就要熟练掌握公共政策方面的专门知识,这是进行政策分析的基础。这些专业知识主要有关于公共政策的性质、功能、结构、环境等方面的基础知识;关于问题发现与认定、政策方案的设计规划、预测分析、监测评估等方面的技术知识;关于政策的制定、执行、变迁等政策过程的理论知识;关于具体领域的政策知识,如教育政策、环境政策、科技政策等。只有系统掌握并熟练运用上述全部关于公共政策学的专业知识和方法,政策分析师才能真正在政策分析中发挥积极有效的作用。

政策分析是一个跨学科的领域,是在多学科发展的基础上综合发展而来的。一方面,政策分析涉及知识面广,政策分析师必须全面掌握综合性的学科知识,包括政治学、行政学、管理学、社会学、经济学、运筹学、计算机科学等;另一方面,公共政策是多方面性的,涉及社会生活的方方面面,政策分析师只有具有多学科的知识背景,掌握多样化的分析方法,才能有效应对不同的政策问题。政策分析师要掌握定性分析与定量分析、分析的方法和技术、事实分析和价值分析、宏观分析和微观分析的能力,不断拓宽自己的研究方法。

优秀的政策分析师需要具备丰富的经验和阅历,以及较强的分析能力。政策分析不但是一门科学,还是一门艺术,需要政策分析师直觉思维和超理性的分析能力,包括想象力、创造力、洞察力等。政策分析师要深入社会,把科学知识和政策实际联系起来,摆脱自身思维的局限,在更宏大的背景下思考问题。政策分析师要有丰富的想象力和敏锐的洞察力,不断积累处理各类政策问题和复杂问题的经验,以提升自身发现、分析和解决问题的能力。

优秀的政策分析师要提高自身的道德水准,善于了解自己的价值观和社会主流的价值观,审视和反省政策分析工作,帮助自己严格遵守政策分析的职业道德。政策分析师要建立自己的道德框架,正确处理好与客户和决策者之间的关系,特别是当客户的偏好和利益与公共利益产生实质性分歧时。操守职业道德和伦理规范,协调各方面的利益关系,做出符合公共利益的价值判断。

复习与思考

1. 什么是政策分析? 请举一位代表性作者的观点,并加以评析。
2. 政策分析、政策研究与社会科学学术研究有何不同?
3. 什么是回溯性政策分析和前瞻性政策分析? 二者有何不同?
4. 什么是描述性政策分析和规范性政策分析? 二者有何不同?
5. 政策问题建构的步骤有哪些?
6. 政策问题建构的方法有哪些?
7. 政策预测的步骤有哪些?
8. 政策预测的方法有哪些?
9. 合理有效的政策建议应具有哪些特征?
10. 什么是过度倡议陷阱? 政策分析人员落入过度倡议陷阱的原因有哪些?
11. 监测在政策分析中有哪些作用?
12. 政策监测的方法有哪些?
13. 政策分析师扮演的专业角色有哪些?
14. 如何成为一个优秀的政策分析师?
15. 政策分析师有哪五种类型,各类型的特色为何?
16. 客观技术者、客户拥护者和议题倡导者等三种类型的政策分析师对政策分析的整合、对顾客的责任以及对良好社会价值观念的坚持各持何种态度?
17. 政策分析师的职业伦理作为一种特殊的职业伦理,主要有哪些内容?
18. 在实际的政策分析过程中,政策分析师往往面临着价值冲突问题。举例说明政策分析师在当面临价值冲突时的行为选择。

参考文献

1. Dror, Y. (1967). Policy analysts: A new professional role in government service. *Public Administration Review*, 27(3): 197-203.
2. Dunn, W. N. (Ed.). (1983). *Values, ethics, and the practice of policy analysis*. Free Press.
3. Dunn, W. N. (1994). *Public Policy Analysis: An Introduction*, Englewood Cliffs. N. J. : Prentice-Hall.
4. Dunn, W. N. (2008). *Public policy analysis: An introduction* (*4th ed*). New Jersey: Prentice-Hall.
5. Meltsner, A. J. (1976). *Policy analysts in the bureaucracy*. Berkeley, CA: University of California Press.
6. Patton, C. V. &Sawicki, D. S. (1993). *Basic Methods of Policy Analysis and Planning*. Prentice-Hall.
7. Stewart, Joseph Jr., Hedge, David M. & Lester, James P. (2008). *Public Policy: An Evolutionary Approach*. Cengage Learning.
8. Weimer, David & Vining, Aidan R. (2004). *Policy Analysis: Concepts and Practice*. Prentice-Hall.
9. Wildavsky, A. B. (1979). *Speaking truth to power*. Transaction Publishers.
10. 陈刚.公共政策学.武汉：武汉大学出版社，2011.
11. 陈正隆.政策分析家角色类型之探讨：兼论我们需要何种政策分析家，公共行政学报，1999，3.
12. 戴维·L.韦默、艾丹·R.瓦伊宁.公共政策分析：理论与实践.北京：中国人民大学出版社，2013.
13. 卡尔·帕顿、大卫·沙维奇.公共政策分析和规划的初步方法.北京：华夏出版社，2002.
14. 李允杰、丘昌泰.政策执行与评估.北京：北京大学出版社，2008.
15. 宁骚.公共政策学.北京：高等教育出版社，2011.
16. 丘昌泰.公共政策——当代政策科学理论之研究.台北：巨流图书公司，1999.
17. 威廉·N.邓恩.公共政策分析导论.北京：中国人民大学出版社，2011.
18. 小约瑟夫·斯图尔特、戴维·M.赫奇、詹姆斯·P.莱斯特.公共政策导论.北京：中国人民大学出版社，2011.

教师服务

感谢您选用清华大学出版社的教材！为了更好地服务教学，我们为授课教师提供本书的教学辅助资源，以及本学科重点教材信息。请您扫码获取。

教辅获取

本书教辅资源，授课教师扫码获取

样书赠送

公共管理类重点教材，教师扫码获取样书

清华大学出版社

E-mail: tupfuwu@163.com
电话：010-83470332 / 83470142
地址：北京市海淀区双清路学研大厦 B 座 509

网址：https://www.tup.com.cn/
传真：8610-83470107
邮编：100084